JN124960

神を追いこさない

キリスト教的
ヴィパッサナー瞑想の
すすめ

柳田 敏洋

Yanagida Toshihiro

教文館

まえがき――ヴィパッサナー瞑想での私の突破体験

私たちは現代日本の都市文化を中心にインターネットやスマホでつながった社会の中で生きており、忙しさに振り回される生活を送っています。常に意識は先のことを考え続けています。「次の用事」「次の会議」「次のミーティング」「次の買い物」「次の会う約束」「次の締め切り」などなど、昼食を食べながらも頭の中は午後の予定を考えています。また昨日の失敗に引きずられることもあります。神を信じて生きているキリスト者も同じような忙しさに巻き込まれています。時にそのような忙しさは心を圧迫し、過度のストレスを生み、苦しみを抱えこむことになります。助けを必要とするとき神は現れてくださいません。

けれども実は、神を信じ神を探し求めていても、私たちが神を見出すことができないのは、私たちが常に神を追いこしているからなのです。

神は「今ここ」におられます。神は私たちから離れることはありません。けれども私たちの心が神から離れているのです。心は「今ここ」にとどまることがなく、さっきやこれから、昨日や明日に飛びがちです。神と出会おうとするならば心を「今ここ」にとどめなければなりません。非常にシンプルなことなのです。

「今ここ」におられる神に出会うためには、まず「今ここ」の現実に出会わなければなりません。

「今ここ」の呼吸を感じ「今ここ」の体の感覚を感じることです。それは意識を「今ここ」にとどめるということです。その気づきを、一切価値判断を持ち込まない意識による気づきとしていくとき、その意識はイエスが示したアガペの愛、無償・無条件の愛による気づきと重なり、意識は愛そのものの神と響き合うものになっていきます。こうして、少しずつ「今ここ」におられる神に近づくことができるようになります。

本書は心を「今ここ」にとどめる方法を上座部仏教由来のヴィパッサナー瞑想から紹介し、それをキリスト教信仰に位置づけ、「今ここ」におられる神に近づき出会っていく道を示そうとするものです。忙しい現代社会に生きるキリスト者が、その只中にあっても神と響き合うための具体的な道を会得することで生き生きとした日々を過ごせるようになることを願っています。

◇

私はこの「神を追いこさない」という感覚を上座部仏教由来のヴィパッサナー瞑想から学びましたが、ヴィパッサナーとは古代のパーリ語で「はっきり見る」を意味します。「今ここ」に意識をとどめてこそ現実をはっきり見ることができるということです。

まずカトリックの神父がこの瞑想にたどり着くまでの話から始めたいと思います。

私は母方の祖母の代からのカトリック信者で、私で三代目ということになります。私は生まれて二カ月目で幼児洗礼を受け、そのまま信仰の篤(あつ)かった母親に連れられて教会に通うようになり、のほほんと大きくなっていきました。やがて高校生の時に信仰に徐々に目覚めるようになり、さらに聖書の示すイエスの存在や行いはほんとうなのかと信仰を疑問視することも含め紆余曲折を経て大学生で改めてカトリックを自分の信仰として信じるようになりました。その後、大学院を出て微生物を扱う化学会社に就職し技術研究所で研究職に就いていました。三年くらいして自分の人生を真剣に考えるようになり、信仰を極めることなしには人生は中途半端に終わってしまうとの思いがはっきりとし、退職してカトリックの男子修道会イエズス会に入会しました。

入会後の最初の養成課程である修練期で、イエズス会の創立者ロヨラのイグナチオ（一四九一―一五五六）が自らの神秘的な体験を体系化した三〇日の霊操（れいそう）という霊的な修行を行いました。霊操とは簡単に言うならば「キリストの弟子となるために、執着を離れ、神の望みを知り、自己を整える祈りの道」です。この霊操を体験し、キリストをこれほど身近に感じたことがないというような深い体験を得ました。その後、哲学や神学の養成課程を進む中で長上から「あなたは霊的なセンスがありそうだから霊操の指導者になりなさい」との話があり、神父になった後アメリカとカナダでトレーニングを受け、日本に戻ってきて都合十数年間その指導に取り組んできました。イエズス会の場合、最初に三〇日の霊操を行った後、毎年その短縮版である八日間の霊操を行うのですが、やがて霊操をやってもやっても繰り返し出てくるエゴ（自己中心性）の問題に気づくようになりました。霊操を行っている最中は深い祈りの体験と共にエゴが消え去ったかに思えるのですが、霊操を終えて普段の生活に戻ると徐々にエゴが首をもたげてくるのです。

このエゴをなんとかしない限り、イエスが教えた無償・無条件の愛であるアガペの心で「隣人を自分のように愛する」隣人愛を生きることはできません。自分を誠実に見つめてみたら、そこに感謝してほしいとか、こんなに頑張ってあなたに尽くしている私を認めてほしいとか、無意識のうちに条件を持ち込んでいる自分を発見せざるを得ないのです。これにとらわれている限りはほんとうの隣人愛に至らない、アガペの愛に至らないということです。

そこで、一切の感謝を相手に求めずに、相手の必要に応える愛を差し出すぞというふうに決心すると、これは自力によってですが、ある程度無条件の愛を差し出せるようになれます。そのようにできたとしたら、その中でどのようなことが起こってくるかというと、条件を持ち込まずに相手を愛している私だという驕りが出てくるのです。これではまた、元の木阿弥になってしまい、結局またエゴが出てくるのです。エデンの園でりんごを食べてしまった人間の性（さが）と言っていいかもしれません。

◇

このエゴの問題に悩んでいた中で、インドのイエズス会の修道院に招かれ、そこで隔年で一カ月の共同生活を体験するようになりました。その中で、仏教由来のヴィパッサナー瞑想というのはなかなか大変だけれどもこれはとてもいいよ、とイエズス会の神父から勧められ、そこで二〇〇七年の五月にインドのムンバイ近郊にある瞑想センターでS・N・ゴエンカ氏の編み出した一〇日間のヴィパッサナー瞑想に与（あずか）りました。このヴィパッサナー瞑想はかなりハードで、一日一〇時間座禅のような形で座り、最初の四日間は、ただ鼻の出入り口の呼吸を見続けるということに取り組みます。疲れと眠気と痛みの中にどんどん投げ込まれていきながら、好き嫌いなしに、反応せずに観察者として呼吸を見続ける取り組みをするよう指示されました。しかしそんなふうにはいかなくて、足の痛みや疲労が何もない時にはある程度できるのですが、日が進むにつれて夜寝て身体を休め朝起きても徐々に前日の疲労が積み重なって回復できなくなりました。そうすると、座って二〇分も経たないうちに足が痛み始めます。そこで足を組み替えて、ではあぐらにする、あるいは半跏趺坐にする、正座にするなどと、私の場合は二〇分おきに足を組み替えてなんとかこなすようにしてきました。

しかし、ゴエンカ氏の一〇日間のヴィパッサナー瞑想で、四日目の午後から本格的なヴィパッサナー瞑想が始まり、この一時間は一旦閉じた目をどんなことがあっても一切開けない、この一時間の最初に取った姿勢をどんなことがあっても決して変えないという時間が始まりました。苦行そのものです。それは耐え難い苦しみでした。額から脂汗がにじみ出てくるほどの我慢を強いられました。これは、私にとってエゴの限界に置かれたということです。

私が与ったのは五〇〇人が一緒にするという瞑想で、男性二五〇人、女性二五〇人とそれぞれホールが分かれているのですが、そこに二五〇人の男性が座布団の上に座って始まりました。初日の前晩に、一旦これを始めたら決して途中でやめることはしませんという誓いを立てさせられるのですが、だんだん日が経つに従って櫛の歯が抜けるように人がいなくなっていきました。耐え難い痛みの中の瞑想ということで、空いた座布団が広がっていきました。

結局、これを続けるか続けないかは私の選びということです。別に何も強制がないからです。私が続ける気があるか続ける気がないかだけです。ですからこれは全く私の自由に任せられており、自分の実存に直面するということです。こんな酷い痛みなのに続けるのか、もういつでも止めることができる、でも続ける方を選んだということです。そこには、私が長年取り組んできた問題、どうやってもどうやってもまた条件付きで愛を生きるエゴが出てきてしまう、これを何とかしなければという一途な思いがあったので、とにかく必死の思いで我慢して取り組んでいました。そして絶えず、静かに観察せよ、エクアニミティ（平静）を持って観察せよと、指導者から、またアシスタントから励まされました。

　要するに、自力で留まる選びをし、そしてその一時間どんなことがあっても決して目を開けない、どんなことがあっても決して足を崩さないという取り組みを極限的な痛みの中で続けていたのです。そして、それは私の場合六日目だったのですが、六日目の午後、またこの一時間決して動いてはいけません、目を開けてはいけませんというその瞑想が始まり、やはり疲労の蓄積と相まって足に相当な痛みが生じてきました。しばらくして、ふと気がつくと足に実際に相当な痛みが生じているのに、私の心は全く平静にその痛みを静かに見つめているのです。なぜそうなったのか分かりません。でもまったく穏やかな心で自分の恐ろしいばかりの痛みを静かに観察している自分を体験しました。その時に、後からの振り返りですけれども、私が気づいたのは、ああ人間の意識というのはこんなにもすごいんだ、こんなにも広いんだ、意識はこんなにも巻き込まれない自由を持っているのだ、ということでした。これは驚きの発見でした。

　その後からは、もちろん痛みがなくなるというわけではなくてまた同じように痛みが生じてくるのですが、もう痛みが怖くなくなったのです。そのような体験を振り返ると、エゴが痛みを何とかしよう、痛みをコントロールしようとするのですが、かえって痛みが増すということが分かりました。たとえば、一時間の中で痛みが強くなってくるとなかなか時間が経過しないのです。その瞑想の前までは自分の座っている目の前に時計を置いて、時々チラッと見て「あと一五分だ、あと五分だ」と見ることができたのですが、それができなくなるとあとどれぐらいこの痛みに耐えなければならないのか、ということが全く分からなくなります。そういう時には「あとどれだけこの痛みに耐えなければならないのか」と思ったとたん苦しみが増すのです。こういうメカニズムです。あるいは別の場合「このままどんどん痛みが強くなっていって、もう足がやられて医者にも治せなくなったらどうなるのだろうか」というような恐怖心が起こり、それがまた痛みを増します。つまりそれは全部、エゴによる予測です。大変なことになったらどうしよう、という自分の作り上げた考えが苦しみを増しているということが分かるようになりました。けれどもそれが分かったのは、全く痛みが続いているのに平静な心でその痛みそのものを体の感覚現象として見るという体験をしてからで、初めて自分が心理的に痛みを倍加させるようなものを作り出していたのだ、私の心が作り出していたのだということが分かるようになったのです。

もうひとつ分かってきたのが、このようにステップを進めていけば必ずそうなる、というものはどこにもないということです。つまり正解はどこにもない、マニュアルはどこにもないということです。その人自身が続けることを選んで、そして続けていったら次の時間に心の開けが生じますよ、というものでは全くありません。ですから常に実存的悩みとか苦しみの中に自分を直面させ続けるということです。これが後から振り返ったらエゴの突破の出来事とつながっていた、あるいはエゴの世界の境界線に自分の心が入っていたということであって、けれどもそれで自動的に境界線を飛び越えられるわけではありません。ですからその開けというのは、よく言われるある種の悟りですが、あるところまでは自分のやり方でやっていくのですが、でもそれが開けて、あるがままに自分の痛みを静かな心で見るというのは全く私の計らいを超えた境地です。つまりこれを後から振り返ってみると、私の場合、神からのアガペの恵みが私を開いてくれた、というふうに理解する以外にはありえないということです。これは要するに、後づけという形で説明できるというようなことであって、その前に、こうしたらこうなりますよというものは何もないということです。

◇

このように一〇日間のヴィパッサナー瞑想は私に思いがけない大きな実りをもたらし、霊操修行をしていても乗り越えることが困難であったエゴからどのように離脱していくかについて、非常に大切なヒントをもらった体験となりました。痛みの只中でもそれをあるがままに平静に見つめ続けるということは、やがてイエスが教えたアガペの愛と同じ心で痛みを見続けることだと気づくようになり、日本に戻ってからヴィパッサナー瞑想をキリスト教の枠の中で紹介し「キリスト教的ヴィパッサナー瞑想」という名称で手ほどきするようになりました。

目次

3　イエスの示した神の国とヴィパッサナー瞑想

第二部　実践編

2　キリスト教的ヴィパッサナー瞑想の実践Ⅱ……262

3　キリスト教的ヴィパッサナー瞑想の実践Ⅲ……271

4　キリスト教的ヴィパッサナー瞑想の実践Ⅳ……277

5 キリスト教的ヴィパッサナー瞑想の実践V …… 283

＊本文中の聖書引用は断りのない限り日本聖書協会『新共同訳』を用いた。

第1部

講話編

本来の私＝エンスでありながら
エッセに開かれている。
神の似姿
感覚
感情
思考
エゴ
気づき
聖霊（アガペの働き）
・今ここ
アガペの心の目
・あるがまま
・価値判断なし
Deus est ipsum
神は存在そのもの
エンスの世界
(ens)
存在するもの

1 キリスト教的ヴィパッサナー瞑想について

キリスト教的ヴィパッサナー瞑想は上座部（テーラワーダ）仏教で伝えられてきたヴィパッサナー瞑想に基づく瞑想です。これをキリスト教の視点から見ると、イエスの教えた無償・無条件の愛であるアガペの心で「現実をあるがままに気づく」ことによってイエスの示した神と響き合い、心の平和と自由を育み、「神を愛し」、「隣人を自分のように愛する」ことで「アガペの人」となることを目指す瞑想と言うことができます。それは、私たち一人ひとりに注がれている神の無償・無条件の愛に応え、自己中心性であるエゴを超え真実の自己に目覚め、アガペの愛を生きようとする道です。

ヴィパッサナー瞑想とは

ではヴィパッサナー瞑想とは何かというところから話していきます。

シンプルな説明では「今ここをあるがままに気づく」ということです。とても単純です。今ここに目覚める、ただそれだけです。でもこれを徹底していくということは簡単ではありません。これを少しずつ、少しずつ、瞑想修行をとおして身につけていくということです。

より詳しい説明では「今、この瞬間の感覚・感情・思考に価値判断を入れることなくあるがままに気づくこと」ということです。これは「シンプルな説明」の「今ここをあるがままに気づく」の中身をより詳しく説明するものです。

このように気づくことで、自分の**感覚・感情・思考と自分自身を切り離し、心の解放をはかり、心の自由と平和を育む**というものです。このヴィパッサナー瞑想は仏教由来ですが、キリスト教からみると**「意識を無償・無条件のアガペの愛の場に戻し、『今ここ』の感覚、感情、思考をあるがままに価値判断することなく気づくこと」であり、アガペを意識の根源で育む**ものということができます。

瞑想の非常に興味深い点、特にキリスト教とのつながりで言うと、あらゆるものを実際にアガペの心で気づき続けるという練習です。私たちはアガペ、あるいは「無条件の愛」という言葉を知っています。キリスト者の場合、頭の中にいやというほど刷り込まれているかもしれません。でもその心を生きるということがどれほど難しいことか。というのは、私たちは無条件の愛ではなく、無意識のうちに条件付きの愛を生きているからです。ですからこういうところに厄介な問題があって、その厄介さの源はエゴ、自己中心性というものです。私たちはこういうエゴにしっかりと向き合い、エゴを乗り越えて真の意味でアガペを生きる人になっていかない限りイエスの教えをほんとうの意味で実践していくことはできません。

けれどもこの瞑想がすばらしいのは、アガペで気づくという仕方で行っていくので、手段がそのまま目的に適っているということです。これはこれから丁寧に説明していきますが、実際に瞑想を行っていく中で自分で確かめることが大切です。もちろん継続していく必要がありますが、そうすると徐々に心の奥深いところでアガペが育まれていきます。それは頭と何の関係もありません。そしてこれが生活の只中や仕事の只中で、私たちにとってほんとうに助けになるのです。これを私は、自分で実践することをとおして身につけることができるようになっていったので、皆さんに少しでも伝えていきたいと思っています。

このように私たちが心の奥底に少しずつアガペを育んでいくと、イエスの言っていることはほんとうに真実であり、真実以外のなにものでもないということが実感をもって分かるようになります。これは非常に大事な点です。やはり霊的な修行なしにイエスの教えた真理をほんとうに悟っていくことはできないのでは、というのが私の実感です。

さらに私がこの瞑想をとてもすばらしいと思っているのは、これが「凡人の霊性」だからです。たとえばキリスト教の歴史で観想の聖人として知られているアヴィラの聖テレジア（一五一五―一五八二）や十字架の聖ヨハネ（一五四二―一五九一）という人たちは宗教的な天分に恵まれた人として、特別な修行をしなくても神の恵みの働きをとおしてほんとうに深い次元に開かれました。そういった人たちはそれで霊性の深みに入っていけます。けれども私たちはアヴィラの聖テレジアや十字架の聖ヨハネのようにはいきません。ところがこの瞑想をしていたら、どんな人でも少しずつですが、霊性の深みに必ず近づいていくことができるのです。ですから凡人の霊性として――もち

ネガティブなものとエゴがひとつになって苦しむ

ろんやらないといけませんが、どんな人でもやればきちんと進んでいきます――深め、身につけていくことができ、心の奥底にアガペを育んでいくことができる瞑想ということです。

普段の私たち

まず普段の私たちを図を用いて説明していきます（上図）。「普段の私たち」はエゴの雲の中に生きていて、そのエゴとは自己中心性です。それは利害損得に染まっており、無意識のうちに、それが自分にとって損か得かと考えながら生きている私たちです。

エゴとは何かというのは大きな問題ですが、エゴの持つ傾向性とは、エゴは自分ではないものと自分をひとつにすることで、それを自分と思い込むというものです。これを「同化」（assimilation）と言い表します。何かと自分をひとつにしてしまう、ひとつに融合してしまうということです。

たとえば痛みが生じた時に瞬間的に痛みと自分をひとつ

にし、痛みが自分になる、痛みとエゴが一体になるということです。同じように感情の場合も、ネガティブなものとして、怒りが生じた時、怒りと自分を無意識のうちにひとつにするということです。思考の層でも、決めつけや思い込みというようなものと自分をひとつにしてしまいます。たとえば何かのことで、「あの人は私を見下している」という相手に対する決めつけを持つとします。そうすると、「あの人は私を見下している」という考えが自分のアイデンティティの一部になったりします。そうすると、その人がどれほど自分に親切でも、すべて「あの人は私のことを見下している」というフィルターをとおしてしか解釈できなくなります。こういう問題が、私たちの中にあります。

また、「私は何をやってもダメだ」というような「何をやってもダメな私」に対して思い込みが強くなると、それが自分のアイデンティティになってしまいます。これもとても大変なことです。このフィルターがいったんできると、どんなことがあっても、「何をやってもダメな私」フィルターで解釈し受けとめてしまいます。このような厄介な問題がありますが、その根は何かというと、エゴ、自我です。

そのエゴは何かと自分をひとつにする、こういう問題です。エゴの傾向性とは同化と言いましたが、これをもっと一般的に見ていくなら、その傾向性は、所有、支配、プライドとなって現れてきます。ですから何かを自分のものにしたい、それが物であるかお金であるか、あるいは地位や肩書であるか、それらをすべて見ていくと同化のひとつのパターンと見ていくことができます。会社勤めの人が今まで四畳半一間のアパート暮らしだったのが、地位を昇りつめて大きな邸宅に住むようになったとします。邸宅そのものと私は別なのですが、けれども、「私はこの家の主人、オーナーだ」と思う時、満足感を覚えます。それは手に入れた邸宅が私の存在の一部であるかのように錯覚することで心理的な満足感が生じるからです。一方、その人の会社が行き詰まって破産して大きな邸宅を売り、また四畳半に戻ったとします。するととてもみじめな気持ちになります。それは四畳半と自分をまたひとつに考えたりするからです。そういう心理的なみじめさに人間はとても左右されやすいのです。なぜ人間は満足し、なぜわびしい思いをするのか。それはこういうエゴの傾向性からくるのではないでしょうか。つまり自分以外のものを自分とみなす、という心理的な傾向性が人間に満足感を与えたり与えなかったりするということです。

ひとつ考えるヒントにしてもらうとよいのですが、この傾向性はいろいろなかたちをとって現れます。でもこれは結局相対的なものです。たとえばその邸宅ですごく満足感を覚えても、この中にある傾向性というのは比較です。つねに比較の中でこういうことが私に生じてくるということです。

つまりこういうところを見抜いていくのが、ヴィパッサナー瞑想です。本体はいったい何かということを静かに見ていきます。そしてこれは根が深いのでそんなに簡単には取り除けません。けれども静かに見つめ、見抜いていきます。見抜いて、理解を深めていくこと、これが大切です。

私たちがまず取り組むのは、ネガティブな感覚や感情や思考に対して気づいて、離れるということです。さらに最終的には満足感などポジティブなものについても、同じように気づき、見抜いていきます。そういうものについても気づいて離脱する、これが大事になってきます。

祈りに見られるエゴの傾向性

キリスト教の枠の中で見ていくとするならば、重要なのはエゴにとらわれている限り神もエゴの枠内の概念の神となり、祈っても堂々巡りとなるということです。エゴは神を概念の世界で作り上げ、その概念の神にエゴが祈っても結局自分自身に戻ってくるだけで、つまり堂々巡りするだけで、いくら経っても自分は変わらないままです。その典型例がルカ福音書一八章九節から一四節の、神殿に上ったふたりの人についてのイエスのたとえ話です。ここは非常に興味深いところです。その前半です。

自分は正しい人間だとうぬぼれて、他人を見下している人々に対しても、イエスは次のたとえを話された。「二人の人が祈るために神殿に上った。一人はファリサイ派の人で、もう一人は徴税人だった。ファリサイ派の人は立って、心の中でこのように祈った。『神様、わたしはほかの人たちのように、奪い取る者、不正な者、姦通を犯す者でなく、また、この徴税人のような者でもないことを感謝します。わたしは週に二度断食し、全収入の十分の一を献げています』」。

（ルカ一八・九―一二）

この前半に登場するファリサイ派の人はまったく道徳的に完璧な人、人から後ろ指を指されるようなことのない人です。けれども読むと分かるように非常にプライドを持っています。そしてエゴの特徴として周りと比べます。ほかの人たちのように、奪い取ったり、不正や姦通を犯す者でなく、またここにいる徴税人のような者でもないことを感謝するとまで言っています。自分の断食の回数や神殿税の支払いをどれだけ守っているかを述べます。いかに自分が完璧に神との間の契約、慣習法を守っているかということを誇る祈りです。ですからこの祈りは自分を中心にした祈り、その中心の自分に神を引き寄せる祈りです。いかに神の前で自分が立派であるかを神に認めてもらいたい、そういう祈りです。この人はその限り、いつまで経っても変わらないということです。

こういう傾向に私たちはなりやすいのです。そして祈る時も、頭の中で作り上げたイメージとしての神に祈るというようなパターンになりがちです。そうなるといつまで経っても変わらないばかりか、エゴが強化されてしまいます。ファリサイ派の人は悪い人ではなくてとても真面目で、多くが律法学者という専門職と重なる人たちのことです。

ファリサイ派とは「分たれた者」を意味するペルシームという言葉から来たと言われています。つまりほかの人とは別の、私たちのグループという意味です。律法や慣習法を徹底的に守ることで神への忠実を生きようとする結社のようなものです。そういった人たちはまず律法を一生懸命勉強する専門家、解釈の専門家というグループに多く重なっていたので、ファリサイ派の多くは律法学者であり、律法学者の多くはファリサイ派であったので、対になって新約聖書、福音書の中に出てくることが多いのです。この人たちは神との間に交わされた契約を忠実に守るということで、基本的に非常に真面目な人たちです。

ただその忠実さが徐々に無意識のうちに周りと自分を比べることになってしまいます。たとえば「私は日曜日のミサを欠かしたことがありません。ミサが始まる一〇分前には着席して心を静めて準備をしています。それなのに、あの人は何！　説教が終わってから来て、堂々と聖体拝領の列に並んで！」というような感じです。ついつい真面目な自分をそうでない人たちと比べてしまい、無意識のうちにその人たちを見下してしまうのです。真面目さゆえに、そういう傾向が自分たちの中にも生まれてくるのではないか、と見ておいた方がよいと思います。ですからあらゆることにはリスクがある、影がある、問題があるということです。それらすべてを見とおした上で神への忠実を生きようとするなら、そのキーワードはアガペ、アガペ以外にないと思います。このようにエゴの世界の中で神への信仰を持ちながらも生きることのひとつの問題を見ていくことができます。

ヴィパッサナー瞑想の具体的説明

ヴィパッサナー瞑想の場合、エゴの雲の外に出て「もうひとりの私」からエゴの雲を見つめるという意識状態となります（次頁図参照）。「もうひとりの私」は「根源意識」と言い換えてよいものです。根源意識からエゴや思考や感情や感覚を見ていく、気づいていきます。これがヴィパッサナー瞑想です。どんなふうに見ていくのか、気づいていくのかというのが、「今ここ」を「あるがまま」に「価値判断なく」気づくということ、「アガペの心の目で気づく」ということです。根源意識は私が名付けたものです。あらゆるものをそこからあるがままに、価値判断なく気づくということで根源から見ていく意識ということです。ですから私たちがどういうふうに気づくのかというところで見ていくと、自分の意識の根源へ根源へと自分を戻していく中で、そこから感覚や感情や

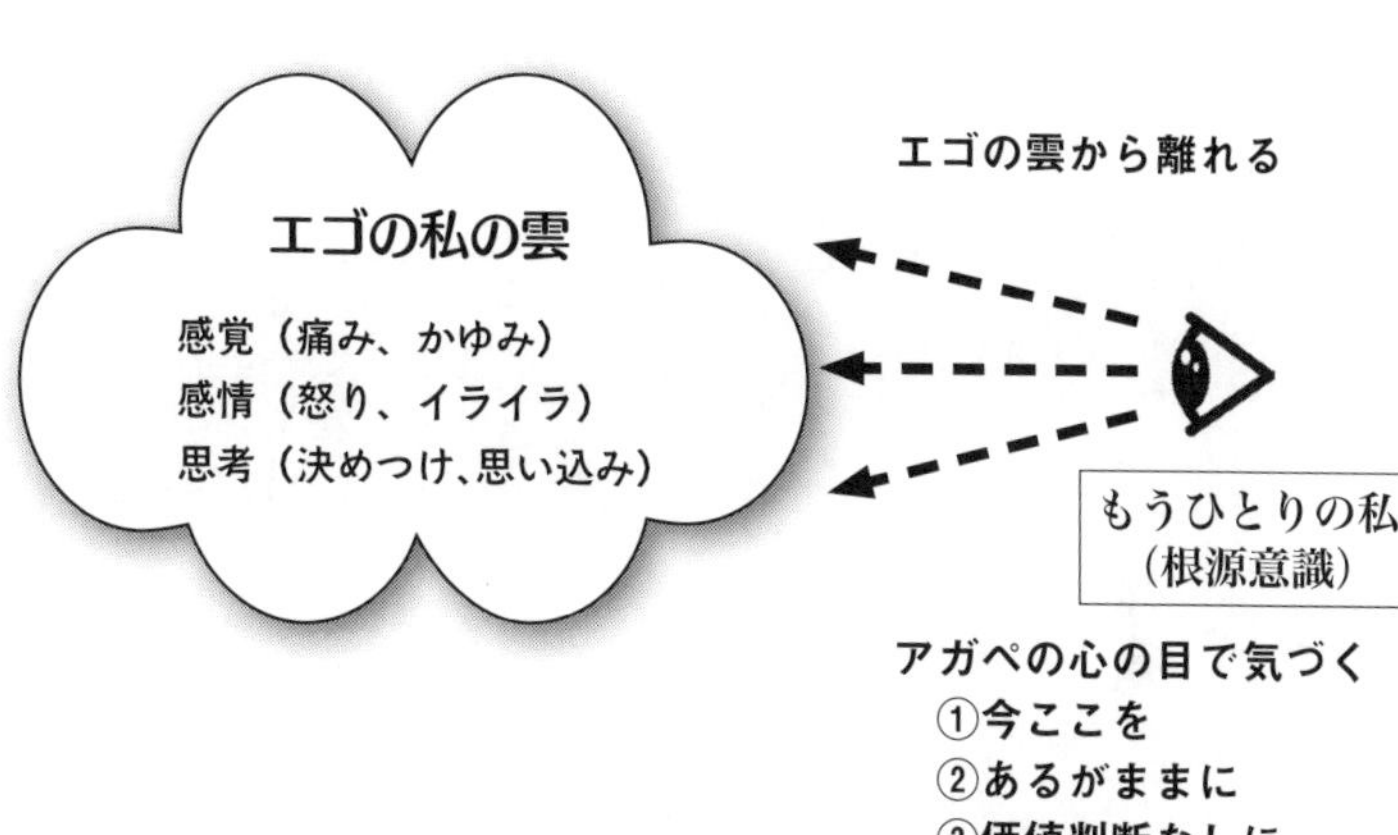

思考、あらゆるものに気づくようにしていくということです。これは意識の根源に私が降り立っていく、そのようなイメージです。そしてそこからあらゆるものをただあるがままに、存在の無条件の肯定というあり方で気づいていきます。ここでこそほんとうの離脱が生じます。

この瞑想の中心は「**今ここを、価値判断を入れずにあるがままに気づく**」ということです。この瞑想を脳科学の面から研究している名古屋大学の大平英樹さんの話では、私たちの脳は基本的に集中が苦手だということです。ですから今、意識を集中すべきことがあっても心がつい、さっきの朝食のこととか、修道院のこと、あるいは家庭のこと、あるいは仕事のことにぱっと飛んでしまいます。それは、脳というものが集中が苦手だからということです。ですから、ひとつのことがらに集中しようと思ったら、強いて集中させる、そういうふうな努力が必要になってくるのです。

ヴィパッサナー瞑想は、今、マインドフルネス瞑想と呼ばれて世界中に広がっていて、それはストレスに巻き込まれない心を育む、とても役に立つと言われ、確かにそのとおりなのですが、でもストレスに巻き込まれなくなるというのを「リラックスすること」と勘違いする人が多いのです。決してそれはリラックスではありません。かえって逆に、集中することが必要で、そうすることで巻き込まれなくなる、ということです。けれども集中するためにはそれなりの努力が必要になります。それが修行、エクササイズということになります。この点を勘違いしないようにしてください。

(1)「今ここ」に心を留める

その第一は、「今ここ」に心を留める、ということです。

今ここ、というのは、五秒前でも一秒前でもなく、また一秒先でも五秒先でもなく、「今この瞬間に」意識を向けるようにすることです。ですから、今ここの現実に気づく、ということです。今この瞬間こそがほんとうの現実だということです。ただ理屈で分かっていても、今この瞬間の現実にとどまるのは簡単ではありません。今、この本を読んでいる、その瞬間に現実は過ぎて行きます。ですから、いいこと書いてあるなと思った瞬間、すでにほんとうの現実は過ぎ去っています。いかにほんとうの現実に目覚め続けることが簡単ではないか、ということです。でもほんとうの現実に目覚める工夫をしていくと、これが非常に助けとなります。神は「今ここ」のリアルな現実の中にのみおられます。想像や記憶の中に神がおられるのではありません。ですから私たちには見出しにくいのです。つまり、私たちが「さっき」や「これから」に意識が奪われていて、そこに神を見出そうとしてもそれは単なる想像、イリュージョンにしかすぎません。ほんとうのリアリティというのは今この瞬間だけです。ですから、この瞑想は真の現実に目覚めていくということと重なってきます。ここがとても大事なところです。だからこそまず、今ここに心を留めます。「今ここ」がピンポイントだということです。

そこで、頭で今ここに目覚めるよりは、身体を使う方がずっとよいと古代の人たちは体験的に気づくようになったのだと思います。それは、今この瞬間の呼吸に気づいたり、椅子に座っている身体の感覚を感じたり、あるいは今生じている自分の感情や考えに意識を向ける。こういうやり方で、今ここに目覚める練習をしていくということです。

身体というのは「今ここ」にあります。頭というのは発達しすぎているために、すぐさっきやこれからに飛んでしまいます。そこに便利なところと厄介なところがありますが、そういうふうにあちこちに飛ぶ頭があっても、呼吸は今ここで続いています。身体は今ここで私を生かし支えてくれています。この身体や呼吸の現実はまさに今ここに目覚めて働いている、ということですから、「今この瞬間」に私の心を留めるために、呼吸に気づく、身体の感覚に気づくということがとても大切で助けになるということです。

(2) 価値判断せず、あるがまま

次が価値判断を入れず、あるがまま、ということです。私たちはほとんどの場合自分の体験や考えに価値判断を入れてしまいます。たとえば、何かに身体がぶつかって「痛い！」と叫んだり、相手の一言で怒りが生じたり、仕事がうまくいかずに「自分は結局何をやってもダメだ」という考え

が湧いてきたりします。痛みや怒りの感情や「ダメな自分」という考えはすべてネガティブな価値判断による反応です。このようなネガティブな反応は次々と別のネガティブな反応を生み出していきます。こういうところに私たちが無意識のうちに抱え込む問題があります。

たとえば、怒りの場合、だいたい多くの場合は人間関係によるものでしょう。言われたくない人から「あなたの仕事、あまりたいしたことないね」などと言われるとカチンときます。「そんなことあなたに言われたくない」と言い返したくなります。言われたことに対してネガティブな反応がチェーン・リアクションのように続きます。するとそこで巻き込まれてストレスが生じやすくなります。価値判断を入れずにあるがままに気づく、というのは、ネガティブなものだけでなく最終的にはよいこと、ポジティブなものにもとらわれず、それがポジティブなものであっても離脱するということが大切です。けれども、私たちにとっては、まずは巻き込まれやすいネガティブなものに気づいて離れる、あるいは価値判断を入れない、ということを練習していく、ここから始めます。

ですから、ここをあるがままに気づく、ということで、一切価値判断を持ち込まないようにします。そのようにこの瞑想では意識的に価値判断をしないようにします。善し悪しの判断や、心地よい心地よくない、などの判断をしないようにするということです。

あらかじめ言っておきますと、私たちは最終的には何が善であり何が悪であるかということをしっかりと識別していかないといけません。けれどもその識別は私が神と響いてこそ、神の心と結び合わされてこそ、判断できるということです。しかし多くの場合、その手前で判断してしまいます。誰がするかというと、私のエゴが無意識のうちに判断してしまうのです。ここに厄介な問題があります。ですから、そこに入り込まないために、わざと今は善いとか悪いとか、自分にとって心地よい、心地よくないとかの価値判断を差し控えます。それは最終的に真の価値判断をするために、ということです。これを忘れないようにしてください。

そして、あるがままに気づくということですが、あるがままは、自分の考え、感情を大げさにしたり、小さくしたりしない、ということです。私たちは痛みに対して時に「痛い、痛い！」と周りに大げさにアピールしたり、逆にほんとうは痛いのに自分は平気だという態度を見せたりします。こういうことを私たちはやりがちです。感情や考えの場合も同じです。けれどもヴィパッサナー瞑想では大きくもせず、小さくもせずに「あるがまま」の大きさ、その姿のままで受けとめるように意識します。

⑶ 気づく——感覚、感情、思考とひとつにならない

その中心が「気づく」ということです。気づきこそが大事で、ヴィパッサナー瞑想は「マインドフルネス瞑想」あるいは「気づきの瞑想」と言われます。ですから「気づく」ことが中心です。「気づく」という言葉は普段もよく使いますが、より正確に理解する必要があります。「気づく」というのは巻き込まれないように、心の距離を取って意識を対象に向けるということです。私たちは多くの場合、意識しないで感覚・感情・考えと自分をひとつにしてしまいます。身体が何かにぶつかって「痛い！」と反応するような場合、身体に生じた痛みの感覚と自分自身を無意識のうちにひとつにしてしまいがちです。

それに対してこの瞑想では痛みと自分自身を切り離し、「痛い！」と感じた直後に痛みを感じる部分に意識を向け、心の距離を取って、たとえば「膝に『痛み』がある」と静かに気づくようにするのです。これを練習していきます。知っておくべきは、心の距離を取って膝に痛みがあると気づいても、それで痛みが消えるわけではないということです。ただあるがままの現実に気づくだけであり、それを丁寧に観察するだけです。決して癒しのマジックではありません。そして丁寧に観察することを同じように感情や思考にもあてはめていきます。

怒りの場合も、無意識のうちに「怒り」と自分をひとつにしてしまいがちです。そうなると怒りに飲み込まれて、時に相手に対して言ってはならない言葉をぶつけ、取り返しのつかない結果を招いたりしてしまいます。そうではなく、この瞑想では怒りが生じた時、「今、自分の中に怒りが湧いている」と気づくことで怒りと自分を切り離すようにするということです。このようにすることで、怒りをそれ以上大きくしないですみます。それでも怒りという感情がまだ続く場合も十分あります。その時はそれを静かに観察するようにします。怒りを何とかしようとする瞑想ではないのです。静かに心の距離を取って見つめる、こういう練習をしていきます。

考えについても同様です。何かのことで失敗をして、「自分は何をやってもダメだ」という考えが湧いてきた時は、それと自分をひとつにしてしまい「何をやってもダメな私」という考えが自分のアイデンティティになってしまいます。これは特にうつ傾向の人に多くみられるようです。すべてについて自分をネガティブに見がちで、どんなことに対してもそれで解釈してしまいます。ちょっとした仕事の失敗でも、周りから見たら十分できていることでも、「自分はダメだ。またやってしまった、失敗した。結局私は何をやってもダメなんだ」という考えと自分を結びつけて、「何をやってもダメな私」が自分のアイデンティティになってしまいます。自分の心の中心にそのフィルターを置いてしまい、非常に厄介なことになります。

それに対して、この瞑想では「今『自分は何をやってもダメだ』と考えた」と気づくようにします。つまり、「結局自分は何をやってもダメだ」と思っても、それは単に頭の中に生じたひとつの考えにすぎないのです。しかし、私たちの厄介な点は、頭が発達しすぎているがゆえに「私は何をやってもダメだ」と思った瞬間に、それがある種の現実となって現れてくる、自分に押し迫ってくることです。心が締めつけられ、重くなり、苦しくなります。ヴァーチャル・リアリティ（仮想現実）を私たちは頭で作ってしまうのです。このヴァーチャル・リアリティというのはコンピュータ技術から出てきた言葉ですが、私たちがみな昔からやっているのです。「何をやってもダメだ」と考えた瞬間に、それが現実化して私を縛ってしまうという問題です。

この瞑想はただ気づくだけで、その考えを決して否定しません。その考えを取り除くのでもありません。「『私は何をやってもダメだ』と今思った」と気づくようにします。「何をやってもダメだ」と思ったのは、心の事実です。事実を決して否定しません。そして事実を事実として認めます。けれども、その事実は今ここで、ふと現れた考えにすぎません。考えや思考は心のいちばん奥深くにあるもので、結局私たちが最終的に取り組んでいかないといけないのは、自分の心の奥深くから湧いてくる考えにその都度気づいていき、そこから離れることです。このようにすることで、巻き込まれない心を持つことができるようになります。

キリスト教的ヴィパッサナー瞑想での祈りの方向

ヴィパッサナー瞑想に取り組む中で、祈りはエゴを抜け出て真の神へと向かう営みと理解することができます。その典型をルカ福音書一八章九－一四節の後半、徴税人の祈りに見ることができます。エゴから出発しつつもエゴを抜け出ていく祈りということです。ルカのたとえの後半はこうです。

> ところが、徴税人は遠くに立って、目を天に上げようともせず、胸を打ちながら言った。「神様、罪人のわたしを憐れんでください」。言っておくが、義とされて家に帰ったのは、この人であって、あのファリサイ派の人ではない。だれでも高ぶる者は低くされ、へりくだる者は高められる。
> （ルカ一八・一三－一四）

徴税人は周りと自分を比べていません。ただ神だけを見つめて、「目を天に上げようともせず、胸を打ちながら」ですから、いかに神の前に自分を無にしているかということを見ていけます。そして彼の祈りは「神様、罪人のわたしを憐れんでください」です。ですから「エゴにまみれて生きざるをえない私ですが、この私をなんとかしてください、あなたの慈しみに委ねる以外ありません」とこういうところで自分を無にする、エゴを手放していく、このような祈りです。この人の祈りこそが神の心に嘉（よみ）された、受け入れられた、ゆるされた、とイエスがたとえを締めくくります。エゴの雲を抜け出て根源意識の方に向かう時、そこにすでに届いている神の限りない慈しみに触れることになります。

偽りの謙虚

このような方向で自分の祈りを見ていきます。しかし気をつけなければいけないのは、たとえばイエスの「義とされて家に帰ったのは、この徴税人であって、あのファリサイ派の人ではない。だれでも高ぶる者は低くされ、へりくだる者は高められる」という言葉です。なるほど、高ぶる者が低くされ、へりくだる者が高められるのですが、ではへりくだる者が高められたらどうなるのか、という問題です。宴会に招かれた時には末席に座りなさい、と言われます。もし司祭が末席に座ったら、シスターがやってきて、「こちらへどうぞ」です。そして面目をほどこすことになりますが、……何かへんです。

このように、「高ぶる者は低くされ、へりくだる者は高められる」というのを同じ次元で見たらまったくおかしなことになります。同じ次元というのは、エゴの中で自分を低くしようとするということです。こういうのはよく修道者の中であったりします。「私ほど謙虚な者はいません」などの態度はかえっておかしいです。何の意味もありません。最終的にはイエスの意図を汲んだら、高いも低いも何もなく、あるがままの私があるだけでそれ以外何もないのです。それに何かおかしな理屈をつけると、どちらが高いとかどちらが低いとか、そういう言い争いになります。

しかしエゴは根深く巧妙です。エゴの巧妙さはそれを解決しようとする方法や手法を材料にしてまた新たなエゴを生み出してしまうことです。謙遜に生きるということもそれがエゴの手段になったりしてしまうということです。こういうところに丁寧に気づき続ける必要があります。これなしにエゴを乗り越える道はありません。

ヴィパッサナー瞑想のほんとうにすばらしいところは、今ここを、あるがままに、一切価値判断なく、気づくということです。謙虚になろうとする時の問題は、謙虚になれたと思った時に、謙虚になれている自分を誇る気持ちが現れたりするということです。そこで、そのような謙虚になれる自分を誇る気持ちが出た自分に気づき、その自分を抑えつけようとして、それができたとしても、またそのようにできた自分を誇る気持ちが出たら、これはまったくの堂々巡りです。ですからこの問題をエゴの中で解決しようとしている限りまったく何の解決にも至りません。

これは気をつけないと霊性の形式主義、禁欲主義というようなものにつながってしまいます。力ずくで自分を抑えつけようとするのです。抑えつけられたら、当座はそれでいいかもしれません。しかし、抑えつけることのできる私というプライドが隠れたかたちで必ず出てくるのです。これはどうしようもなく、根深いです。過去の修道生活や司祭生活で、これで苦しんできた人は多かったと思います。そうなると、もうあきらめてしまうことになります。結局、自分で自分をコントロールすることができないとあきらめ、そしてこれを神に委ねるのですが、形式的になるだけです。「私はもう自分で自分をどうしようもできません、あなたにすがるしかありません、私はまったく無力です」というふうになってしまい、自分ができることを、できる可能性があるうちから、すべて放棄して神に丸投げしてしまいます。けれどもほとんど何の役にも立ちません。

これはほんとうに深い問題です。しかし解決の道は、神の恵みに信頼しながらその恵みを生かすかたちで、いかに自分が絶妙なバランスで協力をしていくか、ということにかかってきます。これは大切な識別の問題で、参考にできるものがあったとしてもマニュアルはまったくありません。そういうところに分け入ってこそ、ほんとうに私たちは内なる神に近づいていくというあり方で目覚め、より神の望みにかなう生き方をする私になる道が開けてくるということです。すべて自力でするのでも、神に丸投げをするのでも、どちらでもありません。こういう絶妙なバランスで神に協力する道を、自分で見出していくしかありません。イエスに従う忠実な弟子となる道は全然違います。神の恵みに信頼しながら、神の恵みの働きに協力しながら、自分で険しい道に分け入っていく、狭い門を通って、狭い道をしっかりと自分の足で歩んでいく、そういう道です。

私は一一年間修練長をしていて、修練長としての仕事のメインは三〇日のイグナチオの大黙想を指導することで、自分なりに励んできたわけですが、やはりこういう問題に最終的にぶつかりました。どうしていくか、ということですね。よく誤解されていたものの典型がアジェレ・コントラ（agere contra 反対の行動をとる）です。エゴが出てきたらエゴを正反対の方向へ抑えつける、こういうことですが、でも結局うまくいきませんでした。うまくいったとしてもまた、ちゃんとできる私だ、というようにエゴが出ます。これの繰り返しです。つまりエゴの世界を抜け出ない限り、私たちは真のイエスの弟子としての道を歩めません。あるいは究極的には、最初から言っていますが、アガペの人を生きるためには、エゴから離脱していなければ決してアガペを生きることはできません。アガペの人になれないということです。その道を教えてくれたのはヴィパッサナー瞑想です。どんなに強いプライドのエゴが出ても、ただ静かに気づくだけです。ここにのみ真の離脱の道があ

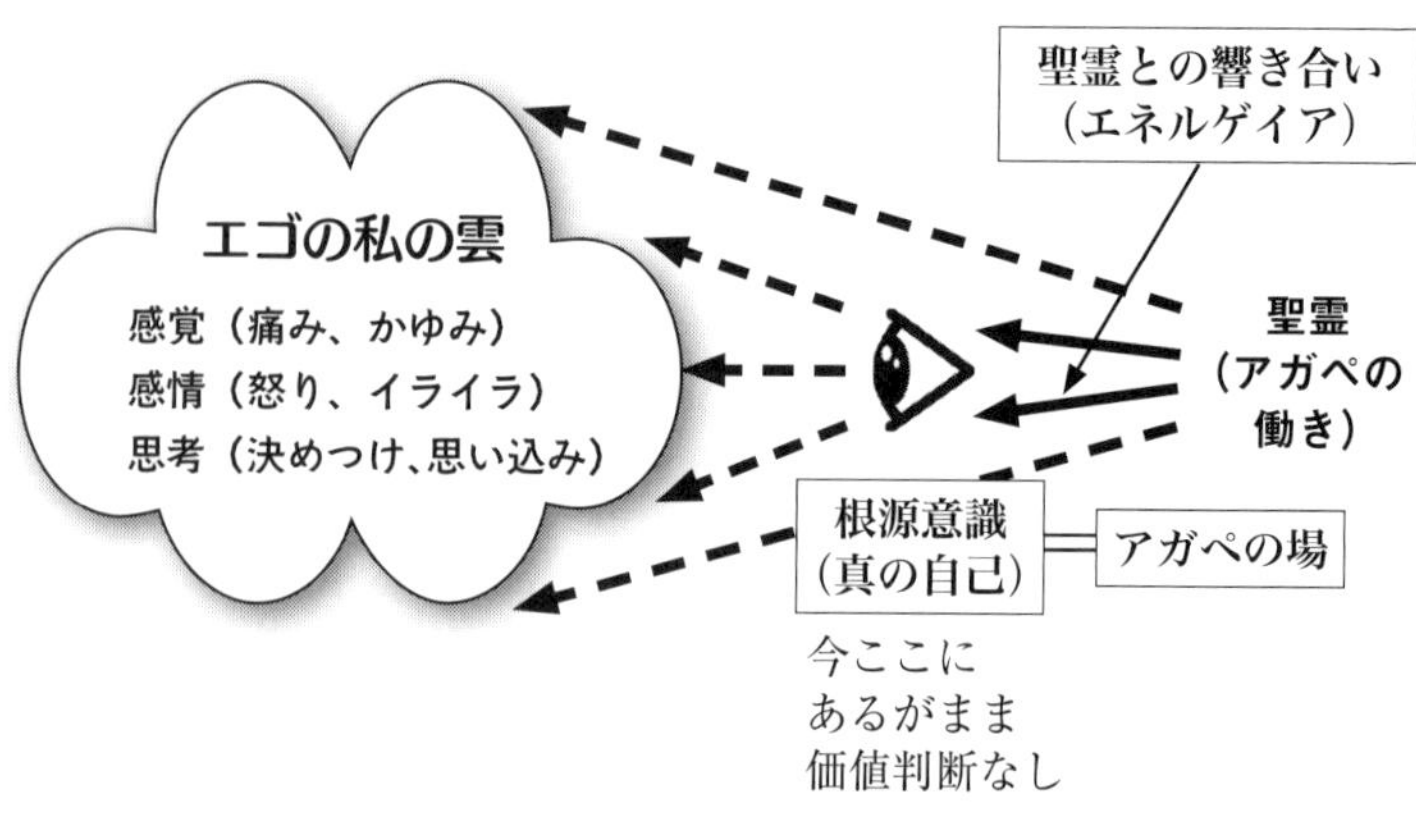

ると確信しています。

内在的超越の神（聖霊）の働き

ヴィパッサナー瞑想において神の働きはどうなるのでしょう。それを表したのが上の図です。根源意識の目に聖霊の矢印の実線が延びています。それは聖霊の働きに根源意識が響き合っている有様を示します。聖霊の働きはエゴの雲の領域にも及んでいます。残念ながらエゴは自らを閉ざしています。聖霊の働きはエゴにも、感覚や思考や感情にも及んでいます。あらゆるものに神の働きは及んでいます。けれども、目覚めて恵みに協力するかたちで意識を用いているかどうかの問題があります。その協力をしているのが根源意識であり、聖霊の働きに響き合う働きの場が根源意識なのです。このように理解してください。

そこで、今ここをあるがままに価値判断なく気づくことがなぜできるのかは、内在的超越の神（聖霊）の働きがあるからです。根源意識の働きが可能となるのは内在する聖霊の働きがあるからです。聖霊の働きに響き合うとは「今ここで、あるがままに、価値判断なく、気づく」ことです。

私の中に相手の一言で怒りが湧いてきているとか、相手を決めつける考えが出たとか、このようなものに価値判断なく気づけるというのは、ほんとうは驚くべきことなのです。見えるものがあるというのは動物も分かると思います。けれども私の心に「喜びがある」、「悲しみがある」、「怒りがある」、「恐れがある」と気づくだけでなく、「あの人は私をばかにしている」、「私は何をやってもダメだ」というような考えに巻き込まれずに、その考えから心の距離を取って、考えを裁かずに、あるがままに気づくことができるのは驚くべき営みです。このような瞑想に取り組んでいないと気づかずに流される場合が多いでしょう。けれども、もし気づけ、「なぜ、それがあると気づけるのか」を洞察していくなら、これは神秘です。そしてこれが人間の本来性、人間性のもっとも中核につながってくるのです。

よく言われますが、人間の人間たるところは自覚です。自らを自らが見つめることができるということです。それは、もちろんエゴでもできます、エゴがエゴを見つめるというように。でもこの瞑想のすごさは、一切裁かずに、価値判断をもちこまずに、ただ無条件の存在肯定というレベルで、「今ここに、怒りがある」、「今ここに、相手を決めつける考えがある」と気づくことができることです。この気づきにより私たちは神と響き合う世界に入っていけます。

その響き合いはどの方向にあり、どこがその入り口になるのかを表しているのが前頁の図です。このように私たちが一切条件をつけず、裁かずに、価値判断をもちこまずに、あらゆる営みに気づくことができるのはそこにアガペの愛の働きである聖霊が働いているからです。ですから自力のみで気づくのでもなく、すべてを神に丸投げして神まかせにするのでもなく、すでにどの人にも届いている神のアガペの働きである聖霊に信頼し、聖霊の働きに協力するというあり方で気づきを行っていく、ということです。

光と気づきというたとえでより理解してもらえるかと思います。「気づく」という営み自体が神秘と関わるということです。たとえば、私たちの心は大空のようなものと理解してみます。その心の大空に、ふと相手を決めつける考えの雲が現れたり、あるいは怒りの雲が現れたりするということです。多くの場合私たちは、ふと現れた、相手を決めつける考えの雲の中に入り込んでしまい雲と自分をひとつにしてしまいます。怒りの雲が心の大空に湧いてきたら、その怒りの雲の中に入ってしまいます。そして雲をさらに大きくしてしまい、心の大空が嵐で覆われることになったりします。そうなると怒りの爆発につながりかねません。

けれどもヴィパッサナー瞑想は、すぐに意識を心の大空の方に戻して、その心の大空から自分の心の中にどんな怒りの雲が現れているのか静かに観るという営みです。それに一切の価値判断をしません。このようにすると、どんなものが生じても、つねにそれを離れたところから一切価値判断せずに、こういう感情の雲が現れた、思考の雲が現れたと気づくだけです。それは雲を無視するのでなく、雲をあるがままの大きさで観ていくということで、雲をそのままの存在として認めていくことになります。それがイエスの示した神のアガペとつながります。これは私の自力による営みです。私が気づくのであり、他人まかせで気づくのではありません。私がその都度、自分の心を見つめて気づいていくということです。

けれどももし、心の大空がまったく暗闇であったら、雲が現れても気づくことはできません。つまり心の大空に光が射しているから、私は考えの雲が現れたと気づくことができます。怒りの雲が現れたと気づくことができます。ここにはもうすでに光が届いています。その心の大空では、どこからが大空の境で、どこからが大空を越えた宇宙となるのかの境はありません。では光はどこから来ているのでしょうか。この地球の場合なら太陽です。つまり心の大空の場合、心の太陽である神から光が届いているということです。ですから私たちは自分の心に湧いた雲を観ることができるのです。しかし雲から抜け出ない限り観ることはできません。エゴの問題は、雲の中に入って雲を自分だと一時的に錯覚して、その中で右往左往するということです。ここに問題があるということです。

エゴを原理的に生み出さないヴィパッサナー瞑想

私たちが目指すのはエゴを超えていくということです。それは先に述べた、ひねくれた謙虚である「これほど謙虚な私はない」などをはじめとして現れてくるエゴの問題です。

私は二〇〇七年にインドで一〇日間のヴィパッサナー瞑想に与かり「これはイエスの教えるアガペを掛け値なしに心に育んでいく助けになる」と気づきながら取り組み始めたのですが、その中でエゴの問題にも向き合う体験で気づくようになったのが、このヴィパッサナー瞑想は原理的に新たなエゴを生み出さない瞑想だということでした。この点で、ヴィパッサナー瞑想は非常にすぐれていると思います。

どういうことかというと、どんなエゴが出ても、気づければそれで大丈夫ということです。たとえば、エゴの出現にもいろいろな段階があります。非常にストレスがあり、誰でも巻き込まれ、すぐに感情を爆発させてしまうというような環境でも、瞑想訓練の積み重ねの中で自分の心の動きに気づいて離れることができるようになったとします。そこでの新たな厄介な問題は、「どんなもんだいこの俺は、みんながストレスに巻き込まれてカッカとなっても、俺は巻き込まれず離脱できるぞ」と離脱できる自分を誇る、こういうエゴが出てくることです。そういう時に、ぱっと心を切り替えて、「『どんなもんだいこの俺は、みんなは巻き込まれてしまうけれど俺は巻き込まれず離脱できる』と思うエゴが出た。自分を誇るエゴが出た」と気づくようにします。それで大丈夫なのです。そのように自分を誇るエゴが出ても、そのエゴを裁かず、責めず、取り除こうとしません。やっつけません。ただ心の事実としてエゴが出たことに気づくだけです。

さらに深い段階では、「どんなエゴが出ても気づける俺だ」とまたエゴが出ます。エゴはそのように根深いのです。しかし、そのようなエゴが出ても大丈夫です。「『どんなエゴが出ても気づける俺だ』と今思った。今、誇る心が出た」とただ気づくだけです。そして、そのようなエゴから離脱できる自分を誇るエゴの心が出ても裁かず、責めず、やっつけず、取り除こうとしません。あるがままの心の事実としてただ静かに気づくだけです。

ここに離脱のほんとうに深い大事なポイントがあります。つまり、エゴが消え去ることで真の離脱が起こるということではありません。エゴが消え去ることで真の自由を私たちが生きることができるということでもありません。エゴがあったとしてもエゴに巻き込まれないで、エゴから離れて自由を生きる、ここにほんとうの離脱とほんとうの自由があるということです。真の離脱は、私たちが、世界をあるがままに見つめ、あるがままに世界と接しているという中でのみ可能になるのです。真の離脱の成立条件です。これは理屈ではなくて、瞑想体験を深めていく中で、おのずとそのような境地に開かれていくということです。

けれども、この話を鵜呑みにするのではなく自分でそれを確かめることです。気づき続けること、気づきを維持することはそれほど簡単ではありません。たとえば自然な呼吸で、鼻の内部の粘膜に生じる皮膚の感覚、入る息出る息によって時々刻々と変化していく、その皮膚粘膜の感覚に目覚め続け、気づき続け、より細かく観察していく気づきが深まれば深まるほど、おのずとすでに離脱しているのです。

こうしたらこういうふうに離脱できる、そういうことを言うとまたおかしくなるかもしれません。深い目覚めが生じ、現象を現象としてほんとうに深く気づいている時に、すでに離脱している、という後追い型なのです。あとで考えたらあの時にこんなふうに深く離脱していた、こんなふうに自由に目覚めていた、と振り返って気づくだけです。

そこにおいて言語表現が生じます。目覚めのさなかにある時には一切そのようなものは起こりません。反省意識も起こりません。ですから、体験的に言って、どうしても言語とか言葉というものを手放していかない限り、真の目覚めに至ることはできません。しかし神の恵みは聖霊をとおして私たちに働いているので、神の恵みに信頼しながら、そこに向けて瞑想修行に取り組んでいくということです。

聖霊との響き合い

四〇頁の図に「聖霊との響き合い」と書いていますが、聖霊は三位一体の神でありアガペそのものの父なる神のアガペの働きと位置づけることができます。そのアガペの働きである聖霊と響き合う時、根源意識はアガペの場となります。同時にそこは聖霊だけでなく三位一体の神と響き合う場ともなります。これはギリシア教父の霊性や神学から来ています。西方教会では、神と顔と顔を合わせて出会うことを至福直観と言いますが、ギリシア教父の考えでは、神は絶対の超越であり、それに対して私たちは被造物であり、被造物が絶対の超越と直接にまみえるということはありえないということです。このギリシア教父の理解は非常に大事です。私たちは何か簡単に顔と顔を合わせるようなイメージを持ったりします。聖書の中に、たとえば「だがそのときには、顔と顔とを合わせて見ることになる」（Iコリ一三・一二）という表現がありますが、それは丁寧に理解することが必要です。ですから私は「響き合う」という日本語がふさわしいと思っています。三位一体の神と直接にまみえるのでなく、三位一体の神と響き合う、そういう世界に気づき、その神秘の世界に私たちの方が近づいていけば、三位一体の神と響き合う境地が開かれてくるということです。

一方、神の側が私たちに働きかけることができる、ということも深い神秘です。ギリシア教父、たとえばグレゴリオス・パラマス（一二九六頃―一三五九）というビザンティン神学者は、神はエネルゲイアによって働きかけるということを示しました。彼は絶対の超越の神がどうして直接に被造物に働きかけることができるのか、という神学上の難問のひとつに取り組みます。それまでも言われてきたことですが、グレゴリオス・パラマスは光の神学と言われた神学を展開することをとおして、聖霊のエネルゲイアが直接に被造物に働きかけることができると考えました。

「エネルゲイア」というのはギリシア語で、英語のエネルギーの語源で「働き」という意味です。エネルゲイアは神の本質そのものではないのですが、造られざるものであり、神が自らを被造物に啓示する働きであるとされます。このように神の本質とエネルゲイアを区別するかたちで、グレゴリオス・パラマスは神学を展開し、被造物である私たち人間への神からの働きかけを説明しようとしたのです。最終的にエネルゲイアといってもそれは何ですかということになると、やはり神秘です。私たちの方から神秘を理解し尽くすことは決してできません。しかしそのような働きとして、ギリシア教父がエネルゲイアという用語を用いて説明していることを手がかりに、理解を進めていくことができます。

けれども改めて気をつけないといけないのは、思弁的になりすぎずに、つねに自分の瞑想体験によって確かめながら、そこから、それを反省意識の中で言語表現をしていくとしたら、どのようになるだろうかというアプローチを大切にすることです。そのひとつの説明、構図として、このような聖霊のエネルゲイア、聖霊の働きを見ていくというのが四〇頁の図です。これが自己を理解し、神との関わりを理解する助けになっていくのです。

そこで、図では根源意識を「真の自己」または「アガペの場」と書いています。それは、ここにおいて、私たちはエゴから離れ、無償・無条件の愛であるアガペを無理なく自然体で生きることができるようになる、ということです。すぐにまったく無理なくとはいかないで、実際には行きつ戻りつというのが現実ですが、方向を正しく見極めて深めていく中でだんだんと無理なくこれを生きていくことができるようになります。

自転車をこぐこととしての気づきのトレーニング

私がいろいろな機会で出会って、対話の相手になっている山下良道さん（一九五六―）は、曹洞宗禅僧と上座部仏教僧を経て今はワンダルマ仏教僧を名乗っています。山下良道さんが言っていることですが、気づく力をつけていくことが必要だが、そのような気づきの修行とは自転車に乗るようなものだということです。最初はうまくバランスが取れずにすぐ倒れてしまいます。でもあきらめずにチャレンジをしていく中でだんだんとバランスが取れて少しずつペダルをこぐことができるようになります。でも、少し前に進んだらまた倒れたりします。また最初は体に力が入り、大変な力とエネルギーを費やします。けれどもあきらめずに練習を続ける中でバランスが取れるようになり、やがてほとんど力を入れずにこいでいくことができるようになります。目の前に障害物があっても、ほんのちょっとハンドルを握っている指に力を入れるだけでその障害物をスイスイよけて走れるようになっていきます。ですから気づきのトレーニングをしていく時に、だんだんと無理なく、つまり自然体で自転車をこぐ、そういうようなことができるようになっていきます。

気づき続けるということが大事です。つまり、自転車をこぎ続ける、一生こぎ続けるということです。ここは狭い道なのでとか、私、疲れたからやめます、と言ってやめたらエゴがまた出てきます。そのエゴの中に知らず知らずのうちに取り込まれて、それで気づくことをやめてしまい、「まあ、人生ってこんなもんでしょう」とあきらめの中で過ごすことになったりします。けれどもそれはもったいないことです。自転車をこぎ続ける、というのはキリスト教的にはメタノイア、回心を生涯、死ぬ瞬間まで続けていくということです。

「メタノイア」というのは、神の限りない愛の支配につねに目覚めて、この愛を自分の生きる土台にしていくことです。それは観念ではなく、今ここでのできごとです。今ここでのできごとを、アガペの心に響かせてその現実に一瞬一瞬気づいていくこと、これがメタノイアです。そしてこれが気づきの自転車をこいでいくことです。一生こぎ続けるのは大変なように思えますが、慣れてくるとスイスイとこげるようになり、世界はこんなにすばらしいと世界の豊かさを感じながら、サイクリングを続けることができるようになります。

変容の道としてのヴィパッサナー瞑想

ヴィパッサナー瞑想は変容の道です。私はこの変容の道を脳の変容の道とも考えます。たとえばよく霊性で言われたりするのは魂の変容ですが、これはとても抽象的な概念です。「魂の変容」と言葉で言うとそれなりに通じるところもありますが、深い祈りの体験をしたらそれで変わっていくように思ったりもします。けれどもほんとうのところ、それが真の意味で変容をもたらすのは脳が瞑想に伴って変容することです。これなしにありえないと思っています。そして脳が変容する時に、まったく無理がなく、作為的でなく、アガペを生きることができるようになると思います。一時的にその場限りでアガペを生きることができるかもしれませんが、すぐ元の木阿弥になってしまうなら、ここはしっかりと取り組んでいかなければなりません。

もちろん実際の瞑想の体験による深まりが大前提であり、これなしに脳の変容もありません。これは大切な点で、つまり将来脳科学の発達で脳に電気刺激を与えて瞑想が深まった時と同じ脳の状態にすることが可能となったとしても、そう簡単ではないということです。人間の瞑想という精神活動は脳の働きにすべて還元されるものではありません。しかし、瞑想が持続的に深まっていくその必要条件に脳の変容が求められ、またそれが持続性のしるしとなるということです。これを勘違いしてはいけません。それを弁(わきま)えた上での脳の変容の必要という話です。*

＊　瞑想が持続的に深まった時の脳の状態はこれだ、という判断は精神的な人格存在、つまり人間によって判断され、いくら将来ＡＩが発達して脳の変容を瞑想の深まった状態と判断できたとしても、最終的にはつねに人格存在としての人間による判断が求められるということ。（マルクス・ガブリエル『私は脳ではない』講談社、二〇一九年、参照）

さて、イエスによる救いの恵みは心と頭だけのものでなく、存在全体です。存在全体の変容のための恵みはすでに神から与えられています。そこに私たちが深い信仰と感謝と信頼を持って協力していくのです。これが私たちの道ということです。そしてそれは具体的には脳のフィールドといっていいと思います。

今、このヴィパッサナー瞑想（マインドフルネス瞑想）が広がって信頼を獲得しているのは、脳科学の研究が、これは確かに効果がある、役に立つという結果を示しているからです。依存症の人がマインドフルネス瞑想を行うと脳が変容していきます。それが持続的な力を、効果的な癒しをもたらします。一時的な思い込みでは、一時的なもので終わってしまいます。昔は、脳が心の高次機能をつかさどっているということがまったく分からなかったので、心とか魂とかいう言い方をしていたと思いますが、しかし私たちはここから深い知恵を学ぶことができると思います。

持続する変容ということについては、ハーバード大学で政治哲学を専門とし、正義をテーマにして論じているマイケル・サンデル教授（一九五三―）の『これからの「正義」の話をしよう』（早川書房、二〇一〇年）が参考になります。彼の正義論についてこの本はとても興味深いものです。

哲学の世界を現代からさかのぼっていくというかたちでたどりながら、正義とは何かを見ていく時、私たちの世界を取り巻いているひとつが功利主義です。「最大多数の最大幸福」という言い方で代表され、民主主義の根幹になっています。多数の人がこれがよいと言った方を選ぶのが正しい、それが善である、こういう見方です。しかしマイケル・サンデル教授に言わせるとおかしい。ジェレミー・ベンサム（一七四八―一八三二）とかスチュアート・ミル（一八〇六―一八七三）という人が生み出した功利主義論というのは少数派がないがしろにされるなどやはり問題があるのです。

次に彼が取り扱うのがカント（一七二四―一八〇四）です。カントの義務論。人が何と言おうが私の心の奥底にこれをせよと叫ぶ声がする、内なる良心の声です。これはよりふさわしく正義にかなっている、それはそうです。しかし現実的な力があるのかという点で、彼はカントに対して疑問を持ちます。そして最終的にマイケル・サンデル教授がたどりつくのはアリストテレス（前三八四—三二二）です。アリストテレスは何と言っているかというと「善を行うことができるのは善い人だけだ」ということです。「善いことをすることができるのは善い人だけだ」というのは、それ以外の人はまったく一時的にかりそめにその場限りでしか善なるものを生きられないということです。なぜなら、それはその人の本性が善ではないからです。だから善いことは善い人だけができるというのです。では、善い人はどうやってつくられるのかというと、習慣によってです。善い行いを続けていくことをとおして、やがてそれが習慣となって身につく時に、それが徳になります。心の中にアリストテレスの言うその倫理を習慣として積み重ねていくことによって善い傾向を自然と持つようになるということです。とても大切な点を指摘していると思います。

　ですから変容というのはその場限り、単なる八日間の修行で終わるものではありません。ずっと続けていく中で徐々に徐々にそれが私に沁みついていくということです。たとえば幼児が四つん這いから二本足で歩こうとする時、最初はちょっと立っては転んだりしていたのが、だんだんと歩けるようになり、やがてまったく無理なく意識せずに自由に二本足で歩くようになるのと似ています。自由に歩けるのは、歩くことがまったく私の一部になっているからです。それと同じように、善いことをするにはその人の心の習慣が、無理のない習慣となるまで鍛え続けることが必要です。ですから教育というものがどれほど大切かが分かります。そのように善いことをする習慣の積み重ねで人は善い人になっていき、善いことをすることができるのです。その善い、というのは一時的なものでなくて、ずっと永続的なかたちで続くものとなります。アガペの人になるというのもまったく同じです。

そしてそれが無理なくできるようになるというのは、四つん這いから二足歩行になるのと同じで脳が変容していくからです。訓練の積み重ねによって、脳が二足歩行にふさわしい脳の機能として変化するからできるようになるのです。魂を整えるのも同じです。一度脳が変容するとそれはかなり永続的になります。ですから私たちは気をつけないと精神論だけ、抽象論だけでこの祈り、あるいは霊性ということを論じたりしますが、そういう時代はもう過ぎようとしていると思います。まだ福音をほんとうの意味で知らない人たちに、キリストのすばらしい福音を伝えるためには、私たち自身が変容し、真の証し人となってその道を示していくということがあってこそ福音を伝えることができるのだと思います。

これを目指していくのがキリスト教的ヴィパッサナー瞑想です。これは「凡人の霊性」の道と言えます。天才は自分でできるのでいいのですが、ほんとうに多くの人が悩み、イエスが言ったように、どこに向かって生きるべきか分からず右往左往しています。あるいは道に迷っていることすら気がつかないで、別の道が正しい道だと思い込んでしまっています。ルカ福音書にある、百匹の羊の中で一匹の羊が迷い出る物語（ルカ一五・一―七）を読むと、この迷い出た羊は自分が迷っているとは思っていません。飼い主から見たら迷っていた、そして飼い主が探しに出かけるという物語です。神は私たちのところに自ら来られます。ここにすばらしい恵みがあります。それに私たちが気づいていくこと、そこから、「おまえが戻るべき道はここだよ」と示されて、私たちが協力をしていく、こういう道だということです。これが凡人の霊性の道です。

凡人の霊性の道のよいところは、それなりのやりかたが分かれば、それをこなしていけばいいことです。ラジオ体操と同じようにです。そうしたら、もちろん行きつ戻りつがありますが、続けていけば少しずつ少しずつ、確実に心が変容し、脳の変容を同時にもたらすということです。

身体による祈りの大切さ――身体はアガペ

ヴィパッサナー瞑想は身体をとおして気づくことから始めていきます。最終的に私たちが取り組まなければいけないのは心に対してなのですが、いきなり最初から心に入らないようにします。いきなり心から入ってしまうのはキリスト教霊性です。ここに頭でっかちになりがちなキリスト教霊性の問題があるように思います。

私はイエズス会の修練長を一一年務めてきて、徐々に気づくようになったのが、身体を十分に祈りに参入させないというキリスト教の霊性です。私の属するイエズス会の創立者のロヨラのイグナチオ自身はかなり身体についての意識があったのですが、やはりそれでも不十分で二次的にしかとらえていません。ですからそこにアンバランスさがやはりあったと思います。西洋の霊性の中心は心と頭ということです。心を浄化する、心において、心が……。でもうまくいきません。なぜか。エゴがコントロールしようとするから、エゴが自分の心を浄化しようとするからです。そしてみんなこのエゴの問題に気づいています。けれども、エゴの問題をエゴが片付けようとするので、それはまったくの堂々巡りとなります。エゴをコントロールできるようになればなるほど、「エゴをコントロールできる私だ」というまた新たなエゴが生まれます。こういう根深い問題があります。ですから、いくらこのレベルで祈りをしたとしても抜け出られません。

本書ではキリスト教の枠の中でヴィパッサナー瞑想を紹介しています。ですから、とても大事なのは身体から祈りに入っていく、身体をとおしての瞑想だということです。日本の坐禅などを体験された方は、ある程度、身体による祈りというものをお分かりだと思います。頭は、あちこちに、さっきとかこれからに飛んでしまいがちですが、身体や呼吸はつねに今ここに留まり、今ここを生きています。このような身体を使う瞑想によって、徐々に私が気づくようになったのは、身体は心や頭が求めてやまない神の国をすでに生きている、身体は心や頭が求めてやまない神をすでに悟っている、ということです。ですから、もっと身体にしっかりと心を向け、身体自身から学んでいくことが大切だということです。これを私たちはほんとうに大事にしていく必要があると思います。それが呼吸や身体にみられるアガペの愛というものです。

無償・無条件の愛であるアガペを見る時、そこにはエゴはありません。そしてその愛は自己主張をせずに自らを隠し、見返りや条件を一切つけません。それを身体の営みに見ていくことができます。そこで、呼吸や身体はすでに神を悟っている、神の愛を生きている、このように私は気づくようになりました。そこに私たちはアガペを見ていくことができるのです。

呼吸と身体の器官に見られるアガペ

その最たるものが呼吸です。呼吸は私たちが生きるためにまったく欠かすことができないものです。呼吸は私たちが生まれた時から死ぬ時まで休むことがありません。呼吸は人を選ばず、その人が善い人であろうと悪い人であろうとその営みを続けます。人が自分に絶望し自ら命を断とうとしても呼吸はその人に絶望しません。呼吸は感謝を求めません。また、呼吸は正常な時ほど気づかれないままである、ということです。

私たちにとって生きるためになくてはならないものがいろいろあり、たとえば私たちは食べることなしに生きることはできません。けれども、生きるということについて最も肝心要(かなめ)のものは呼吸です。呼吸が数分間止まると脳細胞が死滅し始めると言われています。呼吸なしに私たちは決して生きることができないのです。これほど大切な呼吸なのですが私たちはほとんど顧みることがありません。気づくことがありません。ここは非常に大事なポイントです。私がこの瞑想をするようになって少しずつ気づくようになっていったのは、本物の愛は、本物であればあるほど自らを隠すということです。本物の愛は自己主張をしません。本物の愛はだから気づかれない、気づかれにくい、ということです。その典型を私たちは呼吸に見ていくことができます。あるいは呼吸に代表される身体のさまざまな内臓です。心臓、肺、腸、肝臓、腎臓といったもの、これらは正常であればあるほどその働きに私たちが気づくことはありません。異常の時に気づきます。呼吸も同じです。ここにほんとうにすばらしいものがあります。

たとえばこれについてイエスはマタイ福音書六章の山上の説教の中で言っています。偽善者のように施しをするな、偽善者は人に見せようと街角に立ってわざと人に施しをする、あなたがたはそうであってはならない。「施しをするときは、右の手のすることを左手に知らせてはならない」（二節）と言います。ここです。つまり、本物の愛はまったくさりげなく、自らを隠すのです。どれほど無償・無条件で愛を生きていても、「このような愛を生きている私を分かって理解してほしい、認めてほしい」などの要求を一切出しません。要求するのはエゴからの愛です。呼吸や身体にはエゴがありません。

ですから呼吸や身体の器官は、私を生かすためにまったく懸命に働き続けていても、それに対して一切見返りや感謝やあるいは理解を求めることはありません。丁寧に見ていくならこれは驚くべきことです。私たちが生まれ落ちてからこの世にさよならを言う時まで呼吸は続きます。私たちが夜疲れて寝る時にも呼吸は休むことがありません。呼吸が「私も休ませてもらいます」となると永久に目覚めないことになります。呼吸は私たちが寝ている時も続きます。心臓なども同じことです。私たちが生まれ落ちた時から心臓は休みなく働き続けてくれています。このように本物の愛は自らを隠すということです。まったくさりげなく、ということです。

このように私たちの気づいていないところに本物の愛はあります。私がどれほど立派な人間であろうと、どれほど不埒（ふらち）なひどい人間であろうと、呼吸、身体の心臓や内臓は、その私をまったく無条件に受け入れ、無言のうちに淡々と生かし続けてくれているのです。驚くべきことです。それを私たちはすでに受けているのですが、あまりにもあたりまえすぎるので、この神秘に気づいていないのです。私が今ここでこうして生かされているというのは丁寧に見るなら驚くべき神秘そのものです。

こういうところに気づく時に、ほんとうの愛、あるいは神の愛とは何かということが分かってきます。つまり神の愛は決して大げさではありません。まったくさりげなく目立たずに、自らを隠すのです。神の中にはエゴがないからです。それがどれほど懸命に注がれた愛であっても、この愛を分かってほしいと、力づくでその愛を私たちに理解させようと神は自らを示そうとはしません。まったく隠れたままです。私たちの方が気づくまで絶えず忍耐強く待ち続けます。そして決してこの愛を撤回しないということです。世をはかなんで、自分に絶望してビルの上からまさに飛び降りようとしている人がいても、呼吸や心臓はその人を決して見捨てません。人が自分に絶望しても呼吸はその人に絶望しません。神がその人に絶望しないのと同じように。こういう営みを、私たちは触れることのできるあり方ですでに持っているのです。

ですから私は次のように考えるのがふさわしいと思っています。私たちの身体は九八パーセントがアガペだということです。なぜかというと、私たちのどこに厄介さがあるかというと脳です。心の座である脳です。脳の重さを調べたら、だいたい成人男性の場合、平均一・五キログラム、成人女性は一・二五キログラム。どちらも平均で体重の約二パーセントが脳の重さだということです。人によって違いはありますが、一〇〇－二＝九八で、私たちの身体の九八パーセントがすでにアガペということです。これは喜ばしい便り、福音です。こういうすばらしいものを私たちはいただいているのです。けれども残りの二パーセントが問題です。残りの二パーセントが我がもの顔で自分を思いどおりにコントロールしようとします。ここに厄介な問題があるということです。しかし、我がもの顔で生きようとする厄介なエゴであったとしても、その頭を身体はまったく一〇〇パーセント生かそうと無言のうちに無条件で働き続けてくれています。これは驚くべき神秘です。そういうところに丁寧に気づいていく時に、残りの二パーセントをもっとアガペにしていこうという道も開かれてきます。

身体から瞑想を始める意味

そういう意味で身体というのはとても知恵を持っています。頭や心の思い上がりをもっと身体をとおして正していくことが求められるということです。私たちの身体にはアガペが満ちているのに、エゴにとらわれている頭と心こそが問題であり、これを乗り越える道がヴィパッサナー瞑想なのです。

そこで身体から始めていく瞑想というのは非常に意味があります。そして呼吸や身体が大切であるもうひとつの理由は、現実そのものだということです。呼吸に気づく瞑想や身体の感覚に気づく体感覚瞑想などをすると分かりますが、決して呼吸は幻想ではありません、想像でもありません。ほんとうの現実です。そこには善いも悪いもないのです。「ああ、呼吸大好き！」と言ってもっと吸おうとしても、そういうわけにはいきません。「呼吸嫌い！　もう吸わない」というわけにもいきません。呼吸は好きとか嫌いという次元を超越しています。そういった好き嫌いをまったく超えて、私を無条件に生かしています。こういうところに気づくことから始めるのは非常に健全です。ですからつねに、心の迷いが生じたら呼吸に戻す、身体の感覚に戻すということです。それはまったく確かなリアリティを持った現実、土台です。心の迷いが生じたら戻る健全な場所を持っているというのはとても助けになります。呼吸や身体は決して私を忘れたり、私から逃げたりしません。私が呼吸や身体を忘れ逃げそうになることはあるかもしれませんが、呼吸や身体は決してそうではありません。こういうところにも、触れることのできるかたち、見える姿で、見えない神の愛を表すものを私たちは持っているのです。この神秘にもっと目覚めていくということ、これが出発点です。

質問と答え

質問1　自分の中の無意識の意識ということについて教えてください。

答え　私たちが雑念、心のさまよいに気づく練習をしているのがそれにあたります。ふと何か修道院のこと、ふと仕事のことが思い出されるというのはまったく無意識のことなので、私が意図して今、呼吸のことから仕事のことに意識を切り替えるということではありません。つまり無意識の領域についてはまったくコントロールできません。コントロールできない世界を私が持っているということに気づく練習でもあるということです。これがすごく大事なのです。でも多くの場合、コントロールできないと、仕事のこと、あるいは家族のことが思い浮かんで、その考えの中に巻き込まれていく時に、知らず知らずのうちにエゴの同化が生じます。ここに私たちの厄介な問題があります。ですから、呼吸に気づきながら、それでも想像や考えが湧いた時に、一度はっと気づいてまた呼吸に戻すということです。この練習をしていくのは、ふと無意識から現れるその想像や考えを、現れる前からやめるということではありません。またそれはできません。

大事なのは、現れたあとにできるだけ早く気づいて、それを一切裁いたり責めたり価値判断せずに、気づくだけで、呼吸に戻していく、こういう練習です。そうすると巻き込まれている時間がどんどん少なくなります。ここにとても大事なものがあります。このように気づいて戻せることが自由度を高めていきます。心の中に巻き込まれない自由を増すことができるということです。

質問2　ヴィパッサナー瞑想の中で、自分が気づくように思うこともありますが、小さな日常的な呼びかけで気づくのでしょうか……気づかされているのでしょうか。

答え　気づくというのは実際、私たちの営みで、決して他人ごとではなく私が気づくこと、これが大切です。では、気づける、というのは何でしょうか。それは神の光が射しているということです。自力で気づこうとしているけれど、すでにそこに神の光が射しているのです。これはまったく内なる神からの恵みそのものです。両方なければいけません。光が届いていても私が気づきという営みをしないと決して気づけません。でも私がいくら気づこうとしても、心が真っ暗闇でそこに光が届いていなければ、気づくことはできないのです。

2 神理解を深める

存在そのものである神

日本に戻ってきてヴィパッサナー瞑想を少しずつ八日間の霊操の中に組み入れて手ほどきをすることに合わせて、私が体験したヴィパッサナー瞑想とも響き合う神の姿を聖書のどこに見出すことができるだろうかと、聖書を丹念に探っていったら、出エジプト記三章一四節にたどりつきました。ヴィパッサナー瞑想は言葉や概念を超えて現象そのものをあるがままに見つめ、その現象が好ましいものであろうと好ましくないものであろうと偏ることなくそのまま存在を受けとめていく瞑想と言えるのですが、この瞑想体験は、神を信じているカトリックの神父である私にあらゆる存在をあるがままに支える神という道を開いてくれ、それが出エジプト記の三章一四節だったのです。よく知られている箇所ですが、エジプトから逃れて羊飼いに身をやつしていたモーセを神がふたたびエジプトへと派遣されるところです。そのモーセと神との対話の箇所です。

モーセは神に尋ねた。「わたしは、今、イスラエルの人々のところへ参ります。彼らに『あなたたちの先祖の神が、わたしをここに遣わされたのです』と言えば、彼らは、『その名は一体何か』と問うにちがいありません。彼らに何と答えるべきでしょうか」。神はモーセに、「わたしはある。わたしはあるという者だ」と言われ、また、「イスラエルの人々にこう言うがよい。『わたしはある』という方がわたしをあなたたちに遣わされたのだと」。

（出エジプト記三・一三―一四、傍点筆者）

この傍点の箇所です。「わたしはある」は直感的にすべてをあるがままに支える神として私に響いてきました。「わたしはある」と訳されている箇所ですが、英語なら"I am. I am who I am"と訳されたりしています。この箇所を原語に即してみていきたいと思いますが、翻訳が難しいと言われてきました。「わたしはある」は、ヘブライ語の「エフイェ」で、ハーヤー動詞の一人称未完了現在形です。ハーヤー動詞は英語のbe動詞、あるいはbecome動詞の両方を併せ持ったような動詞と言われています。新共同訳では「わたしはある」となっています。この箇所は言語表現のギリギリのところで、モーセに対して神が、自らが何者かということを表したところと言え、それが「わたしはある」です。神とは「ある」そのものである、と言うことができると思います。それを別の言い方をするならば「存在そのもの」です。ここに非常に深い根源的な、神とは何かを指し示すものがあるということです。「全知全能の神」、「アガペの神」ということもできるのですが、根本的なところで何かと見ていくと、モーセに対する神のエフィエ（ハーヤー）というその中身であり、それは「わたしはある」です。

これは私なりの解釈となりますが、「存在そのもの」です。「存在そのもの」がモーセに自らを示した神の中身ということです。ここは、ほんとうに私たちが大切にすべきところです。

その大切にすべき点を少しでも理解するのに「私たち」と比較するともう少しよく分かるかと思います。私たちは「存在するもの」です。英語で表すと、英語でも難しいのですがとりあえず、神はBE、大文字のBEで「存在そのもの」を表します。それに対して私たちはbeing、「存在するもの」です。これを哲学用語で「存在者」と言ったりします。

そこで非常に大事な点は、「存在するもの」（私たち）と「存在そのもの」（神）との関係は次元がまったく違うということです。たとえば、「机があります」、「聖書があります」、「私の腕時計があります」、「ボールペンがあります」と言うことができるのですが、これはすべて「存在するもの」、「存在者」です。私自身もそうで、「存在するもの」です。それに対して、エフイェ、「わたしはある」と言う神は「存在そのもの」ということです。世界には宗教が数多くありますが、多くの場合、神って何ですかという時、「存在するもの」の中の絶対者、第一人者、こういう見方が非常に強いと思います。私たちキリスト教の場合もそうです。ですから子供向けのキリスト教の要理、カテキズムの本で父なる神を表すのに、白い髭を生やしたおじいさんが雲の上から顔をのぞかせて下界を見おろしているというようなイメージで表したりします。それは神であったとしても、「存在するもの」の中の神、ということになります。

それに対して、神は「存在するもの」ではなく、「存在そのもの」です。「存在そのもの」と私たち「存在するもの」との関係ですが、私たちが今ここに「存在するもの」としてあるのは、「存在そのもの」の働きをとおして今ここに在るという関係になります。たとえば、目の前に聖書がありそれを手で持った時に、その聖書が現に目の前にあることが分かります。けれども、もしその聖書を頭の中で想像することができるとすると、想像している聖書と、現に手に持っている聖書は違います。手に持っている聖書は現にあります。現に目の前にあるというのと、どれほど正確にこの聖書について想像したとしても、それは頭の想像の中に「想像としてある聖書」にすぎません。実際にあるというのとは違います。目の前で手に持っている聖書がリアリティ、現実だということです。では何がこういうリアリティ、現実の違いを生じさせるのか。それは「存在そのもの」による在らしめる働きがあるからです。ですからまったく次元が違うということです。ここはほんとうに大切なところです。

私たちは「神」とか「神様」という言語表現――言葉で指し示すこと以外にはできないのですが――を用いて「神」と言ってしまうと対象化できるようなイメージになってしまいます。対象化できるもののように見てしまいます。特にキリスト教の場合は神を人格存在として見るところがありますから、どうしてもそういうパターンになりやすいのですが、決してそのように対象化できる次元ではありません。これがほんとうに私たちに分かるのか、ということになるとやはり簡単ではないのです。けれどもとりあえずこういう関係にあるということを押さえておくのが大切です。出エジプト記の三章一四節を手がかりにすると、神とは「存在そのもの」です。ですから、あらゆる「存在するもの」を在らしめる方、これが「存在そのもの」としての神です。決して同じ次元ではありません。

トマス・アクィナスからの学び

ヴィパッサナー瞑想を私なりに深める中で根源的な神を探求していき、出エジプト記三章一四節の「わたしはあるという者だ」に至り、そうして神を「存在そのもの」と位置づけるようになったのですが、そこからたどりついたのがトマス・アクィナス（一二二五―一二七四）です。

神学生時代にトマス・アクィナスを少しは勉強していたのですが、難解なスコラ哲学用語の森にさ迷い、頭のレベルでの理解に終始していました。しかしヴィパッサナー瞑想の体験が深まる中でトマスの神理解が瞑想体験のキリスト教的な理解を助けてくれるものとなりました。私自身トマス・アクィナスの専門家でなく専門家の目から見ると精緻なものではなく不十分な点も見られると思いますが、瞑想体験を言語を用いて体験そのものに即して説明しようとする時、トマスの存在論がとても助けとなるのです。ですから、あくまでも瞑想理解の観点からの紹介であることをご理解ください。

神とは何ですかとの問いに、トマスが言っているのはラテン語で“Deus est ipsum esse”です。「神（Deus）とはエッセ（esse）そのもの（ipsum）である」ということです。この esse は英語に訳すと to be です。つまり「ある」ということを示します。この場合の「ある」は何であるかを意味する「～である」ではなく「～がある」の「在る」です。つまりトマスが見出したのは、「あるそのもの」が神だということです。「在る」が神の本質なのです。神とはいったい何ですか、「エッセ」を本質とするものである、というのがトマスの定義なのです。それに対して「存在するもの」は英語でbeing、ラテン語で「エンス」（ens）となります。まったく次元が違うということをトマスはエッセという言葉を手がかりに、ほんとうの神とは何かということを探究し、「神とは存在そのものである」にたどりつきました。

このトマスの神理解に基づく大切な点は人間の位置づけです。人間は被造物としてエンスすなわち「存在するもの」ですが、人間の特別な点は「神の似姿」（創世記一・二六、二七）として創られたところです。つまり人間は「エッセの似姿」として創られたということです。ということは、人間はエンスでありながらエッセに開かれた存在であるということです。私たちは「存在そのもの」への開けを持った特別な存在なのです。ここに非常に大事な点があります。

ヴィパッサナー瞑想から「存在そのもの」へのアプローチ

このような点を踏まえてヴィパッサナー瞑想を見ていくと興味深く、エンス（存在するもの）の既成概念をどんどん取り払っていくのがヴィパッサナー瞑想であることが分かります。たとえば、膝をゴチンとぶつけて、「膝が痛い！」という反応が生じたとします。これは言語表現です。でもその膝とは何ですか、そこで言っている痛みとは何ですか。それはそんなに簡単ではありません。膝というのはこういう形状で、こういうふうな皮膚表面で、こういう関節構造をしていてなど、いわゆる医学的・生理学的に見ていけますが、では皮膚とは何ですか、骨とは何ですか、そこに生じる痛みという現象は何ですかということは、そんなに簡単ではありません。私たちは言葉というものを使って概念化して、自分や世界を理解しようとするのですが、それは単なる現実の一側面にすぎません。人間にとり概念化は分かりやすいのですが、それそのものをそのものとして見ていくとそれは簡単には分かりえない神秘なのです。私たちは瞑想によりその神秘のヴェールを少しずつ剝がしていくようにします。たとえば痛みと名づけたものはゴチンと殴られたような感覚なのか、あるいは錐（きり）が刺したような感覚なのか、ペンチで締め付けられるような感覚なのか、「痛み」という言葉でも中身が全然違ってきます。その中身をさらに丁寧に見ていくとさまざまな細かなものに気づけるようになります。「痛み」の性質だけでなく強さや弱さ、周期性や時間による変化、生じる場所の変化など。そうなると、とりあえず存在するものとして痛みを見ていくとしても、そこからだんだんと概念や言葉で示される「存在するもの」では取り込めないような世界が開けてきます。このような開けへと理解を進めていくことができるのは唯一、人間です。「存在するもの」を概念や言葉を超えてその真実を探求するというのは「存在そのもの」に開かれた次元への探求であり、その探求を進めていくことができるのは人間だけで、ここに人間の特別な位置があります。このように開かれていくのがほんとうの霊性、スピリチュアリティです。

真のスピリチュアリティというのは、キリスト教の枠の中で言うならば、神の似姿として創られた私たち一人ひとりが、ほんとうにあるがままの現実を探求していくということです。教会の教えを手がかりにしていいのですが、大事なのは、私が、私において、ほんとうにそれはそうなのか、と探求をしていくことです。これが現代には求められていると思います。私がほんとうにそうなのか、と腑に落ちることのできるものを私が信じているかが問われます。これなしには生きる力は生まれません。

私は、私なりの体験ですが、このヴィパッサナー瞑想をとおして、聖書に言われていること、教会の言っていることの中身を探求していったら、イエス自身にたどりつきました。そしてイエスの言っていることはまったく真実そのものである、ということを摑みました。そうすると、それは生きる力になります。形式とは何の関係もありません。現実や闇の苦しみの只中でほんとうに生きる力になっていきます。なぜならそういう恵みが神から一人ひとりにまったく無条件に与えられているという深い現実に触れるからです。そうなると、私たちは別に意識しようとしまいと証し人になっていきます。そうだからそうなのだ、という感覚です。そこに向かうための瞑想修行なのです。

エッセにおける創造のわざとアガペ

そこで、改めて非常に大事なのは、神とは「存在そのもの」であり、私たちは次元の異なる「存在するもの」であって、私たちが今ここにあるのは「存在そのもの」の在らしめる働きを受けているから、ということです。ですから、私が今ここにある、ということがほんとうに確かなら、私を今ここに在らしめている「存在そのもの」は私とともにある、というのはまったく疑いようのない事実となります。ここに創造のわざがあります。

ヴィパッサナー瞑想に基づく観点からトマスを読み直してみるととても豊かです。彼の言う創造も、私たちは今ここで創り続けられている、ということです。つまりエッセの働きは今ここで私を生かしめています。ですから私を生かす、という働きは、「では、あなたは誕生しなさい」ということで神が「誕生」のボタンを押したら、後は自然法則に従って受精卵が分割して、この世に生まれ出て大きくなっていくというような自動反応になっているわけではありません。あらゆる瞬間に神のエッセの働きを私は受け続けています。それが今この私として在るということです。つまり最も深いところで私を存在させ続ける神は、私とともにあるのです。こういう神学をトマスは展開しています。創造のわざは「無からの創造」（creatio ex nihilo）として、つねに今ここで神のわざとして続いているということです。こういうことが分かるようになってきます。

私が自分で言語化できない体験の神秘を、トマスはすでに言語表現にしてくれていて、その中心が、神とはエッセである、ということです。エッセつまり「存在そのもの」はとても豊かな内容を持ち、そのひとつが「存在そのもの」はアガペだということです。つまり、あらゆるものが在らしめられている、そこに善人もいれば悪人もいます。けれどもその一人ひとりの存在はまったく無条件に肯定されてここにある、ということです。悪人だからといってその存在を神は抹殺されません。どのようなひどい、エゴイスティックな人も、その存在は無条件に許されているのです。それは神がエッセだから、「存在そのもの」だからです。そしてそこに後のイエスの教えがすでに含まれています。イエスは神の国の到来を告げ知らせる福音宣教の中で、「神はアガペである」と教えます。そのアガペに私たちも生かされているから、あなたがたも同じアガペをもって隣人を自分のように愛しなさい、とイエスが言うアガペの教えが、すでにこのエッセ、存在そのものの中に含まれています。あらゆるものが善悪を超えて、最初からそこに在らしめられています。ここに、神とは「存在そのもの」であり、そこから神はアガペであるということもおのずと開けてきます。この真実に私たちが瞑想の道行きをとおして目覚めていくように、実感をもって神秘を神秘として認めながら、そこに深まっていくように瞑想していくということです。このことを少しずつ理解していってください。

大切なのは体験をとおして深めていくことです。その中で知識がほんとうの知恵になります。その知恵は生きる力と結びついていきます。こういうレベルで信仰、ほんものの信仰を見出していくことが瞑想実践における課題ということになります。

究極に目覚め、今ここに目覚める

キリスト教的ヴィパッサナー瞑想はふつうグループで行います。それは、一人ひとりがアガペの人として成長するだけでなく、参加者が共同体としてグループとして、そこにアガペが育まれるものであってこそ、ほんとうのアガペであると理解していく必要があるからです。これによってアガペがより見えるものになっていきます。そのようにお互いにつながっていくことが大切です。

私たちが現代世界を生きていく中で、大切な観点が二つあると思います。ひとつは「究極に目覚める」ということ、もうひとつは「今ここに目覚める」ということです。この両方が大切です。キリスト教はどちらかというと究極に目覚めていく方向ですが、けれどもそれだけでは頭でっかちになります。仏教はどちらかというと今ここに目覚める方向だと思います。それはそれで役に立つのですが、では一体私はどこに向かっていくのか、世界はどこに向かっていけばいいのか、ということが十分明らかではありません。この両方が必要なのです。究極に目覚め、かつ今ここに目覚めていくということです。そして究極に目覚めることの大切さです。それは、究極とは、キリスト教でいえば、この世界は神によって創造され、そして今も創造され続けている世界だということ、これが究極です。またその創造し続ける神とは、存在者の中の第一人者や絶対者というレベルではなく、存在者という次元を超える「存在そのもの」としての神であり、その意味で唯一だ、ということです。ここはほんとうに大切な点です。

そうでないと、なぜこの世界には悪があるのか、なぜこの世界で罪のない無垢の子供が餓死したり、紛争によってあるいは犯罪によって大切な命を奪われてしまうのかという根本問題を解き明かすことはできません。そうなると、若い頃マニ教に入っていたアウグスティヌスが陥ったように善と悪、精神と物質の二元論を立て、その中で悪の問題を解決しようとしてしまいかねません。究極に向かう途中で止まってしまうところのような世界観になってしまいます。究極に真に目覚めてこそ、真の解決を私たちは持つことができます。

そこで、究極が存在そのものとしての神であり、その神は善そのもの、愛そのものであるならば、なぜ悪が存在するのか。こういうことを究極から見ていくことができるようになります。これに徹底的に取り組んだのがトマス・アクィナスです。彼の哲学、神学の豊かさは、日本なら山田晶さん（一九二二－二〇〇八）や稲垣良典さん（一九二八－）が取り組んできたテーマです。こういう究極に目覚めることについて、特に山田晶さんは「神とはエッセ（esse）である」、そしてエッセというのは非常に深みのある豊かさである、と示されました（山田晶『トマス・アクィナスの《エッセ》研究』創文社、一九七八年）。そういうところに私たちが立ち戻っていく時に悪や罪の問題も見ていくことができるようになります。こういう究極に目覚めて現実を生きようとすることです。ここに私たちの大切な点があります。

神はエッセそのものです。私たちキリスト者は三位一体の神を信じていますが、この「三位一体」という漢字も誤解を招きやすいです。「一体」というとまったくエンス（ens）そのもの、存在者というイメージです。プロテスタントのあるグループでは三位一体という言い方自体がまどろっこしいので「三一神」と言います。ほんとうはこちらの方がよりふさわしいと思います。なぜなら、この「一」とはユニークということで、決して多数の中の第一というイメージではないのです。この「一」はエッセの一で、エンスの中の一では決してありません。けれどもふつう私たちは三位一体の神の「一体」を「神は唯一である」と言う時、何かイメージとして多数あるものの中の全体のひとつとか、全体をまとめる唯一の神、そのようなイメージで見がちです。けれどもそれとは全然次元が違うのです。それを説き明かしたのがトマスです。エッセとしての唯一性なのです。ですから、私がここに在ることと神の愛はまったくつながっています。そして神の「ある」は唯一絶対、次元を超えて、絶対そのものです。そこに神の唯一性、ユニークネスがあることを見ていかないと私たちは究極からずれていきます。

もちろんここで加えて言っておかなければならないのは、次元を超えた神のエッセという独自性とともに「父なる神」、「子なる神」、「聖霊なる神」という三位一体の「三位」の方にもそれぞれに独自な固有性があるということです。これは同じ神の三つの側面というようなものではなく、それぞれが位格と呼ばれる独存性を持ちキリスト教の神の特別なあり方ということになります。ただここではこれ以上詳細には立ち入りません。

トマスのエッセについて

この究極に目覚めるというのがどれほど簡単ではないかということですが、私はえらそうなことを言っていますが、稲垣良典さんや山田晶さんのような日本が生んだトマス研究者の成果をちょっと拝借しているにすぎません。

トマスが示すエッセはとても豊かです。それは福音書が示すイエス、あるいはヨハネ福音書が示すイエスの姿ととても直結しています。私たちは凡人の霊性ですが、先人、巨人たちの洞察というものを手掛かりにしながら、その知恵をヒントにして私たち自身が自分を丁寧に見ていく必要があります。そのために「究極に目覚める」のです。その究極は「神はエッセである、存在そのものであり、そこに唯一性がある」ということです。これをしっかりと押さえるようにしてください。同時に、人間は不思議にエンス、存在者でありながらも、存在そのもの、エッセへと開かれている、開きの可能性を持っているということです。それを聖書的に言うならば、私たちは神の似姿として創られ、それによって私たちはエッセへの開けを持っている、となります。

少しだけ付け加えて言うと、トマス以降のドゥンス・スコトゥスやスアレスなど優れた神学者がトマスの神をエッセとする理解をエンスに近づけてしまったと言われていますが、なぜそのようになったのかという点です。ここに大事な問題があります。たとえばエッセ（esse）というのは英語でto beです。つまり何かがあるということを表すラテン語の不定詞がエッセです。ふつうは「ある」、「存在する」と訳されます。そして、それに対応するラテン語は、英語の exist につながるエクシステレ（existere）、「存在する」です。これは英語でも to be と to exist のニュアンスの違いがあるように、to exist は実際にここに「聖書がある、存在する」、「机がある、存在する」というように非常に限定的です。けれども to be にはもっと豊かさがあります。その源としてもつながってくるのがエッセということです。トマス以降の哲学者や神学者が誤解しているのは、トマスが言っているエッセをエクシステレとして解釈してしまったことです。つまり to be を to exist の意味に限定してしまったのです。そうしたら結局とても狭い意味での「存在する」になってしまいます。するとその豊かさがどんどん減じられていくことになります。つまり、神とはエクシステレするものの第一人者である、絶対者である、となったら、知らず知らずのうちにエンス（ens）の世界、存在するものの世界に神がシフトされていきます。そして、トマスのエッセについての研究を徹底して行った山田晶さんは『トマス・アクィナスの《エッセ》研究』（創文社、一九七八年）で、エッセとエクシステレのトマスの理解のしかた、使い方の違いを精緻に分析しています。また近代以降のトマス研究者がいかに誤解していたかについても明瞭に分析しています。これはすばらしい業績だと思います。

そういう中でトマスははっきりと意識してエッセとエクシステレを使い分けています。こういうところが明らかになってきました。そしてたどりついた結論は「神はエッセそのものである」ということです。エクシステレを超える、エクシステレの源であるエッセに至り、そしてそのエッセをより丁寧に探究していく中でこのトマスが言っているエッセの豊かさを取り出して、最終的に、日本語で「いのち」と置き換えるところまで山田晶さんはたどりつきます*。ですからエッセの「ある」は驚くべき豊かさの「ある」ということです。

＊「トマスの『エッセ』esseは、普通『存在』と訳され、ラテン語の直訳としてはそれしかないのですが、その意味は『である存在』でも『がある存在』でもなく、『いのち』といいかえるのが最も適当なのです」。（山田晶『トマス・アクィナスのキリスト論』創文社、一九九九年、九二―九三頁）

アガペにみられる究極と今ここの目覚め

究極に目覚めるということと同時に大切なのが「今ここに目覚める」ということです。究極にだけ目覚めたら、仙人のようにこの世から離れて霞を食べて生きていくというような誤解を持ったりしますが、そうではなく、それはイエスに倣う「今ここに目覚めた」生き方を併せ持つものです。イエスは、洗礼者ヨハネのように荒野に留まって人々を自分に引き寄せるのではなくて、自分から町に入っていきます。自分から苦しむ人のところに向かい、社会的に周辺に置かれている罪びとよばわりされている人たちや、徴税人や娼婦というような人たちに近づいていきます。これが神です。これが愛になります。そしてそれは今ここの現実に目覚めて、今ここで自分が置かれた場において生きるということとつながってきます。ですからこの両方が非常に大事なのです。「究極に目覚め、かつ、今ここに目覚めて生きる」、これが私たちの目指すところです。これがアガペの人として生きるということの中身です。

アガペの人として生きるにはこの両方が必要になってきます。どちらか一方に偏ってしまうというのではありません。少しずつ分かってくるのは、今ここに目覚めるといっても、最終的に今ここに目覚めるとは、究極に目覚めるということなのです。究極に目覚めるというのは、つまるところ、この世界の只中「今ここ」に留まりつつ究極に目覚めるということなしにはありえません。

たとえば、日本が生んだ哲学者西田幾多郎（一八七〇―一九四五）の最後の論文『場所的論理と宗教的世界観』を読むと神と有限な世界との関係が出てきます。神は絶対そのものである、ということですが、西田はトマスのエッセのような世界に入っていないのですが、絶対というイメージの中で神を理解しようとしたということです。彼の深さは、絶対が絶対であるということは、まったくこの世界のあらゆるものから孤立するかたちで絶対があるとしたら、これは誤解であり、そのような絶対は決してありえないと見抜いているところです。つまり、絶対が真に絶対であるためには、否定を媒介としてなのですが、必ず相対と接していなければ絶対にはなりえないということです。つまり、世界に現れては、変化し、やがて消え去っていくような世界の一つひとつの現実というふうなものと否定媒介的に接していてこそ、絶対は絶対でありうるのです。

彼の哲学は難解ですが、丁寧に見ていったら言葉は違っても、非常にキリスト教の中心的な理解とつながってくるところがあります**（西田幾多郎「場所的論理と宗教的世界観」『西田幾多郎哲学論集Ⅲ』岩波文庫、一九八九年、三二六―三四二頁）。

＊＊　上智大学神学部でキリスト論を教えている角田佑一さんは私のこの点について西田の同論文中の「如何なる意味において、絶対が真の絶対であるのか。絶対は、無に対することによって、真の絶対であるのである。絶対の無に対することによって絶対の有であるのである」（同文庫、三二七頁）を引用し、「この箇所を

読む限りでは、西田も絶対無即絶対有という仕方で、トマスのエッセに通じるような絶対無の体験を持っていたと考えることも可能」とコメントをくれている。

ですからこういうふうに見ていくと、洋の東西を問わず、真理を究めようとする人たちは言葉の表現が違っても中身としてはとても似通ってくるかと思います。そういったところから互いに学び合っていく時に、キリスト教の理解や信仰がもっと豊かに、もっと生き生きとしたものになって、もっと私たちを生かす力になっていきます。そういうことでキリスト教的ヴィパッサナー瞑想の取り組みも、究極に目覚め、かつ今この瞬間、この瞬間に目覚め続けるということになるのです。

質問と答え

質問　私たちの existence（存在）は、いつかなくなる、ということですか。

答え　私たちが死ぬ時、私たちのこの世における existence は消えてしまいます。けれどもトマスの理解では、私たち一人ひとりは単なる人間一般のエッセということではなくて、私、柳田敏洋として、この世界に七〇億人か七五億人いるか分かりませんが、唯一の、この私です。双子がいたとしても、一卵性双生児がいたとしても、この私はこの私です。そしてトマスの理解に即して言うならば、この私が柳田敏洋としてここに存在するということは、柳田敏洋としての固有のエッセが、神から与えられているということです。そしてこのエッセに基づいて、私はこの世に存在する、エクシステレするということです。この世から私が生物学的に、心臓が止まって、呼吸が止まって、やがて細胞が分解し始めると、私というこの存在は無くなります。けれどもトマスが言うのは、私、柳田敏洋のエッセは無くならないのです。魂の不死に関連した洞察ですが、この世的な生とか死とかを超える私そのもののエッセというものがある、確保されているのです。ここにとても大切なものがあります。

たとえばそれが、イエスをとおして示された、死を経た復活の恵みが私たちにも与えられる、ということの理解につながっていきます。イエスの復活ということも、死者がゾンビのように甦るなどのこの世的なイメージで見ている限り真の理解は得られません。これをトマスは最も根本的なエッセから解き明かそうとします。私たちは、このエッセを神の似姿として創られた人間存在として分かち与えられています。ですから私が私であるということの究極は、私のエッセが神から与えられているというところにあります。それ以外のところで科学的にいくら私が私であるということを分析しても見つけることができません。ここにほんとうに深い神秘の世界があります。

今すぐに十分理解できなくても、トマスをヒントにしてください。究極は、私たちすべては神によって創られ、また創られ続けている存在である、存在者だということです。けれどもその神というのは存在者の中の第一人者ではなくて、エンスの中にある存在ではなくて、エンスを在らしめるエッセ、存在そのものということです。そしてその存在そのものも、さらに山田晶さんの研究によるならば、単なるexist、エクシステレというレベルの「存在する」ではなくて、とても豊かな、この世界の生きとし生けるあらゆるもののエッセンスがそこに凝縮されているような

「いのち」そのもの、それがトマスの見出したエッセだということです。ですから、このように見ていく時に、三位一体とは何かということをもっとより深い洞察のもとで理解することができるようになるでしょう。

たとえば、このエッセに基づいて、神とはエッセそのものであるというところからヨハネ福音書などを読み解いていくと、驚くべき深さにたどりつくことができると思います。

もちろん究極に目覚めるといっても、究極の底の底にたどりつくことは決してできません。なぜなら究極は神秘そのものだからです。これもわきまえておかなければいけません。私たちは真の神秘そのものの方向に深まる取り組みを瞑想という霊的修行で行っていくということです。そうすることで究極に目覚めていくのです。

3　イエスの示した神の国とヴィパッサナー瞑想

神を「存在そのもの」としての観点から見つめてきましたが、今度はそこからイエス自身とイエスの示した「神の国」の理解を深め、さらにイエス自身と「神の国」からヴィパッサナー瞑想の理解を深めたいと思います。

神の国は私たちの只中にある

イエスは善悪を超えてあらゆる人間を慈しむ無償の愛の神を示し、その恵みの働きを「神の国」と呼んで人々に示しました。新共同訳（二〇一八年刊の聖書協会共同訳でも）で「神の国」と訳されている元のギリシア語は「バシレイア・トゥー・テウー」です。これを直訳すると「神の王としての支配」という意味になりますが、私は「神の支配」がふさわしいと思っています。「バシレイア」は「王国」とも言われたりしますが、王の支配権が及ぶ領域というイメージです。ですから王国、神の国となると地理的なイメージが伴うのですが、バシレイアというのは単にそういうものではなくて、見えない神の愛の働きが及んでいるということです。それで、国というよりも「神の支配」というニュアンスの方がよりふさわしいと思っています。ただ日本語の聖書では「神の国」と言い習わしていますから、それを使っていきますが、その言葉が示す中身を理解したうえで使っていくということです。英語では kingdom of God ではなくて reign of God というニュアンスです。

イエスはいろいろな言い方で神の国について、あなたがたのところにやってきている、と言っています。それは神の見えない愛の働きがどの人にも一人ひとり及んでいるというイメージです。たとえばルカ福音書一七章二一節では「神の国は実にあなた方の只中にある」と言っています。付け加えて言っておくと、新共同訳では「実に、神の国はあなたがたの間にあるのだ」となっています。なぜ「間（あいだ）」としたか、私には疑問です。それまでの聖書口語訳（一九五五年）では「ただ中」、岩波の新約聖書翻訳委員会訳（佐藤研訳、一九九五年）でも「只中」です。ちなみに、聖書協会共同訳では「中」です。もともとのギリシア語はエントス（英語で within）が使われています。「間（あいだ）」というと among, between です。けれども神の国は私たちの只中にある、というのがイエスのメッセージで、私と皆さんの間にある、というのではなく、私たちを貫いて只中にある、私たちの心の只中に神の支配がやってきている、ということです。どうしても翻訳の問題というのは避けられないですが、その中で、もともとの言語の意味と本来の意図を理解することをとおして、私たちはより深く理解しその言葉を使うことができるようになっていくのだと思います。

その意味で「神の国は実にあなた方の只中にある」ということです。この「神の国」というのをイエスがもともと言っていたのですが、残念ながらだんだんと「天の国」に、そして「天の国」が「天国」ということになって、死んでから行くところというイメージになってしまいました。決してイエスはそのようなことを意図していないのに、結局、後からできた教会がそういうイメージを作り上げてしまったのです。これもまた教会がイエスの心から離れていったという問題です。このような傾向を宗教は避けられません。必ず形式主義が起こってきます。それは人間が作り上げる組織だからそういう面がどうしてもあるということです。

けれどもその中にあっても聖霊は豊かに働き続けますから、そこから気づく人が出てきます。これはイエスの思いと少し違うのでは、というように。教会の歴史を見ると、変わり目、節目の時に、その都度、聖人が出てきて、教会を改革していったということがあります。神の働きはつねにあります。そうして私たちは福音そのものに立ち返っていくことができます。

イエスの示す無償・無条件の愛の神

神の国について、その中心は神の愛です。「(天の)父は悪人にも善人にも太陽を昇らせ、正しい者にも正しくない者にも雨を降らせてくださる」(マタイ五・四五)のです。その当時のユダヤ教は法的な神というイメージが強くて、神と人間の間に交わされた律法に忠実な人にはたくさんのご褒美、恵みがあるけれども、忠実でない人にはほんのわずかしか恵みが与えられないということでした。

それに対してイエスの神はまったく違います。どのような人にも無条件に恵みを注がれているということです。トマス・アクィナスが解明した「神とはエッセである」というところともつながってきますが、私たちの瞑想の取り組みというのは、「すること」(doing) から「あること」(being) へシフトするということです。イエスの時代のユダヤ教は律法を守っている忠実な人は普通の人以上に長生きするとか、子宝に恵まれるとか、自分が持っている土地が豊作に恵まれるとか、家畜がたくさんの仔を産むとか、そのような見える恵みが与えられるという理解でした。一方、不忠実な人は子が産めない、長生きできない、持っている土地が不作に見舞われる、家畜が仔を産まない、増やせない、というようなこととして理解され、あの人は神との間に交わされた契約に不忠実だから、それは仕方がないとなるわけです。このように社会的に公正、公平というイメージがあり、がんばる人は報われるとの見方です。

けれどもイエスが示したのは、信仰に対して何かをする (doing) というレベルで恵みが注がれるのではなくて、神の恵みを受ける、神からの愛、慈しみを受ける唯一の条件はその人がそこに存在すること、それだけということです。それ以外に何もありません。このような神を示しました。エッセそのものの神です。ここに私たちの価値があります。ふつう私たちは、現代もそうですが、社会生活をする中で、その人に価値があるという時に、その人がどれだけ社会貢献をするか、あるいはその人がどう社会の足を引っ張るか、こういうようなところでその人の価値を定めていくという社会です。けれども、真の尊厳は「ある」ということです。人の命は地球より重いと言われたりしますが、地球ではなくて、神との関わりなのです。神によって限りなく、どの人もみな無条件に愛されているというところに、人間の尊厳の根拠があるということです。

善いサマリア人のたとえ

そこでこのアガペの神の愛に私たちが支えられているということに気づいて、そこから私たちも同じ愛を生きようとする、これがイエスの隣人愛の教えということになります。無償・無条件で相手を大事にする、それが神の国への応答ということです。その典型が「善いサマリア人のたとえ」（ルカ一〇・二五―三七）です。その中心部分は、「ところが、旅をしていたあるサマリア人は、そばに来ると、その人（ユダヤ人）を見て憐れに思い、近寄って傷に油とぶどう酒を注ぎ、包帯をして、自分のろばに乗せ、宿屋に連れて行って介抱した」（ルカ一〇・三三―三四）というところです。

イエスのこのたとえが興味深いのは、極端な状況設定をして、その中で言いたいことを際立たせて伝えようとすることです。この当時、隣国なのにユダヤ人と敵対関係にあったサマリア人という社会の中で、強盗に襲われたユダヤ人が半殺しの目にあって道に置き去りにされていたのですが、それを見た同胞の祭司とレビ人は見て見ぬふりをして通りすぎていったけれども、旅をしていたサマリア人は駆け寄ってその人を介抱し、それだけでなくて、ろばに乗せて宿に戻って一晩介抱し、その後でまた見ず知らずのそのユダヤ人を宿屋の主人に託し、帰りがけにその人にかかった費用を私が払いますとまで言っているのです。信じられない行為です。けれどもこれがほんとうの隣人愛だとイエスは教えるのです。その中心部分が、「そばに来ると、その人を見て憐れに思い」と新共同訳で訳されている言葉です。「憐れに思い」はギリシア語「スプランクニゾマイ」の翻訳ですが、これは新約の福音書の中で、神の人間に対する働きかけを表す時にのみ使われるギリシア語です。

スプランクニゾマイ（スプランクノンは、はらわた、内臓を意味する名詞で、その動詞形）は、強い共感、はらわたが揺さぶられるほどに相手の苦しみが自分の苦しみのように感じられる、を意味する言葉です。訳しにくい言葉と言われています。ヘブライ人は心の座がはらわた、内臓にあると考えていました。日本でもそうで「腹に落ちる」、「肝に銘じる」と言ったりしますが、内臓に心の座があると考えていたことにつながっていると思います。

そのように頭やエゴではなくて、瀕死の状態で虫の息で苦しんでいる人を見たら、旅のサマリア人はまったく自分のはらわたが揺さぶられたのです。そして見ず知らずの相手であっても、即座に駆け寄って介抱しました。サマリア人とユダヤ人の敵対的関係、旅の途中などの条件をまったく超えて、苦しむ見ず知らずの人へ手を差し伸べる有り様にイエスは隣人愛の範型を示しました。このたとえは、律法学者が隣人愛について「私の隣人とはいったい誰ですか」とイエスに問いかけたというのが発端になっています。「永遠の命を得るためにどこまでの隣人を愛するべきですか」ということです。律法学者の発想は、向こう三軒両隣までですか、四軒目までですか、というようなものです。そうではなくてイエスは、善いサマリア人のたとえ話をして、誰がその人の隣人になったと思うかという問いかけをし、「その人を助けた人です」と律法学者が答えますが、そこではもう次元がまったく転換しているのです。

もし「誰が私の隣人ですか」という問いに対して、イエスが律法学者と同じ次元だったら、「誰が旅をしていたサマリア人の隣人だったのですか」という問いになります。でもたとえ話が終わった後の、イエスの律法学者への問いは、「誰がその半殺しの目にあったユダヤ人の隣人となったでしょうか」と中心がシフトしています。「私の隣人」という言い方から「その人の隣人」という言い方にシフトしています。驚くべきシフトです。ですからイエスが言いたいことは、「相手の隣人になれ、これが真の隣人愛である」ということです。「私の隣人とは誰ですか」という次元ではまだまだエゴにとらわれています。そういう「私の隣人」という次元も取り払い、エゴを乗り越えて、苦しむ人、必要を求めている人の隣人になれ、です。これが真の隣人愛だということをイエスがたとえ話で示したということです。

　ですから必要とされる人の隣人になるには何の境界線もないことになります。その人が敵対関係にあるか、友だちであるか、白人であるか、黒人であるか、黄色人種であるか、は何の関係もありません。必要とされている人の隣人になる、ここにイエスの驚くべき愛の教えがあります。そしてそれは、神が最初からそうしているからです。私が回心しようとしまいと、その前から神はどのひとりの人に対しても惜しみなく愛を私たちに注ぎ続けているのです。ここに私たちが気づけるかどうか、ということです。そういう観点からこの箇所を見ていくと、その中心部分、「憐れに思い」と訳されているギリシア語「スプランクニゾマイ」は、存在の共有を示すと同時に、そこにある苦しみや痛みに飲み込まれてしまわず、離脱した心で相手の必要を見抜き応えるあり方を示します。このように理解することができます。真の愛とは、相手の苦しみが自分の苦しみであるように感じると同時に、その苦しみに飲み込まれてしまわずに、目覚めた、離脱した心で、苦しんでいる相手に何がいちばん必要かを見分け、その見分けたことを行動に移していくことができるということ、このようなあり方がアガペということです。

ここはほんとうに大切だと思います。つまり、私たちはこの瞑想をとおしてアガペの人になっていくということを目指しているわけですが、アガペとは何ですかということを深く理解することが大事な問題となります。

不一不二としてのアガペ

そこで、アガペとは禅の言葉を使って「不一不二（ふいつふに）」と言い表すことができるように思います。不一とは一つにあらず、不二とは二つにあらずです。そしてそれがまったく同時である、ということです。不二から説明すると、スプランクニゾマイ、すなわちアガペそのものは二つにあらずです。相手と私が、相手と私として別々ではなく、相手は私の存在の一部であるかのように感じることです。ですから愛情深いおかあさんが、病気で苦しんでいる自分の子供を見た時、その子供の苦しみを自分の苦しみとして感じるということです。でも同時に、不一、一つにあらずです。つまり、子供の苦しみを自分の苦しみであるかのように感じながら、子供と私は別だと分かっています。不一と不二は、別々ではなく、これがまったく同時なのです。不二だけだったら、子供の苦しみに自分も取り込まれて苦しみの中に溺れてしまいます。これは親がアダルトチルドレンの場合に見られるもので相手の苦しみをこんなに感じているという私に酔ってしまうこともあります。そして、相手を絶対に離さないという恐ろしいことが起きたりします。

そして不一だけでもだめです。不一というのは同情、「上から目線」の憐みです。こんなに苦しんでいる可哀想な人がいる、助けてあげよう、はいいのですが、私は直接には関係がないという立場です。手を差し伸べるので、それはすばらしいのですが、でもほんとうの意味で心が通うということではありません。こういうところに不一だけでも不二だけでも不十分だということを見ることができます。ですからアガペには「不一かつ不二」、不一と不二が同時にあるということです。「一つにあらず、二つにあらず」。相手の苦しみが自分の苦しみであるかのように感じながら、同時に離脱した心で、その苦しんでいる相手の苦しみを取り除くために何がいちばんふさわしいかを落ち着いた穏やかな離脱した心で見分け、見分けたことを行動に移していくことができる、ということです。

これはアガペが身につくにしたがって、善いサマリア人のたとえで見たようにまったく自然体で行えるようになっていきます。自然体というのは、見たその瞬間にその状況を把握し、その瞬間に身体が動いて、あの人をなんとかしてあげたいと思って、今自分が旅の途中で持っている物の中から、この人の苦しみ、傷を癒やすために何が必要かを即座に気づき、即座にそれを手当てとして使っていくことができるということです。そしてこのようにしている時に、「こんなふうに人助けをしている私の天国行きは間違いない」というような思いの入る余地はありません。つまりエゴがないのです。真のアガペにはエゴがありません。打算が入らず、条件を持ち込むことも一切ありません。それほどまでにアガペが自分の中に受肉しているから、まったく無理なく自然体で行動していくことができるのです。一切条件化せず、取引もしません。「あんたのために、取引先とうまくいかなくなるかもしれないのを、私が旅を中断して助けてあげたのだから、恩を忘れるなよ」というようなことを持ち込みません。まったくの自然体です。私たちはそこまで到達していませんから、「こんなに一生懸命やっているから一言くらい感謝の言葉がほしいよね」とか、「ほんとあの人は常識がないね」とか心で条件つきにしてしまいがちです。まだ途上にある人はしかたがないですが、私たちが目指すのは、これをまったく無理なく自然体で行えるようになることです。つまりアガペには無理がないのです。

無理してアガペというのはおかしいのです。無理して、ということはないのです。そうでないとつい条件つきになってしまいます。ですからそれを丁寧に、私たちは身体からこれを学んでいきます。呼吸や心臓、肝臓などの臓器が正常に働いている時はまったく無理がありません。「私」が戻ってきたら、がんばって、がんばってとなります。けれども真にそれがそれそのものとして働いている時にはまったく無理がありません。ここに私たちはアガペの見本を見ていくことができます。ですから私たちが到達点として目指していこうとするアガペを身体にすでに見本として持っているのです。九八パーセントです。いちばん身近なところにアガペがあり、ここから学ぶということです。

このアガペですが、ご存知のようにギリシア語ではほかに「愛」を表す言葉にエロス、フィリア、ストルゲーがあります。性愛と訳されるエロスは魅力的なものに自然に惹かれる愛、またフィリアは友愛と訳されたりしますが、同じ価値を持つもの同士の心の通い合い、互いに友として魅力を感じることを表します。そしてストルゲーは愛情、情愛と訳されたりしますが、母親の子供に対する自然な愛を表します。ここでエロス、フィリア、ストルゲーはみな条件つきということです。それに対してイエスの教えと行動をとおして現れてくるアガペ、ギリシア語の新約聖書、福音書で使われるアガペは次元がまったく違います。それは神がアガペであるというところとつながってきます。つまり、アガペというのはエッセにおけるアガペであって、エンスにおけるアガペとは違うのです。もちろんエンスにおけるアガペもあるのですが、その源はエッセにおけるアガペです。ですからまったく違う次元の中で私たちが神から大切にされていて、その大切にされている私というものを理解して、そこから生身の条件つきの制約を持った私において同じ愛を生きようとするのです。ここに私たちは召されています。これは神秘である神の恵みの支えや働きなしにそれを生きることはできないということです。このようにアガペというものの深い次元を理解するようにしてください。

「空の鳥を見よ、野の花を見よ」

イエスが示す神の私たちへの愛というのは人間だけに限られず、あらゆる生きとし生けるものすべてにおよんでいます。その典型がマタイ福音書六章二五節から三四節までの「空の鳥を見なさい、野の花を見なさい」というところです。天の父はこのように鳥や花を養い、装ってくださる。ましてあなたがたにはなおさらのことではないか、との教えです。ここで興味深いのは多くの聖書学者が言っていることですが、並行箇所のルカ福音書一二章二二節から三一節の方がイエスのもともとの言葉に近いだろうということです。そこでは「空の鳥を見なさい」ではなく「カラスのことを考えなさい」と具体的な鳥の名前が出てきます。そしてそのカラスはイエスの当時、宗教的に穢れた鳥として分類されており、忌み嫌われる鳥として理解されていたということです（レビ一一・一

五、申一四・一四)。だからこそ、このようなカラスでさえ神によって養われている、慈しまれている、というところはイエスの考えに重なってきます。そこで、聖書学者はイエスがもともとカラスを取り上げて言っていただろう、その確率が高いだろうと判断をしています。

こういうところも興味深いですが、マタイ六章のこの箇所をdoingとbeingという観点から理解していくことができます。それは空の鳥と野の花がどのように説明されているかということです。「空の鳥をよく見なさい。種も蒔かず、刈り入れもせず、倉に納めもしない」と、こういう説明です。つまり労働していないということです。社会に貢献するような働きを一切、空の鳥はしていません。ですからdoingのレベルでは何の役にも立っていないのです。けれども「あなたがたの天の父は鳥を養ってくださる。あなたがたは、鳥よりも価値あるものではないか」とイエスは言います。こういう言い方は野の花も同じです。「野の花がどのように育つのか、注意して見なさい。働きもせず、紡ぎもしない」と同じ論調です。労働していないということです。

けれども一切労働していない野の花であるのに「しかし、言っておく。栄華を極めたソロモンでさえ、この花の一つほどにも着飾ってはいなかった」とイエスは言います。イエスの世界を見る目、人を見る目はdoingのレベルではなくてbeingなのです。このbeingのレベルで空の鳥や野の花を見ていったら、まったくその一つひとつが独自だということが見抜けるようになります。これがヴィパッサナーです。私たちはdoingの世界に、あらゆる価値序列がさまざまな階層別に組み込まれている世界の中に生きていて、それを刷り込まれているから、ただ見ているだけということでも、そこに価値判断が入ってきます。「これはただの砂利」、「なんてきれいな花！　このテーブルに活けてあるバラは」と、こういうようなものの見方です。イエスの言葉に「明日は炉に投げ込まれる野の草でさえ」とありますが、この野の草花は決して見た目で美しい花ではなかったであろうと聖書学者は推測しています（新約聖書学者の荒井献さんはアザミではないかと言っています。荒井献『問いかけるイエス』NHK出版、一九九四年、一一〇―一一一頁）。

野の草花は、夜寒くなるから、暖をとるために炉にくべるための燃料だったにすぎないのです。それをわざわざ取り上げて「ソロモンの栄華でさえ」と形容するので誇張がすこし入っているかもしれませんが、ものをあるがままの神の目で見ることができるイエスだから、それそのままが美しいと見抜くことができたのです。創世記を見れば分かりますが、神がすべてを創った時、それをご覧になって「それは極めて良かった」（創一・三一）と表現されています。単に「良かった」ではなくて、「極めて良かった」です。あらゆるものが良かった、どんなちっぽけなものでも、神の目で見ると極めて良かった、ということです。そこには何の区別もありません。こういう視線で世界を見ていこうとするのがヴィパッサナーです。ヴィパッサナーは「はっきり見る」という意味のパーリ語ですが、神の見る目ではっきりこの世界を見る、自分を見る、というのがこの修行です。ですからイエスが見る目で自分と世界を見る、イエスが聴く耳で自分と世界を聴く、こういう修行だということです。

このように見ていくと、私自身の体験ですが、ヴィパッサナーをしていったら聖書、特に新約聖書、福音書をいままでとは違う次元で読み解くことができるようになります。それは頭の理屈ではなくて心に響いてきます。それそのとおり、そうだからそうだ、ということです。ですから、頭の知識や解釈書を読んで理解するということではなくて、ほんとうにそうだ、と自分が分かってそうだ、と分かるレベルに達しない限り、イエスの喜ばしい便りを「喜ばしい便り、福音」として受けとめることはできません。ここはほんとうに大事な点です。

そしてイエスが後半で、何よりもまず神の国を求めなさいと言っているところです。私たちにとって大切なのはどこに幸せを見出そうとするかです。私たちは幸せをdoingの世界で求めようとしています。誰かから認められたいとか、あれが欲しいとかこれが欲しいとかです。それはイエスの時代も同じで、何を食べようか、何を飲もうか、何を着ようかと人々は心を悩ませていたということです。ですからイエスの「自分の命のことで何を食べようか何を飲もうかと、また自分の体のことで何を着ようかと思い悩むな」（マタイ六・二五）には、とても深いものがあります。

命と食べ物と比べてどちらが大事ですか、身体と衣服と比べてどちらが大切ですか、こういう問いかけです。ほんとうに大切なものは究極に目覚める中で分かるようになります。命が与えられているからこそ、何を食べようか、何を飲もうか、という心配が生じます。身体が与えられているから何を着ようか、という心配が生じるのです。けれども私たちは命が与えられていること、身体が与えられていることをまったくあたりまえのこととして意識することがほとんどありません。それは、呼吸はあたりまえ、心臓が動いているのがあたりまえ、あれもこれもあたりまえと思っているのと同じです。けれどもここに驚くべき神秘があります。それに目覚めること、それが、神の国をまず求めなさい、神の義すなわち神の心をまず求めなさいとつながってきます。つまり「神の国と神の義を求めなさい」というのはイエスなりの究極に目覚めて生きよとの表現ということです。そして、最後の「明日のことまで思い悩むな。明日のことは明日自らが思い悩む」は、今ここに目覚めよ、ということです。ですから「究極に目覚め、今ここに目覚める」というこの二つはまったく欠かすことができないものです。

究極が分かる、つまり私たちがdoingではなくてbeingのレベルでどれほど神から慈しまれ愛され支えられているか、そしてそこにこそ私のほんとうの価値があり、そこにこそ私のほんとうの幸せもあると気づくと、そんなにあくせくしなくなります。あれがなければ私は幸せになれない、これがなければ私は満たされない、というふうな囚われから自然に解放されていきます。そして、あるもので満たされていく、満足していくということです。決して、食べ物とか着る物がどうでもいい、なくてもいいと言っているのではありません。「あなたがたの天の父は、これらのものがみなあなたがたに必要なことをご存じである。何よりもまず、神の国と神の義を求めなさい。そうすれば、これらのものはみな加えて与えられる」。そういうふうに神から与えられているのです。

アガペとしての食べ物

世界でまだまだ飢えた人がいるのですが、この世界の中で生産される食糧は世界中の人が食べて余りあるほどあります。けれどもそれを先進諸国がどれほど無駄にしていることか、日本では毎年約二千万トンが捨てられているそうです。ですから私の提案は、世界の食糧問題を解決するためにすぐできることは世界一斉に「食べる瞑想」を始めるということです。いつでもどこでもできて、お金がかかりません。そして心が満たされます。それで健康になります。食べすぎが防げます。たとえば、二〇一八年から九州大学病院心療内科は肥満について、いろいろな取り組みをしてもすぐリバウンドして体重が戻ってしまうという人たちのための研究を始めています。食べる瞑想で自然に痩せていく効果が期待されます。実際にいろいろな効果が出て、しかもいったん体重が戻ったらそれがそのまま持続するということが分かってきています。なぜなら、過食症になるのは心にストレスがあって、それで食べすぎてしまうということがあります。けれども食べる瞑想をしていたら、体験すると分かると思いますが、心が安らぎ落ち着きます。そして食べるということの豊かさ、すばらしさに気づいていきます。それによって自然に無理なく心が癒されていきます。

私たちは今ここで与えられている身体で無理なく自然に生きることができるように大部分の人はそのような身体を持っています。遺伝的に問題ある人のことを見ていく必要はありますが、大部分の人は、ということです。ですからその自然のしくみを自然のしくみのままで生かして生きていく、これだけです。そこで食べる瞑想について付け加えて言っておきたいのが、食べ物も私たちにみずからをアガペとして差し出してくれているということです。これも非常に大切な点です。

私はカトリックの家庭（父は後なのですが、母の系統で）で生まれ、幼児洗礼を受けて、大きくなる中で私にとって高校生時代の疑問として生じてきたのは、私たちは生きるために生きていたものの命を断ち切ってそれを食べることでしか生きることができない、という現実です。命を大切にしましょうと言いながら、命であったものを食べているという現実です。これをどう考えればいいのか、という根本問題があります。私たちは見て見ぬふりをしているところがありますが、これを解決しない限りキリスト教はありえません。どう解決するのですか。人を愛しなさいと言いながら食べる時、それは生きていたものではないのですか。そのものに対する愛はないのですか。こういうことにきちんと答えられるキリスト教でなければ、日本人に受け入れられないと思います。頭でっかち型ではだめです。それで私もずっと悩んできました。キリスト教神学をいくら勉強してもストンと腑に落ちません。

けれどもこの瞑想を始めてから気づくようになったのがアガペです。食べ物はみずからをアガペとして差し出してくれているのではないかという気づきです。食べ物はどんな食べられ方をしようと文句を言いません。私たちがテレビを見て、娯楽番組で笑いながら、開けた口に食べ物を入れ、何回か無意識のうちに噛んでのどに流し込んでいくというような食べ方であろうと、ひと噛みひと噛み感じとりながらの丁寧な食べ方であろうと、食べ物は文句を言いません。どのような人に対しても、その人が立派な人であっても、エゴ丸出しの人であっても無条件に自分を差し出していきます。これが食べ物です。

そしてその食べ物の驚くべきところ、食べ物が食べ物であるということは、口の中に入れられて、噛み砕かれ、胃で分解され、腸で吸収されて、その姿を消すところに食べ物の本質があるということです。それは私を害するためではなく私を生かすためです。私を生かすために自分を無にする、これが食べ物の本質ということです。こういうふうに見ていくならば、食べ物はアガペです。アガペです。では、このことが示しているのはいったい何でしょうか。私自身の身体は九八パーセント、アガペです。そして食べ物もみずからをアガペにしているなら、いったい何のために食べるのでしょうか。

もうお分かりだと思います。私自身もアガペそのものになるようにということです。そして、そのアガペとは何ですか。イエスは、「友のために自分の命を捨てること、これ以上に大きな愛（アガペ）はない」（ヨハネ一五・一三）と言います。つまり単なる自分の満足のため、自分の幸せのためだけに食べるのではなく、私が世界や人々や社会の必要に応えて、時に惜しみなく無条件に自分を差し出していく、そのために私は自分を生かしていく、成長させていく、そのために食べ物をアガペとして感謝のうちにいただくということです。アガペとして食べ物がみずからを差し出しているならば、差し出された食べ物に対して私もアガペの心で食べていく、それが求められます。そうするとアガペというキーワードが、私が長い間疑問に思っていた矛盾を解決する手がかりになります。命を断ち切る、そういうふうにも見られるかもしれないけれども、あらゆる生きとし生けるものの目的はそれぞれの立場でアガペになること、アガペを生きること、こういうところにあるのではないか、ということです。

このように見ていくなら、あらゆる自然循環、生命循環はアガペというキーワードで見ていくことができるように思います。動物は本能や自然法則に支配されています。ですから、食べるのですが遊びで食べません。食べ物で自分が満たされたらそれ以上襲わないのです。でも人間は違うのです。面白半分に殺す、そういうふうなこともしてしまっている場合が多いのです。それはエゴからです。

それをしないためには、私たちがそこをもう一度丁寧に見ていくことです。これこそ教皇フランシスコの環境問題についての回勅『ラウダート・シ』（二〇一五）の精神です。この回勅の後半では、霊性なしには生きられない、つまりエコロジカルな回心なしにこれを達成することはできないと、教皇フランシスコははっきりと言っています（回勅二一六―二二一）。そのひとつの実践と思うのがアガペの心で食べる「食べる瞑想」です。こういうところの深まりは、すべて究極からの現実への目覚めです。今ここでしようとしていることは、究極の目覚めから現実に目覚めて取り組んでいくというものです。そうして、この私はいったい何者であり、何をしようとしているのか、ということを見ていく時に、神のアガペそのもの、エッセそのもののはからいの中に生かされている私という存在の大切さ、豊かさ、あるいはどう生きるべきかについてもはっきりとした方向を示していくことができます。私自身が見出すことができる、ということです。

こういうところを、イエスは神の国はあなたがたのところにやってきている、神の国はあなたがたの只中にある、というメッセージですでに教えてくれているということです。ですから私たちが取り組んでいるのは、イエスの教えたその教えを私たちがほんとうに悟って生きていくための霊的な修行なのです。

外から人を汚すものは何もない

「神の国」について次に取り上げるのは「外から人の体に入るもので人を汚すことができるものは何もなく、人の中から出て来るものが、人を汚すのである」（マルコ七・一五）というイエスの言葉です。これはその前にわりと長い物語があってマルコ福音書七章一節から始まる物語です。イエスの弟子たちが手を洗わないで食事し始めたのを見たファリサイ派の人々がイエスに対して文句を言うのです。なぜあなたの弟子たちは昔の人たちの言い伝えに従って歩まず、汚れた手で食事をするのですかと。昔の人たちの言い伝えという言い方がここでなされています。当時のユダヤ教では、イエスの時代にもユダヤ教にいろいろなグループがあって、もっとも厳格な伝統派と言われるのは神殿を中心とするサドカイ派というグループで、旧約聖書の中のモーセ五書しか正典として認めないグループです。この人たちはモーセ五書には死後のことが書いてないから死後の世界はないという立場でした。復活はないという立場から、復活論争が同じユダヤ教の中のサドカイ派と復活を信じるファリサイ派の間で争われるということがありました。そういう中でのこの物語ですが、食事の時に手を洗わなければならないという規定はモーセ五書にはありません。これはその後の慣習法です。その慣習法というのを「昔の人の言い伝え」と福音書で言っています。ですから、なにげなく言っているのではなくて、ちゃんとした根拠があるものです。

時代に合わせて、状況に合わせて、さまざまな慣習法が作られていきました。それを人々は大事にしていましたが、その中に手を洗うということがありました。手を洗うというのは、私たちも基本的にきれいに衛生的にという意味で食事の前にすると思いますが、当時はそれよりも穢れから身を清めるということでした。ユダヤ教の人たちにとって食事は非常に大事にされていました。食事は非常に神聖な場でした。神聖な場というのはどういう意味かというと、食事を共にするということは、同席する者がお互いを運命共同体として担い合う、支え合う関係を確認することを意味し、それが食事の場ということでした。ですから神聖な場であったので、ファリサイ派の人たちは決して罪に穢れた人たちを自分たちの食事に招きませんでした。それは運命共同体ではないから、ということです。ですから、こういったまったく違う感覚の世界であることを分かった上で聖書を理解することが大切で、そうしないと時々おかしな勘違いが起こったりすることになります。

イエスの時代のユダヤの世界で食事の前に手を洗わないというのは、宗教的に穢れた身のままで食事をすることになり、それは許されないという感覚です。どういうことかというと、イエスの時代、ユダヤはもうすでにローマ帝国の属国と化していました。そこでエルサレムでもガリラヤでも、異国人たち、ローマ系の人やギリシア系の人たちが出入りしていました。その異国の人たちはギリシアの神々を信じていたりローマの神々を信じていたり、あるいはフェニキアや周辺諸国の違う神を信じている、そのような民族がユダヤの国に出入りしていたということです。ユダヤ教が周辺諸国に比べて特異だったのはヤハウェを唯一の神として信じていた、それ以外の神々は神ではないという非常にはっきりした宗教を持っていたことです。そこで異教の神を信じている人に触れると、触れた人は穢れる、こういう考えがありました。それは直接肌と肌が触れ合うことがなくても、その人の着ている服の裾が自分の着ている服の裾に触れただけで穢れるという極端な考えも一般化していました。ですから身浄めをしてからでないと聖なる食事の場に臨むことはできないとするのが慣習法と言われていたものです。それでこんなにもエキセントリックにファリサイ派の人々をはじめユダヤ人は、という言い方で論争物語が展開されているということです。ですから「なぜ、あなたの弟子たちは昔の人の言い伝えに従って歩まず、汚れた手で食事をするのですか」（五節）という問いかけをしたのです。

非常に興味深いですが、こういう清い、穢れている、という浄め論争というのが福音書の中にたくさん見られ、少し極端すぎるのではという学者からの疑問が出たことがありました。けれどもとても興味深いのは、聖書考古学が発達してエルサレム周辺のいろいろな場所を地層別に調査していたら、イエスが生きていた時代の地層（イエス誕生の少し前から紀元七〇年まで）から石の器が沢山出土したことです。このいたるところで見出される石の器はいったい何のために使われていたのか。特定の神殿にあるとかではなく家庭にもあったのです。そこで分かってきたのは、これは浄めの水を貯えたり穀物を浄く保つための器だということです。そこで福音書が伝えている浄め論争というのはそのとおりだったと分かったのです（J・H・チャールズワース『これだけは知っておきたい史的イエス』教文館、二〇一二年、二七一頁参照）。つまりその時代だけ特異に浄め論争が多くあったということです。浄めについて人々が非常にセンシティブであり、だからこれほどまでに各家庭に浄めの水を溜める石の器があり、これが考古学の年代発掘の中で発見されたということです。こういうかたちで聖書考古学が聖書の浄め論争を裏付けたということができます。イエスとファリサイ派の浄め論争の対決の場面もそういうところから見てとることができます。

こういう中にあってファリサイ派の人たちは中産階級の代表者だったのですが、そのような社会の中核をなす人々の考えに対して、イエスはまったくそれを超えるような考えを示しました。ここにほんとうに深く神に目覚めた者の自由のすごさというものを見ることができます。

「イザヤは、あなたたちのような偽善者のことを見事に預言したものだ。彼はこう書いている。『この民は口先ではわたしを敬うが、その心はわたしから遠く離れている。人間の戒めを教えとしておしえ、むなしくわたしをあがめている』（マルコ七・六─七）。これはすごい宗教批判です。その当時のユダヤ教の中核にいた人々に対する批判だけではなく、あらゆる時代のあらゆる地域にある宗教、形式化された宗教あるいは宗教集団に対しての批判ということができます。そしてこれはもちろん現代の教会に対しても、ということです。

こういうところを丁寧に見ていかないと、一生懸命口先では敬ってすばらしい言葉を述べ続ける、でもその心は神から遠く離れている、まったく形式的に祈っているだけ、ということになりかねません。概念の中で祈っているだけであるとするなら、そしていろいろな規則を自分たちの都合がいいように、宗教集団が都合のいいように作り上げた規則を守らせる、このようなことが気づかない仕方で入ってくるのでは、ということです。最終的に、この問題の根本はエゴの問題です。このエゴはあらゆるところに巣食っています。宗教エゴというものが確かにあるということです。

次の記述が「それから、イエスは再び群衆を呼び寄せて言われた。『皆、わたしの言うことを聞いて悟りなさい。外から人の体に入るもので人を汚すことができるものは何もなく、人の中から出て来るものが、人を汚すのである』」（マルコ七・一四―一五）です。

イエス当時の社会状況や社会習慣、あるいは多数派の宗教指導者たちが何を考えていたかという観点からこの言葉を受けとめるなら、驚くべき鋭い言葉です。この一言で、イエスのような社会秩序を乱す者は抹殺してしまおう、とユダヤ教当局が思ってしまっても不思議ではないと思えるほどラディカルな発言です。そしてその後で「……弟子たちはこのたとえについて尋ねた。イエスは言われた。『あなたがたも、そんなに物分かりが悪いのか。すべて外から人の体に入るものは、人を汚すことができないことが分からないのか。それは人の心の中に入るのではなく、腹の中に入り、そして外に出される。こうして、すべての食べ物は清められる』。更に、次のように言われた。『人から出て来るものこそ、人を汚す。中から、つまり人間の心から、悪い思いが出て来るからである……』」（七・一七―二二）。ですから、何が人や周りを汚すのか。その人の心から出て来る悪意ということです。ここはまたイエスはほんとうに鋭いのです。それ以外のものは別に穢れていない。つまり、神はこの世界を創った時にそれらを見て「極めて良かった」と語っています。つまり、すべては良く、すべては清く、穢れているものは決して何もないのです。けれども私たちの心がその穢れを作り出してしまうのです。あの人はとんでもない人だ、あの人はどうしようもない人だ、あの人は穢れている、と決めつけるような考えです。これは別にユダヤ教、ユダヤ社会だけでなくて、世界中のあらゆるところに及んでいると理解することができます。そういう意味でイエスが言うことはひとつの普遍的な問題提起と理解することができます。こういうところにイエスが鋭く切り込んでいったということです。つまり、どのような一人の人に対しても、どのようなものに対しても、神の愛と慈しみと恵みは届いています。まったく条件を付けずに、まったく無償で、まったく限りなくというあり方でです。イエスの心と響くために、これを知識のレベルではなくほんとうに悟って生きることができるかが私たちに問われているということです。

こういうところを、目覚めた心で見ていこうとするのがヴィパッサナーです。穢すのは私の心です。それ以外に穢れたものは何もなく、現実がそこにあるだけです。そしてその現実の一つひとつは慈しみと愛の神に包まれ、支えられているのです。

真の自由を生きたイエス・キリストの根源

今だからいろいろと言えるのかもしれませんが、二千年前のあのイスラエルでこんなことを言うことができる人は誰だったのか。普通なら、まったくつまはじきにされてしまいます。あらゆる障がいや病気は神の罰であり、あなたが罪を犯した、あるいは両親か先祖が罪を犯した罰をあなたが受けている、それがこの障がいだと、それがあたりまえに信じられていた時代です。そういう中にあってそれを打ち破るというのは驚くべき勇気です。命を懸けて、ということでしかできません。それをした人がいました。それがイエス・キリストだということです。

これはほんとうにすごいことですが、私たちがここから習っていかなくてならないのは、この問題はユダヤ人だけではなく、あらゆる民族の問題、あらゆる国家の問題ということです。それはどこにいても、形を変え、品を変え、程度を変えて現れてきます。これは私たち自身がそうなってしまうということです。私たちの中に、どれほど人を区別し、良い人悪い人とレッテルを貼る、そういう考えが無意識のうちにも出てきてしまうことでしょうか。これは私たちの問題です。

つまり世界に生きているのは人間なのです。その人間の中に現れてくるのが、神の思いに反して、自分中心に生きようとするエゴ、自己中心性です。これこそがすべての問題の根源と言っていいと思います。それを突破していくためのひとつの道がこのヴィパッサナー瞑想と理解していいと思います。それを私たちの場合は、イエス・キリスト、まことの神でありまことの人であるイエス・キリストが中心となります。神そのものが人となられた、つまり驚くべきその深みはエッセそのものがエンスのために受肉したという神秘です。

イエス・キリストとは何者かというのは古代教会の中心的なテーマであったのですが、数百年かけて神学者がそれを探求し続け、さまざまな立場で論議を交わしながら、少しずつ少しずつ公会議の決議をとおして、イエス・キリストとは何者かというところを徐々に明らかにしていきました。いちばん頂点となるのは四五一年のカルケドン公会議です。そこでイエス・キリストは単なる神そのものでも、単なる人間そのものでもなく「まことの神であり、かつまことの人である」と宣言されます。神秘以外の、論理的説明は一切できないところにイエスの本質を見抜いた公会議です。これはすごいことで、ほかの宗教でこういうふうな深みまでたどりついた宗教はないように思います。

たとえばヒンズー教にはアヴァタールという考えがあり、「化身」と日本語で言ったりしますが、宇宙の根源原理であるブラフマンが人間になったことを表します。その一人が釈迦であると言ったりしています。でもそれは神が人間の仮面をかぶっているようなイメージです。これはキリスト教の中では異端とされたキリスト論です。そうではなくて驚くべきは、イエス・キリストとはまことの神、一〇〇パーセントの神であり、かつまことの人、一〇〇パーセントの人間である、そういうところにたどりついたことです。これはほんとうにすばらしいことです。そしてそれは神のエッセが人間というエンスになったという、驚くべき神秘です。こういうところはトマス・アクィナスの驚くべき洞察の中で、また私たちが見出していくことのできる究極ということですが、ここに私たちが分け入っていく時、その究極から現実を見ていけるようになります。すべては神なるエッセ、つまり愛そのものであり、善そのもの、そして真理そのものである、このエッセに私たち一人ひとりが存在を与えられ生かされていて、あらゆるものはそこにおいて清いのです。あらゆるものはこのエッセなる神によって慈しまれ愛されています。ここに真の目覚めの場があり、ここに真の世界理解の根拠があるということです。

ここから私たちの現実を見ていく時に、いかに私たちが究極の現実から自分を見ずに、自分のフィルター、自分がエゴから作り上げたフィルターで自分自身を見たり世界を見たりしてしまっているのか、ということが分かります。これは単なる知識のレベル、理解のレベルではなく、実際の瞑想実践をとおして深めていくこと、これが必要だということです。

ティク・ナット・ハンのインタービーイング

そういう点で私たちが学んでいかなければならないのは、このヴィパッサナー瞑想、マインドフルネス瞑想の世界的指導者であるベトナム人の仏教僧ティク・ナット・ハン（一九二六―）です。彼の中心思想は「インタービーイング」（interbeing）です。「相互存在」と訳されています。彼はベトナム戦争の只中にあって仏教僧として自分の道を究めていったのですが、非常に深い瞑想の人として、非暴力主義を徹底する中でベトナム戦争に反対していきました。ベトナム戦争さなかであっても、この世的なことに距離を置いていたベトナムの仏教に対し、彼は非暴力主義から政治や社会問題に取り組む「行動する仏教」（engaged Buddhism）を始めました。

その中でティク・ナット・ハンは、彼に賛同する仲間が殺されるという体験をします。その時、殺した相手に対し激しい憎しみが心の奥底に湧いてくるのですが、彼は歩行瞑想を徹底することをとおして、「私はこの憎しみに巻き込まれない、私の心の中から湧き起こってくる怒りに取り込まれない」と気づきに徹底していくのです。真の平和はどのような敵に対しても慈しみと愛で関わっていく中にのみ、開かれてくる、これが彼の霊的な修行の悟りです。そしてそれを結実させた言葉がインタービーイングで、いわゆる仏教の「縁」です。縁の英語訳ということですが、これは彼による造語です。日本語では相互存在と訳されます。要するに、すべてのものは関係の中で成り立っている、ひとつとしてこの世界のあらゆるものの関係性から免れて独立して生きているものはどこにもない、ということです。そういうふうに見ていくならば、ベトナム戦争中にソンミ事件を引き起こしたアメリカ軍の部隊、つまりひとつの村の人たち全員がアメリカ軍によって虐殺されるという恐ろしい事件をしでかした人たちと私たちは無縁ではないと、ティク・ナット・ハンは悟っているのです。私の中にも彼らの罪の一部がある、私は彼らを簡単に批判することはできない、こういう驚くべき思想の持ち主です。私たちの場合はつねに善と悪、正義と邪悪というふうな立場に分けて、自分たちの方に正義があるという立場で色分けしてしまいがちです。これは恐ろしいことだとティク・ナット・ハンは考えるのです。すべてのものはつながっているのです。ですから相手が犯すひどいことは私にも責任があるという考えです。ほんとうにすごいです。こういうところまで進んでいく時に、あのイエスの、十字架で自分を差し出すということを私たちは少しは理解できるかもしれません。

ティク・ナット・ハンの『生けるブッダ、生けるキリスト』（池田久代訳、春秋社、二〇一七年）

を読むとキリスト教理解の深さに驚きますが、彼はキリスト教、特にカトリックの人との関わりも深かったようです。たとえばベトナム反戦運動に身を投じて、アメリカの反戦運動家と協力して進めていくためにアメリカに渡った時、厳律シトー会（トラピスト会）のトマス・マートン（一九一五―一九六八）から古代教父の著作を紹介してもらい、彼はそこにキリスト教の豊かさを見出します。その後、北ベトナムからも南ベトナムからも敵視され、彼は母国に戻ることができず亡命というかたちでフランスに行き、そこでボルドー郊外にプラム・ヴィレッジと名づけた国際リトリートセンターを開きます。そこを拠点とする中でフランスのカトリック神学者と交わりを持つようになり、キリスト教理解を一層深めました。

たとえば彼はミサにおける聖変化というものを認めています。そしてパンがキリストに変わるということのすばらしさ、その神秘を大いなる畏敬の念をもって理解しています。彼の洞察は深く、彼はこんな風に言います、皆さんはこのミサでキリストの身体として聖変化されたパンをいただきます。でもそれだけではなく、気づきをもって食事をいただく時、日々の食事はキリストと弟子の行った最後の晩餐となるのです、と（ティク・ナット・ハン『生けるブッダ、生けるキリスト』三八―四二頁）。

私たちは毎日の食事をミサと無関係のように食べたりしているところがあるかもしれません。丁寧に見ていくならば、ミサにおける聖変化の神秘は食べ物の神秘なのです。食べ物の一つひとつに神の働きがあり、キリストの働きがあります。それに目覚めるための聖体拝領です。これを切り離してミサでだけ、聖別されたパンをいただくことだけに神の恵みを限定すると、非常におかしな理解になってしまいます。神を物にしてしまいます。これは第二バチカン公会議でずいぶん是正されたのですが、人間の中にそのようなエゴがつねにつきまとっていますから、そういうところからだんだんと私たちは、神秘に対してつねに気づきを持つということがなければ、たちまち形式主義に陥ってしまうということになります。

ヴィパッサナー瞑想をしていくことをとおして、ほんとうに深く世界の現実を見ていこうとする時、仏教の立場はあらゆるものは縁でつながっている、こういうふうな存在理解になっていきます。それに対して私たちキリスト教の場合は違った観点から見ていくということなのですが、相手を深く尊敬する中で学んでいく時、私たちの持っている理解や信仰をより深いものにしていくことができます。

結局、世界の根本問題を見ていこうとする時、私たちが宗教者の立場、宗教の次元から見ていく時、自分自身の中に巣食うエゴ、自己中心性というものをしっかりと見て、そしてそれをどうしていくかを、私が私において解決しない限り世界の問題を解決していけないということです。これを宗教の次元から言うことができると思います。こういうところをしっかりと見ていくこと、それが究極に目覚めていく、そして今ここに目覚めていく、今ここで生きている私に目覚めていく、ということと全部つながってくるということです。

そういう意味で「外から人の体に入るもので人を汚すことができるものは何もなく」というのは驚くべき真理だということです。神はもともとすべてを清いものとして創られたが、人間の心の中にある悪意がこの世界を清いものと汚れたものに分けるとイエスが言っているのです。

イエスに応えて生きる「神への愛と人への愛」

このように、私たち一人ひとりにまったく分け隔てなく神の慈しみと愛が及んでいることに私たちが目覚めるよう招くイエスに対して、私たちの側に求められるものとは何でしょうか。イエスは神の無償の愛に応え、「神を愛し、隣人を自分のように愛しなさい」（マルコ一二・二九―三一参照）と人々に教えました。これが、イエスが私たちに求めるものです。神の国の到来を告げ知らせ人々を教え導いたイエスを信じる人々は、イエスの生涯の終わりの出来事である十字架上の死とその後の復活に、神の限りない愛が表されたと信じました。これが、キリスト教となっていきます。

そして、「神の国」を信じ受け入れるとは、今ここにおいて、善悪を超える存在肯定の場に自己をとどめ、そこから自己と世界を見て、無償の愛の神と響く行動をとること、ということになります。これは隣人愛の中身ですが、「神を愛し、隣人を自分のように愛する」との表現で、「神を愛する」を「存在そのものと響き合う」と言い換えてもよく、また「隣人を愛する」を「人を無償で大事にする」と言い換えてよいように思います。

というのは、「神を愛する」というのは言葉だけで形式的になりやすいからです。そうではなくて、トマス・アクィナスが示したように「神は存在そのものである」と理解し、「存在そのもの」と響き合う中で、「存在する者」と響き合うようにする方が具体的な隣人愛につながるということです。それを「人を無償で大事にする」という表現で言えるのではということです。たとえばケセン語訳聖書を作った山浦玄嗣（一九四〇―）さんは、アガペをいちばん適切な日本語にすると「大事にする」という言葉だと言っていて、ほんとうにそうだと思います。ですから一言で言うならば、「存在そのものと響き合う中で、あらゆる存在する者を無償で大事にする」ということが隣人愛を言い換えたものと言えると思います。それはまず、存在そのものである神があますところのないご自分の愛と慈しみから私たちに存在を与え、それを与え続けている、というところにあります。これが第一前提です。この前提なしには隣人愛はありえません。それに気づいた人間が同じように、まず大事なのが自分の存在、自分そのものと響き合い、そして他者と響き合っていく、世界と響き合っていくということです。

自分をほんとうの意味で愛する、つまり神が私を愛しているように、自分を愛することなしには他者への愛はありえません。そうでないと、必ず無意識のうちに取引や条件、見返りを求めるようになり、これが知らず知らずのうちに心に入り込んでくるからです。これは非常に大切な点です。これを表現したのが「存在そのものと響き合う中で、あらゆる存在する者を無償で大事にする」です。このように神の私に対する無条件の愛をほんとうに信じ、そして感じ響き合いながら、そこから自分を大切にする、自分の存在を無条件に受けとめていく、これを行っていくのがキリスト教的ヴィパッサナー瞑想ということになります。

ヴィパッサナー瞑想とつながる聖書箇所

新約聖書の中で私がヴィパッサナー瞑想とつながると思う聖書箇所を紹介したいと思います。ルカ福音書六章三七―三八節と、同じルカ六章四〇―四二節です。ひとつ興味深いのは、ルカ六章三七節からの箇所は三六節を受けた言葉と理解してよいように思います。三六節は「あなたがたの父が憐れみ深いように、あなたがたも憐れみ深い者となりなさい」です。この言葉は、マタイ福音書の山上の説教の五章の終わり四八節の平行箇所に当たるところで、マタイでは「だから、あなたがたの天の父が完全であられるように、あなたがたも完全な者となりなさい」というイエスの言葉です。これは敵を愛しなさいの教えのまとめとしてイエスが言っているところです。父が完全であるように、あなたがたも完全でありなさい、とここでは完全という言葉が使われていますが、では完全とは何ですかということについて、ルカの平行箇所三六節では「あなたがたの父が憐れみ深いように、あなたがたも憐れみ深い者となりなさい」となっています。憐み深くなるというのが完全の中身ということです。つまり私たちが根本に立ち返ったら、究極の神とは何か、神はアガペである、ということです。ですから憐み深い者になるというのは、アガペの神からアガペの似姿として創られた私たちが、そこに立ち返っていくということです。そうする時に似姿としての完全さを私たちは完成させることができるということです。

では憐み深い者になるということはどういうことかの説明が三七節以降にあると理解できます。「(人を)裁くな。そうすれば、あなたがたも裁かれることがない。(人を)罪人だと決めるな。そうすれば、あなたがたも罪人だと決められることがない。赦しなさい。そうすれば、あなたがたも赦される。与えなさい。そうすれば、あなたがたにも与えられる。押し入れ、揺すり入れ、あふれるほどに量りをよくして、ふところに入れてもらえる。あなたがたは自分の量る秤で量り返されるからである」（三七―三八節）とあります。ここで、私は「裁くな」の前を（人を）とかっこに入れ、「罪人だと決めるな」の前も（人を）とかっこに入れていないからです。これはなぜかというと、元々のルカのギリシア語原文には「人を」という目的語は入っていないからです。聖書学者が翻訳する時に日本人に分かりやすいだろうということで「人を」という言葉を入れたと思いますが、ここに問題があると思っています。「人を裁くな。そうすれば、あなたがたも裁かれることがない」を自分に対して丁寧に見つめたなら、人を裁かない人はいません。誰でも人を裁いてしまいます。「結局いつも私は人を裁いてしまっている」というような無意識の心の反応を私たちは持ってしまいがちで、その時、自分を裁き自分を責めています。ここに私たちの問題があるということです。

けれどもイエスは元々のギリシア語では「裁くな」と言っているだけなのです。あるいは「人を罪人だと決めるな」と新共同訳ではなっていますが、こちらも元々のギリシア語原文には「人を」という目的語は入っていません。ですからたとえばギリシア語原文に忠実な英語の聖書では、この「裁くな」の箇所は"Not judge"とだけ書かれています。次の「罪人だと決めるな」も"Not condemn"（咎めるな）の一言だけです。これを丁寧に見ていくならば、「人をも自分をも裁かない、人をも自分をも罪に定めない」というイエスの教えだと理解できます。これがアガペの教えです。神がそのように私たちを愛しているから、私たちも同じように自分を愛していくということです。では自分を愛していくとはどういうことですか。自分を裁かず、自分を責めない、自分を罪に定めない、ということです。

私たちは真面目な人であるほど、自分を無意識のうちにも裁いてしまいます。隣人愛をイエスは言っているのに、できない、ダメな私だ、と無意識のうちに裁いてしまう、ということです。ここに私たちの根本的な問題があります。そういうふうに自分を責めて裁いているのは誰か、私のエゴです。エゴが自分を裁いているので、まったく堂々巡りということです。ですから、たとえば赦しの秘跡でいつも同じパターンの告解しかできない。なぜ私がこんなに告解をしてもまったく変わることができず同じことになってしまうのか、こういうことです。それは赦しの場を裁きの場にしているからです。自分が自分を裁く場にしているからです。けれどもほんとうの裁き主とは誰ですか。神以外に裁き主はいません。誰が罪に定めることができるのですか。神以外に罪に定める方はいません。ですから神の権能を自分の中に取り込んでしまっているのが私たち、エゴだ、ということになります。それを元に返すだけです。そして、神は裁くよりも赦す方を、命を奪うよりも命を与える方を選ばれるということです。ここにほんとうにすばらしい福音があります。ですから、私たちはそのイエスの教えを実践していくだけです。他者を裁かず、自分を裁かない、他者を罪に定めず、自分を罪に定めない、これを徹底していくのがキリスト教的ヴィパッサナー瞑想だと理解してください。

そして最後の三八節では「あなたがたは自分の量る秤で量り返されるからである」とありますが、結局私たちは知らず知らずのうちに他人を測る定規で自分をも測ってしまうということです。よく自己成就予言と言ったりしますが、こうなってしまうと思ったらそうなってしまう、というように自分で自分を縛ってしまうのです。結局私はダメな人間だと思ったらダメな人間になってしまう、ということに神から与えられた恵みの豊かさがあるということです。

そこで次の六章四〇節からですが、これも違った観点からのイエスの教えになります。「弟子は師にまさるものではない。しかし、だれでも、十分に修行を積めば、その師のようになれる。あなたは、兄弟の目にあるおが屑は見えるのに、なぜ自分の目の中の丸太に気づかないのか。……まず自分の目から丸太を取り除け。そうすれば、はっきり見えるようになって、兄弟の目にあるおが屑を取り除くことができる」。このようにイエスが教えます。私たちにとってとても励ましになるのが最初の言葉です。「弟子は師にまさるものではない」。この師はイエスと理解できます。私たちは決してイエスを超えることができません。けれどもイエスが励ますのは「だれでも、十分に修行を積めば、その師のようになれる」という言葉で、これはすごい言葉だと思います。ただし十分な修行をしなければ、あなたまかせではだめだということも言外に言われています。そこで「修行を積めば」という言葉に励まされて私たちはキリスト教的ヴィパッサナー瞑想に取り組んでいきます。

霊的修行の必要

ただ、キリスト教の中では修行についての理解は非常に弱いと思います。いわゆる信じる宗教ということになっていて、実際に旧約聖書、旧約続編、新約聖書が入っている新共同訳全体の中で、「修行」という言葉が出ているのはここルカ六章四〇節の一箇所だけです。しかもこの箇所は新共同訳では修行と訳したのですが、修行という訳語はふさわしくないという聖書学者による批判も多くあります（「修行を積む」の原語は「カタルティゾー」で、整える、準備する、完成するなどを意味する。聖書協会共同訳では「十分に訓練を受ければ」）。もちろんいろいろな理解があっていいと思いますが、やはり自分を鍛えていくということなしにイエスに似た者に到達することはできないということをつくづく感じます。ただ信じればというレベルではないということです。ここはほんとうに大事にしていっていいと思いますし、まさに東洋の霊性は修行を非常に大事にしてきました。こういうところを私たちはほんとうに丁寧に見ていく必要があります。イエスもそう言っているというのは助けになります。

もちろん私たちは信じるということから出発していいと思います。神は愛である、そして神の愛がどの人にも及んでいて、それをイエスは救い主として私たちのところに来て伝え、それを自身の存在のすべてで証しされた。これを信じるということです。でも信じること、それは出発点です。それを私にとっての究極の根拠と見定めて、そこに向かって自分の心を修行していきます。これなしにそこに到達することはありえない、ということです。これはほんとうに大事なところです。

そこでどんな修行をするのか、ということがまた違った観点から書かれています。「あなたは、兄弟の目にあるおが屑は見えるのに、なぜ自分の目の中の丸太に気づかないのか」（四一節）よくあることです。人の欠点、あら探しは得意だけれど、自分の目の中の問題に気づかないということです。目の中の丸太に気づけ、と丸太にたとえるというイエス特有の誇張が見られますが、やはりそれだけ大きな問題が自分の中にあるのに、あなたたちは気づいていないという指摘です。だからまず自分の心をしっかりと見つめ、そこから「丸太を取り除け。そうすれば、はっきり見えるようになって、兄弟の目にあるおが屑を取り除くことができる」（四二節）ということになるのですね。

ところでヴィパッサナー瞑想の「ヴィパッサナー」という言葉は、「はっきり見る」という意味のパーリ語ですが、はからずもここの「はっきり見えるようになって」でつながってきます。新約聖書は特に福音書を見ていくと、はっきり見る、目覚める、気づけ、目覚めて気づけ、というのがいろいろなキーワードとして出てくるのが、この瞑想をしていたら分かります。最終的に神の愛を信じて、「今ここに目覚めて生きよ」というのが、キリスト教のすべてだ、と言い切ることができると思います。けれども目覚めるということがどれほど簡単ではないか、修行なしではありえないということを私たちは丁寧に理解して、イエスの言葉を励みにしながら取り組んでいきたいと思います。

4 ヴィパッサナー瞑想とブッダの見出した真理

これから仏教の観点からヴィパッサナー瞑想について説明したいと思います。ヴィパッサナー瞑想は、初期仏教を経て、部派仏教として南方に伝わった上座部仏教（テーラワーダ仏教）の中で伝えられてきた瞑想法で、今のスリランカ、ミャンマーやタイの仏教の中で実践されてきました。ヴィパッサナー、テーラワーダなどカタカナで書いていますが、これらはみな古代パーリ語です。

パーリ語はブッダの教えを文字で書きとめる時に使われた言葉です。パーリ語の仏典がやがてサンスクリット語に翻訳されて、それが中国で漢語に翻訳されて日本に伝わる、というプロセスを経てきましたが、もともとパーリ語で書かれています。ですから現在の文献研究はほとんどパーリ語の文献研究です。

上座部仏教のパーリ語はテーラワーダですが、テーラワーダのテーラは「長老」で、ワーダが「教え」を意味します。そこでテーラワーダというのは「長老の教え」ということになります。日本語で上座部仏教あるいは上座仏教と言ったりしますが、意味が分かると思います。上座に座るのはお坊さんであり、修行僧を中心とする仏教、それがテーラワーダ仏教ということです。

それが今のスリランカやミャンマー、タイ、あるいはベトナムの一部、ラオスといったところに伝わりました。主にはスリランカ、ミャンマー、タイです。ヴィパッサナー瞑想の主な経典は『サティ・パッターナ・スッタ』と『アーナパーナ・サティ・スッタ』で、これもパーリ語ですが、それぞれ「気づきの確立についての教え」、「入出息の気づきについての教え」という意味です。

『アーナパーナ・サティ・スッタ』で、アーナパーナというのは入る息、出る息を意味し、その気づきの教えということです。鼻のところで入る息出る息に気づくことが中心ですが、古代から呼吸の気づきというものがどれほど大事であるかが気づかれるようになり、そしてそれがひとつのまとまった教えになったということです。

『サティ・パッターナ・スッタ』は漢語に訳されて『念処（住）経』となり、そういう漢語で日本に伝わっていますが、この漢語を見てもすぐに分かりません。ですからここに翻訳の問題があります。当時パーリ語の分かる人なら『サティ・パッターナ・スッタ』と聞いたらすぐ分かったでしょう。気づきをちゃんと持つことだ、とブッダも教えました。けれども『ねんじゅうきょう（念住経）』となると、謎めいた受けとめ方になりがちです。仏典だけでなくほかの聖典でも同じですが、翻訳というものがいかにいろいろな問題を持つことになるのかということです。

さてヴィパッサナーですが、アルファベットで書くと「はっきり」を意味する「Vi（ヴィ）」という副詞と「見る、洞察する」を意味する「Passana（パッサナー）」という動詞が合わされたもので、ヴィパッサナーは「はっきりと見る」、「はっきりと気づく」という意味になります。現実をあるがままに見る、あるがままに見抜く瞑想ということです。

英語圏では最初、現実の本質を見抜くというような意味合いで「インサイト・メディテーション」（Insight Meditation 洞察瞑想）と呼ばれていました。もともとタイやミャンマーで修行したジャック・コーンフィールド（一九四五―）などがこの瞑想を一九七〇年代に米国に持ち帰ってボストンの郊外にインサイト・メディテーション・ソサエティ（洞察瞑想協会）を開き、そこでヴィパッサナーの手ほどきをしたのが始まりです。

当初はインサイト・メディテーションという言い方だったのですが、その後、ティク・ナット・ハンがアメリカに渡って、この瞑想を「マインドフルネス・メディテーション」（Mindfulness Meditation）と英語で言うようになり、それが今の呼び名となっています。そしてこの瞑想を医療の応用に取り組んだのがマサチューセッツ大学医学部で教えていたジョン・カバット・ジン博士（一九四四―）で、この瞑想を世界的に普及させた立役者です。ジョン・カバット・ジン博士もマインドフルネス・メディテーションと名付けていたので、一層この言葉の普及につながりました。

集中瞑想と観察瞑想

瞑想の中には一般的に二種類あり、聖なるものや神との一致を目指す「合一」瞑想（サマタ瞑想）と、対象に気づく「観察」瞑想（サティ瞑想）があります。ヴィパッサナー瞑想は対象を観察するという「気づき」の徹底を目指します。サマタは「集中」を意味し、サティは「気づき」を意味するパーリ語です。

ですから、「合一」に対して「観察」というのがこの瞑想の特徴になります。普通、瞑想や祈り、黙想、観想などの霊的修行を言う時、多くの場合、聖なるもの、真なるものを目指し、最終的には合一をするというイメージを持ちやすいと思います。しかし実際はそれだけではなく、合一以外の祈り方もあるということです。

サマタ瞑想は合一瞑想、集中瞑想ということですが、これが中国に伝わった時に漢字に置き換えられ、その時使われたのが「止」という漢字です。つまり心をある対象に留めるということです。そうすることでふらふらしがちな心を鎮めることが目指されました。私たちが気づこうとする時、まず対象に集中をしていないと気づくことはできません。ですから集中と観察は表裏一体、コインの裏表ということで、両方が必要ということです。

たとえば、私はヴィパッサナーを知る前はヨーガをやっていました。ヨーガにも瞑想があります。その瞑想のひとつに集中瞑想があり、たとえば、ろうそく一本に火をつけて燃えている炎を三〇秒ほどまぶたを閉じずにじっと見続ける、というのがあります。その後まぶたを閉じると残像がはっきりと見えます。それを見続けてそれと合一するというものです。これはひとつのやり方ですが、なにかと自分を一体化するというスタイルがこのような瞑想に見られます。

それに対してヴィパッサナーは気づきの瞑想、観察瞑想です。それが漢語ではサティに「念」という字が充てられ、ヴィパッサナーには「観」という字が充てられます。どう違うのかというと、「念」は一般的に言うならば言葉によって注意を振り向けるということです。お腹に意識を向け「ふくらむ、へこむ、ふくらむ、へこむ」と心で言うことで集中を保ったり、あるいは鼻孔に意識を向け、息について「入る、出る、入る、出る」や「吸う、吐く、吸う、吐く」と心で言うような場合です。そうすると気づきを保つことができるということです。けれども徐々に古代の人は瞑想修行をする中で、言葉の限界に気づいていったのだと思います。そこで現れてきたのがヴィパッサナー、「観」です。

「観」は言葉によらずに細かく観るということを意味します。つまり、あるがままに現象を現象として見抜いていこうとする、そういう気づき方ということです。たとえば、吸う息、吐く息の場合、「吸う」という言葉を使ったら、一回一回の呼吸はそれぞれ微妙に違っているのに、すべて同じ「吸う」という言葉を使うので、無意識のうちに概念化、抽象化を進めやすくなります。言葉はヴァーチャル・リアリティ（仮想現実）の力を持ちますから、それによって何か分かったようなつもりになってしまいます。ここに大きな問題があります。確かに一面が分かったことになるかもしれませんが、今ここでの呼吸の現実を現象として一息一息を丁寧に観ていったら、一息一息は細かく微妙に違っています。吐く息からやがて息の流れが止まり、そこから一八〇度方向が転換し、吸う息が始まり、ゆっくりした流れから徐々に速い流れになり、ピークを迎え、徐々に吸う速度が落ちていきやがて流れが止まるという、ひとつの吸う息のプロセスを見ても、非常に細かな変化があります。それを徹底して観ていくことが大事だと古代の人は気づくようになり、そのような気づき方をヴィパッサナーという言葉で表すようになったということです。それに漢字では「観」が充てられました。このような違いがあります。

またヴィパッサナーは対象をひとつに絞らずに意識を広げ、周囲をあるがままに気づくこと、また気づいている意識に生じるさまざまな心の動きにも気づくことでそこから離れることにも用いられるようになりました。

ブッダの見出した真理

観察瞑想であるヴィパッサナー瞑想ですが、その目指すものは何かというと、これによってブッダの見出した真理を悟り、心の解放を目指そうとすることです。

ご存知のように仏教の創始者である釈迦、ゴータマ・シッダルタは苦しみの問題を解決するために、王子の身分であり、結婚して子供もひとりあったのに、妻子を捨てて修行の道へ入っていきました。

有名な「四門出遊（しもんしゅつゆう）」という話がありますが、シッダルタ王子がある時にシャカ族の都カピラバストゥの四つの門を出る時に体験したことです。ある時、従者とともに城の門を出ようとしたら老人に出会い、人は誰でも老いる、老いを免れることはできないと気づきます。次の日に別の門を通った時に病気の人に出会い、人間はどんな人も病気を免れることができないと気づきます。そしてまた別の日に三番目の門をくぐったら死者の葬列に出会い、人間は最終的にどの人も死を免れることができないと気づきます。つまり人生は苦しみだらけだという気づきです。最後に四つ目の門を出た時に修行者に出会います。何をする人かと従者に尋ね、苦しみから離脱するために修行に取り組んでいる人ですと聞いて、ゴータマ・シッダルダは苦しみからの離脱の道を求めて城を出奔したということです。

このような話が伝わっているのですが、最終的に、六年間苦行を重ねても、それで苦しみの問題を乗り越えられないと気づいたゴータマ・シッダルタはひとり森に退いて、一本の菩提樹の元で静かに座って瞑想します。現実を静かに見つめ、見つめ、見つめ続け、これに取り組んでいく中で、ついに悟ったという物語です。

そこでブッダが菩提樹の元で瞑想し、悟った中身は何かということですが、一般的に言われているのが次の四つです。平家物語などの冒頭でも知られていますが、「諸行無常、諸法無我、一切皆苦、涅槃寂静」という言葉です。漢字のお経では、なにやらありがたい難解で神秘的なイメージになったりしますが、ブッダは庶民に説いたということから、中身はとてもシンプルです。諸行無常（アニッチャー）は「この世界のすべては変化していく」、諸法無我（アナッター）は「この世界に我なるものはない」、一切皆苦（ドゥッカ）は「変化するものへの執着が苦しみを生む」、そして涅槃寂静（ニッバーナ）は「執着から離脱することで、苦しみから解放される」という意味です。

括弧の中のカタカナはそれぞれパーリ語ですが、諸行無常のアニッチャー、この「ア」は否定辞ですから「ニッチャーでない」ということ、つまりあらゆるもの——諸行の行は「存在するもの」という意味です——あらゆる存在は常ならず、ということです。すべての存在はインパーマネント（impermanent）である、パーマネント（permanent）なものはどこにもない、ということで、それが「この世界のすべては変化していく」ということです。健康で美を誇っていた人が、年とともにだんだん容姿が衰え、ある時鏡を見て「えっ目尻にしわが一本ある」と驚くようなものです。どんな人でも変化が生じ、その変化を避けることはできません。ですから変化するものなのに、変化があってはならないと思い込むところに苦しみが始まるということです。あってはならないことが生じた時に人間は苦しみます。けれども、すべては変化する、どのようなものも変化を免れることはできないということを悟ることです。

諸法無我（アナッター）は「この世界に我なるものはない」ですが、これも「ア」という否定辞があって、「ナッター」というのは「我」を意味し「我がない」を意味します。これはすでにエゴとその傾向性で説明しているところですが、私たちは自己ではないものとひとつになって、それを自分のアイデンティティにしてしまうという問題を抱えています。錯覚にしかすぎないのですが、それを自分と思い込んでしまうところに苦しみが生じるということです。たとえば、すごい財産を手に入れた人が、その財産を自分の存在の一部であるかのように錯覚し、自分のアイデンティティにしてしまうと、財産そのものに対するとらわれが出てきます。そして財産を奪い取ろうとする者に対して激しく反発したり攻撃したりします。側近や妻、息子までも殺したヘロデ大王などはその典型だと思います。こういうところに問題があります。しかし財産は財産であって、私とは別だと気づくこと、これが非常に大切になります。

次のドゥッカは「苦」という意味ですが「変化するものへの執着が苦しみを生む」ということです。あるいは、我なるものではないものを我と思い込んでとらわれるところに苦しみが生じます。社会的な肩書、たとえば社長になった人が社長の肩書にこだわると、それを手放すまいとして、それを奪おうとする者に激しく抵抗したりします。これも社長の肩書を自分のアイデンティティと錯覚しているからです。けれどもその執着から離脱して本来の私とは何かということが分かれば、おのずと苦しみから解放されるのです。

ニッバーナは、サンスクリット語のニルバーナのパーリ語にあたるのですが、「涅槃」ということです。ニッバーナとは燃えていた火が消えて鎮まることです。ですから燃え盛っていた執着の炎が、やがて鎮まっていくということです。これは非常に大切なところです。燃えている炎を取り去るというのでなく、燃えていた炎が鎮まっていく、おのずと無理なく鎮まっていく、ここに苦しみからのほんとうの解脱の道があるということです。

苦しみの生成の理解

ブッダは、人間はどの人も老いを免れることができない、どの人も病を免れることができない、そして究極的にどの人も死を免れることができないと気づき、それが修行の出発点になったのですが、最終的にそれは生まれること自体が苦しみである、と理解します。つまり「生老病死、一切皆苦」ということです。生きる、老いる、病を得る、そして死ぬ、これらすべてが苦しみであり、つまるところ生まれ出ることそのものが苦しみだという洞察です。

ドゥッカは「苦しみ」とふつう訳されますが、最近はいろいろな研究で苦しみというよりも、「不満足性」と訳す方がふさわしいのではないかと指摘されています。であるならば、結局これはエゴの問題になってくるということです。何かを得たとしてもそれが永続するわけではなく必ず変化し、そうすると満足度が下がります。すると不満が生じます。それが苦しみを生みます。そして新たな満足を手に入れようとしますが、いつも手に入れられるわけではなく、それがまた不満足性を生んで、苦しみになっていく、ということです。ですから苦と不満足性はつながりがあり、苦だけを見ていくと、そうでないものに対してよく説明ができなくなりますが、不満足性という点で見ていったら、もっと理解の幅を広げることができます。ですから私たちの苦しみの原因は、私たちがつねに求めてやまないという、そういう不満足性を持ってしまっているところに問題があるということです。それはどこから出て来るのか、エゴからということです。

現実の中でどういうふうに苦しみ（不満足性）が生じるのかについて図で説明したいと思います（次頁）。

私たちは世界の中で生きざるをえないのですが、それは何かと出会って生きていくということです。たとえば、人と出会うとか、犬と出会うとか、食べ物と出会うとかなどですが、出会うというのは「接触」ということです。その接触は五つの感覚を通じて生じます。

まず根本的なのが「触れる」で、それ以外に「聞く」、「見る」、「嗅ぐ」、「味わう」があります。五つの感覚による以外に、世界に具体的に出会っていくこと、生きていくということはありえません。最も根本的な感覚は「接触感覚」です。接触感覚なしに生きることはできません。だからこそ瞑想では接触感覚の気づきに最初に取り組んでいきます。

さて仏教の説明では感覚経験には必ず「心の反応」が伴います。心の反応が伴うというのは、ある感覚を経験したらその百分の一秒後か、あるいは千分の一秒後か分かりませんが、瞬間的に心に

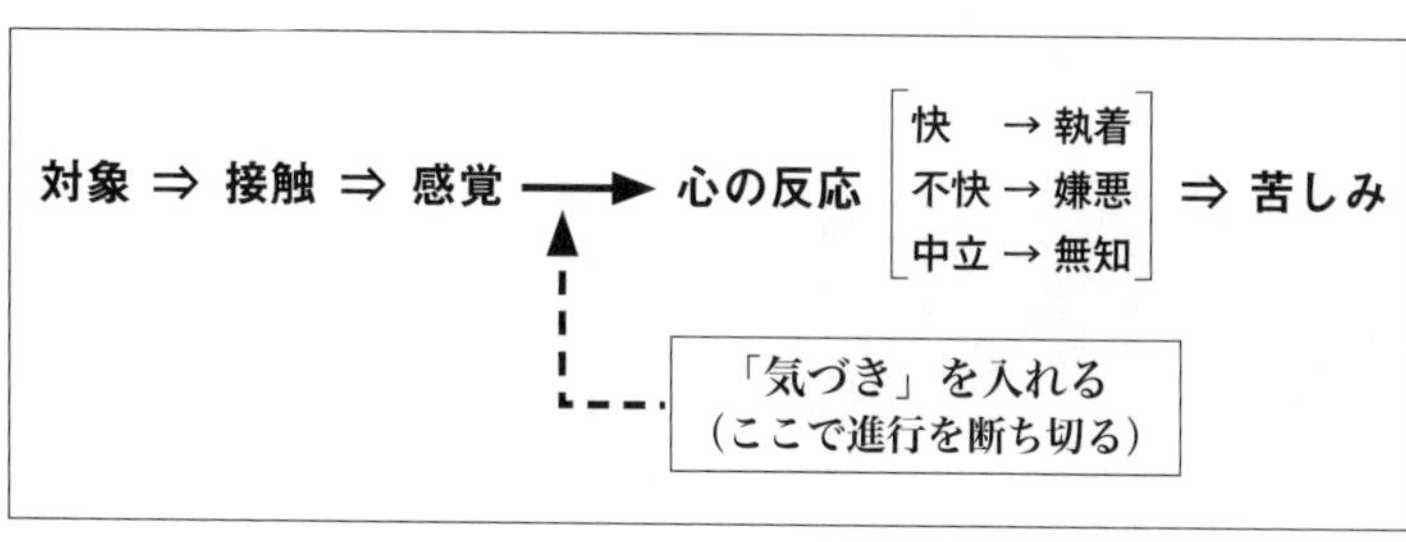

反応が生じるということです。その反応とは「快」、「不快」、「中立」の三種類です。快は心地よいという反応、不快は心地よくないという反応、中立というのはまだ刺激がそれほど強くないので快とも不快とも感じないレベルということです。

心地よいものについては、それをいつも欲しいという傾向性が生じ、「執着」を生みます。不快なもの、いやなものについては避けたいという傾向性が生じ、これが「嫌悪」という傾向になります。中立の場合はその本体がまだ何か分かっていないので「無知」と考えます。

これはたとえば新入社員で会社に入って先輩に「よろしくお願いします」と言ったら、その先輩は新入社員いじめで有名な人だったと日ごとに分かってくるとします。すぐ嫌味を言われるとか、態度や素振りで示されるとかを体験すると、いやな先輩というイメージがついてしまいます。そうすると朝会社に行って、「おはようございます」と顔を上げたら、その先輩の顔が見え、顔を見ただけなのに〝いや〟という心の反応が生じます。「いやな人だ」という嫌悪傾向が心にすでに作られているので、顔を見るだけでネガティブな心の反応が生じるということです。

〝もっと素敵なあの人と顔を合わせたかったのに〟と思いながら、素敵な人と出会えなくて、いやな人と出会ってしまう、これが人生のままならないところです。

結局、執着も嫌悪も無知もすべてが「苦しみ」を生む、つまり自分の思い通りにならないという不満足性であり、これが苦しみを生みます。ですからあらゆる心の反応は苦しみを生む、不満足性を生みます。これがブッダの現実理解です。

ではこの苦しみから逃れるにはどうしたらよいでしょうか。そこで図のプロセスを見ると、感覚と個々の心の反応はまったく同時のように思えるかもしれませんが、プロセスとして感覚経験から心の反応が生じるという流れです。つまり、感覚経験は感覚経験、そして心の反応はその感覚経験に対する心の反応として区別することができるということです。

そこでこの感覚経験と心の反応のあいだに「気づき」を入れます。これがヴィパッサナーということです。ここで連鎖を断ち切ります。つまり私たちは通常、一回限りの不満足性の経験だけではなくて、それを別の不満足につなげ、無意識のうちに連鎖を作ってしまいます。これが苦しみを増していきます。

たとえば朝会社に行ってパッと顔を上げたらいやな先輩の顔があって、〝あっ昨日と同じだ〟と思ったら、それが連鎖です。昨日のいやな心の反応が重なり、それ以外のいやな体験が思い出されるだけでなく、さらに今日も何かいやなことをされるのではないかと思ってしまう、などのネガティブな連鎖が続くことになります。これが私たちの普段の状態です。それに対し、ヴィパッサナーでは感覚経験と心の反応のあいだに即座に気づきを入れます。これが助けになります。いやな先輩の顔を見ていやな気持ちが生じたその時、〝いやな先輩を見た〟というところに気づきを入れると次のネガティブな考えが生じなくなります。つまり連鎖が止まるということです。これが修行です。

こういうかたちで気づくということです。最初は影響を受けやすいネガティブなものに対して気づくようにしますが、徐々にそこからポジティブなものに対しての執着や不満足性というものに対しても気づきを入れていきます。最終的にどちらにもとらわれない離脱した心が求められるということです。これが仏教による苦しみからの解放のプロセスです。苦しみの生成のプロセスを知り、それに対して抜け出る道を見出すということです。

実際には仏教の場合は、十二縁起（じゅうにえんぎ）と呼ばれるものがあって、十二の要素から因縁、関係性が成り立っていくと考えますが、中身として見ていったらこのようにシンプルに理解することができます。

ですから、ヴィパッサナー瞑想は自己観察をすることで、徐々に洞察的な次元にも入っていきます。なぜこのようなリアクションを私は起こしてしまうのかを静かに穏やかな透明な心で観察をしていきます。そして自分を責めたり自己正当化したりするのではなく、静かに見ていく時にその因果関係を見抜くことができるようになります。因果関係を見抜くことができると、因果関係から離れ、自由になっていくということです。

つまり、嫌悪パターンが傾向性として生じたら、たとえばいやな先輩の顔を見たとたん心が緊張しはじめます。するといわゆる「パブロフの条件反射」になってしまいます。しかしいやな先輩の顔を見て心が重くなったとか、いやな心が生じたと気づいていく時に、気づくことをとおしてその自動反応から離れることが練習の積み重ねでできるようになります。「善いことは善い人しかできない」です。つまり嫌悪傾向が根付いてしまったら、それが習慣化してしまいます。ここに私たちの問題があります。その習慣化した嫌悪傾向を解放するには訓練が要るということです。一時的なものでは回復できません。ですから、気づきをしっかりと積み重ねていく中で、徐々にもともとあった嫌悪傾向から離れていけるようになります。実際に脳が変容していくということです。

脳科学の研究がこの理解を助けてくれます。たとえば恐怖反応とか怒りの反応とかパニックを起こすようなことがあると、脳の中の扁桃体という部分がどんどん肥大化していきます。そうなるとちょっとしたことでもパニックになりやすくなります。けれどもこの瞑想を毎日四五分間八週間したら、ハーバード大学のＳ・ラザー博士らの研究では、扁桃体の減少が一六人の平均で五パーセント見られたということです。実際に変化していきます。これが変容をもたらすということで、一時的な思い込みとか我慢では決してありません。無理なく気づきを積み重ねていく中で、脳が変容し、その変容した脳が持続していくということです[*]。

＊ YouTube, How Meditation Can Reshape Our Brains: Sara Lazar at TEDxCambridge 2011, https://www.youtube.com/watch?v=m8rRzTtP7Tc.; B. K. Hölzel, S. Lazar et al, *Stress reduction correlates with structural changes in the amygdala*, *Social Cognitive and Affective Neuroscience*, 2010 Mar, 5(1):11-17.

これを私たちは目指していきます。そしてアガペを生きるほんとうの人になっていくということです。これまで何度も述べていますが、私たちがアガペの人になっていくのを、いちばん阻んでいるのがエゴということです。仏教的に言うならばこの苦しみを生じさせるのもエゴであり、エゴの中に無意識のうちに現れてくる執着や嫌悪というようなものが私たちに苦しみをもたらすということです。そういう意味で、エゴというものを丁寧に見ていく必要があります。

諸法無我あるいは諸法非我？

エゴを離れるというのは、本来の私になっていく、真の自己に目覚めていくことと非常に深く関係しています。これはとても大切なところです。ほんとうの私とは何者であるかに目覚めていってこそ、エゴを乗り越える道も開かれてくるということです。そこで、この観点から話していきたいと思います。

ブッダが菩提樹の元で瞑想し、悟った内容として諸行無常（アニッチャー）、諸法無我（アナッター）が中心だと言いました。エゴの問題については「諸法無我」すなわち「この世界に我なるものはない」をどう理解するかということです。

諸法無我と言う場合、その無我とは何かということです。これには無我の解釈に二つの立場があります。

諸法無我の諸法というのは諸行無常の諸行と基本的には同じで「あらゆる存在」を表します。漢字の「法」という言葉は仏教用語では多義的で、本来はダルマ、すなわち真理を表すということですが、同時に「法」は存在を表す言葉としても使われます。そこで諸法とはあらゆる存在を意味し、そこで諸法無我は「あらゆる存在は我ならず」となります。そこで、無我をそのまま徹底するかたちで理解しようとする立場があって、それは、この世界に我なるものがないだけではなくて、私の中にもほんとうの我なるものはない、つまり「我」は偽りであり、錯覚、想像であり、そのようなものは一切ないという徹底した立場があります。これは非常に大きな問題です。

それに対して、「諸法非我」というもうひとつの立場があります。この諸法無我と諸法非我の違いですが、「あらゆる存在に我は無い」というのが諸法無我の立場ですが、諸法非我というのは、「あらゆる存在は我に非ず」ということです。ここの違いです。「あらゆる存在は我に非ず」というのは、私たちがエゴについて話をしてきた時に、つい社会的な肩書と自分をひとつにして、その社会的な肩書、たとえば社長であることを自分のアイデンティティにしてしまったり、あるいは、〝こんな財産を持っている私〟と、その財産と自分をひとつに考えてしまうというエゴの傾向性から見た立場です。エゴの傾向性は「同化」ということを言いましたが、ここからの立場です。つまりほんとうの私ではないものを私と錯覚する、思い込むところに苦しみがあるという立場です。それは逆にいうとほんとうの私がどこかにあるという立場です。その点から諸法非我と言うのですが、日本を代表する仏教学者、中村元さん（一九一二―一九九九）などはこの立場です。私も諸法非我の方がふさわしいと思っています。

この無我（アナッター）の問題は非常に大きい問題で、仏教学者の中でもなかなかきちんとしたかたちで解決をみていないというところがあります。その中で新進気鋭の研究者である魚川祐司さんの取り組みが興味深いです。魚川さんは東京大学で西洋哲学を学び、大学院で仏教哲学を研究し、そこからミャンマーに渡って上座部仏教の瞑想修行に励みながら、パーリ語仏典の研究をしている方です。

魚川さんは『仏教思想のゼロポイント』（新潮社、二〇一五年）でこの問題を取り上げています。ブッダの悟った究極の中身とは何であるかを突き詰めて、パーリ語原典にのみ即して研究し到達した結論ですが、魚川祐司さんの場合、それは「無記」だということです。無記は仏教用語で、「どちらでもない」を意味します。つまりブッダは我があるとも言っていないし、我がないとも言っていない、これが原典研究の結果ということです。

ブッダの生きた時代はバラモン教の時代です。バラモン教はのちにヒンズー教に受け継がれていくのですが、バラモン教は宇宙の究極原理としてブラフマンを立てていました。バラモン教は多神教的な要素があるのですが、実は神学的に非常にしっかりしているのです。そのような神学の基礎部門を基礎神学といい、その基礎神学がしっかりしているのがバラモン教です。そこではいわゆる宇宙の究極原理というものを立てて、そこからあらゆるものの生成や営みを解き明かしていき、宇宙の究極原理であるブラフマンは究極の実体である、究極のリアリティであると言います。

そのような思想や宗教が中心の時代にブッダが現れます。そこでブッダは逆にアンチテーゼというかたちで、そのような実体なるものはどこにもない、実体なる我はどこにもない、こういうスタンスで修行したのではないか、これが魚川祐司さんの考えです。

そこでブッダの教えの特徴は「対機説法」です。つまり現実にある苦しみからその人をどう解放していくか、これが第一の問題です。ですからその人の苦しみを取り除くために、その人の状況やその人が置かれている条件というものを考慮して、いちばんふさわしい教えをその場で説いていく、こういうやり方です。その人の苦しみを取り除くために、ふさわしいものを説くというのを対機説法と言います。つまりその人にのみ、具体的にあてはまるということで、それを一般化することはおかしいということになります。そういう言い方で説法したのではないか、ということです。ある時に我がないと言う、そのような対機説法の中で、ある時には我があると言い　ある時

こういった問題として他にあげられているのは、世界には始まりがあるのかないのか、人間は死んだあとでも魂は残るのか残らないのかのような問題です。しかし、ブッダの立場は、こういうことを議論しても何の意味もないという立場です。これらの問題はいくら議論しても分かりえないのです。分からないことを突き詰めていく間に苦しみはどんどん増していきます。それを教える有名なたとえが毒矢のたとえです。ある人に毒矢が刺さり、毒が身体に回り始め早く手当をしないとその人は死んでしまいます。そのような時に、刺された人がこの毒矢は誰から射られたのか、その人の名は何か、その人の身分は何かとか、こういうことが分からない限り矢を抜いてもらっては困ると言っているようなものだ、ということです。自分の苦しみに直接に関係がないことに拘泥しても無意味だということです。しかし私たちはそういうところで苦しんだりします。つまり自分で新たに問題を作り出しているのです。

これは人ごとではありません。たとえば四五分座っていて、三五分くらい過ぎてどんどん脚が痛くなってきた場合、そういう時の状況を心理的に見たら、今ここでの苦しみや痛みだけではなく、さっきの苦しみを思い出して苦しいと思い、これから先もまだこれが続くと思ったら痛みが増します。これは自分で作り上げていることなのです。でも苦しみや痛みの只中にあると、それにまったく気づきません。たとえばこれは思考実験すると分かります。耐えがたい痛みがあるとします。そ

の時、指導者が「はい、あと一〇秒で終わります」と言うと、そうしたら一〇秒耐えられます。ところが「あと二〇分続きます」と言われたら「エッエー」となり、苦しみが増します。つまりその時感じている身体的痛みは同じ痛みなのに、状況が変わると痛みの受けとめ方がまったく変わるということです。これが人間です。つまり私たちは頭が働きすぎて自分を苦しめてしまうのです。

そのようなところでブッダが現実の苦しみから解放するためにもっともネックになっているのはその人自身の世界観である、心情である、自己理解である、こういうところからその人にふさわしい教えを説いていったであろうと魚川祐司さんは述べて、結局ブッダは究極的には我があるともないとも言っていない「無記」だということになります。

では、ほんとうのところはどうなのでしょうか。

質問と答え

質問　生まれることそのものが苦しみですか、仏教には恵みという視点はないですか。

答え　ブッダの苦しみから解脱する道としての理解から生まれてきたもので、必ずしもそれだけではないと思います。でもその本体が分かったら、生きるということは恵みそのものです。

苦からの解脱が仏教の中心になっているのですが、ブッダが亡くなるまでを記した大般涅槃経（マハーパリニッバーナ・スッタ）という経典があります。それは齢八〇になったブッダが故郷のカピラバストゥに戻りたいと思って、弟子を連れて旅を始め、しかしその途中で病を得てクシナガラというところで病没する有様を描いたものです。この物語で「世界はなんと美しいのだ」とブッダが感嘆する箇所があります。つまりブッダ、覚者として悟りの道を歩み、その道を説いてきた人であるにもかかわらず、世界はすばらしいのです。世界は変化して止まず、そこに不満足性が生じます。しかし、それらを超えて世界を見た時に「世界はなんてすばらしいのだ」という境地が開かれてくるのだと思います。これは満足・不満足を超えた境地です。

仏教の場合はキリスト教と違って、人格神をたてません。そこに仏教の特徴もありますが、キリスト教は最初から神が登場し、世界を創造した神にとり世界は「それは極めて良かった」（創世記一・三一）のです。ですからこういう点はアプローチの仕方が違うのですが、キリスト教的観点からいうと、逆に、それでは善そのものの神が創られた世界になぜこんなに悪があるのですか、こんな苦しみがあるのですか、という問題となります。両方の特徴に沿って見ていくと、より理解が深まると思います。

5　私とは何者か――真の自己の探求

私とは結局何者か

魚川祐司さんの説では、結局、ブッダは無記の立場で我があるともないとも言っていないということを紹介しました。これはこれで興味深いところです。しかしやはりほんとうのところはどうなのかという問題を見ていく必要があると思います。そういう点で非常に私が参考になったのは永井均さん（一九五一―）という哲学者です。千葉大学で教えていて今は日本大学に移って仕事を続けています。永井さんの非常に興味深いところは、日本の哲学者の多くはいわゆるヨーロッパの哲学者を研究し、紹介する人が多く、こういう立場を翻訳哲学と言ったりしますが、永井均さんは自分で考え哲学するのです。大事な根本的な問題を徹底的に自分自身で考え抜いていく、こういう立場を貫いている方として大変ユニークです。

永井さんが徹底した立場を貫いてテーマにしているのが「私とは何ですか」、「今とは何ですか」という問題です。永井さんの書いたものを読む中で私にはとても明確になりました（特に、永井均「自我、真我、無我について」『サンガジャパン Vol.26』サンガ、二〇一七年）。基本的に、「非我」の立場です。どういうことかというと、本書ではあまり難しい話にならないようにしますが、ブッダの根本真理というものは何かというと、諸行無常、アニッチャー、「すべてのものは変化して止まない」です。変化して止まないものに、変化してもらっては困ると思うことが苦しみの原因になってしまうということです。けれどもあらゆるものは変化する、これがブッダの見抜いた第一真理です。誰も病を免れることはできない、誰も老いを免れることはできない、そして誰も死を免れることはできない、そのように世界のあらゆるものは変化します。ある条件のもとで現れて、変化し、ある条件のもとで消えていく、これは世界のすべてのものにあてはまる。そういうことです。これが第一真理です。

そういう世界の変化とともに、あらゆるものはすべてつながりあっているというのが縁起思想です。縁と原因ですべてのものは現象として起こる、という縁起を中心に据えているのがティク・ナット・ハンのインタービーイング（相互存在）です。それにしても、もともとは世界のすべては変化する、これが第一真理でした。そこで哲学者の永井均さんが言っているのは、世界のあらゆるものは変化して止まないということが第一真理であるならば、第二真理は、「非我」という意味で正しいということなのですが、これは「無我」にもなって、諸法無我の方にも分があると永井さんは言っています。

どういうことかというと、世界のあらゆるものが変化して止まないということが真理であるとするならば、それが真理であると見抜ける人は変化する世界から離れていなければならないということです。判断するその人も変化し続けていたら、世界のあらゆるものは変化するということを決して見抜くことはできないということです。

ここに昨日の講話で使ったのと同じホワイトボードがあると判断できます。けれどもそのホワイトボードは昨日よりも若干汚れが残っているという判断をするとしたら、昨日のホワイトボードと今日のホワイトボードには違いが、変化があるということです。しかし変化があると分かるのは同じものの何かが部分的に変化した時に、変化したと言えるということです。まったく違うものを変化したとは言いません。

このように何かに変化があったと見抜けるのは、その変化する前と後の全体を貫いて見ることができる人のみが、できるということです。ブッダの見抜いた第一真理、世界のすべては変化して止まないということが真理であるならば、それを真理として判断できる存在がなければ、この第一真理を第一真理として認めることはできません。この点から、真の我なるものはある、という立場です。ここは非常に大事なところです。そうして気をつけなければならないのは、その真の我というのはどこにあるかという時、変化する世界の中に真の我なるものを見出そうとしてもおかしい、ということです。それは必ず変化するからです。

つまり、ほんとうに真理を真理として見抜けるような立場にある「我」は、諸法の中にはない、ということ。あらゆる存在、この世的な存在の中にはない、ということです。であるとするならば、我は無いということになります。けれども全然ないということではなくて、超越の次元にある、ということです。つまり変化する世界を超え出たところから世界を見ることができる立場があり、そこでの我が世界は変化して止まないと判断することができ、その判断は正しく、そこに本来の我があるということです。

私たちのエゴは喜んだり悲しんだりしますが、その喜びや悲しみ、怒りとか恐れというのは、この世的な心の変化です。そして私たちの問題はこの世的な心の変化とつい無意識のうちにひとつになってしまうことです。そこでカチンとくるとか、有頂天になるとか、それは私たちの日常生活での「私」です。これをまったく前提にして私たちは生きています。しかしそういうところに我を置いている場合、そこに苦しみが生じるのです。

あるいはイエス・キリストの教えに則していうならば「ハマルティア」（罪と訳されるギリシア語、「逸れた状態」の意）が生じます。なぜハマルティアが生じるのか、それは本来の私に目覚めていないからです。ほんとうの私でない私を、私だと思い込んで生きているから当然、それ自体がハマルティアです。つまり私たちのハマルティア、本来から逸れているのは、生きている私自身が本来の私とは違う私をすでに生きているからです。ここに根本問題があるということです。こういうところは仏教からよく学ぶことができ、またそれは深い学びとなります。

私たちの問題はエゴを私そのものと思い込んで、こんな罪の傾向にある私をなんとかしないといけない、このエゴの私を神の思いにかなうアガペの私にしようとがんばるのですが、それには無理があるということです。構造的に無理があるのです。つまり、損得勘定を持ち込まない我を少し生きることができたとしても、すぐにそのような自分を誇る我が出てしまうということです。もともと本来ではないところに我を立てているからです。こういうところに目覚めない限り、いくらキリスト教的霊性として修養していても根本が間違っているので、つねに隠れたエゴが頭をムクムクと出すことになります。

「存在そのもの」に開かれた超越としての我

そこで、この変化する世界の中に我を置いている限り、世界を見ている我も変化するということです。これは「変化する我」ということです。しかしそうではなくて、変化する世界を超えた次元の「超越の我」というところから、変化する世界、その中で右往左往し変化している我というものを見る時にのみ、世界がエゴも含めて変化して止まないということを判断することができます。

このような観点でとらえるなら、もう一人の私が自分の感覚や心を見つめるということが分かってきます。けれども、このような「変化する世界の我」と「超越の我」という二重構造にまったく気づかないで変化する世界の中に巻き込まれて、ああでもないこうでもないと一喜一憂しているのが通常の場合ほとんどです。しかしある時立ち止まって、こういうふうに巻き込まれてしまう私をなんとかしたいと思い瞑想に取り組み、感情と自分をついつい今までひとつにしていたとか、相手を決めつける考えと自分をひとつにしていたことに気づく時に、ではそれは誰が気づいているのか、という問いが出てきます。気づいている我というのは、変化を超えたところから気づくことができるもう一人の私ということです。その私を人間は持つことができます。これが超越のわざであり、人間のみにできることです。

これが「存在するもの」エンスでありながら「存在そのもの」エッセに開かれているという人間

の驚くべき特徴です。ここに、この世にどっぷりと身を浸していながらも、この世を超えたところから見つめることができる人間の驚くべき特質があるということです。

これを聖書は、人間は神の似姿として創られたと表現しています。エンスであるのにエッセそのものである神の似姿として創られた人間。つまり超越性というのは驚くべき人間の特質です。人間の誰もがこれを開発しているというわけではないのですが、人間はこれを可能性として神から恵みとして受けているのです。この超越性に目覚め、そこから本来の自己としてこの世的な自分を見つめていく、エゴを見つめていく、このような取り組みがヴィパッサナー瞑想だと理解することができます。

私たちは現実世界に生きていたとしてもすでに恵みを受けているのですから、そこから気づいていくということです。そして気づいたところから軌道修正をし、少しずつハマルティアの差を縮めていこうとするのですが、やはりその時にも究極に目覚めたところから自分の今の状態を見分けていくことが大切になってきます。そうでないと結局また中途半端なところで止まってしまうことになります。ですから、「究極に目覚めて今ここを生きる」ということがいかに大切かということです。

そこで、このように我というものを見ていくこと、本来の私というところに目覚めていくのが大事になってきます。その本来の私とは「根源意識」（四〇頁の図）ということになります。

真の自己は「無」なる我

「内在的超越の神（聖霊）の働き」の図（四〇頁）の中で根源意識の下の括弧の中に「真の自己」と書いています。根源意識というのは、「今ここを、あるがままに、価値判断なく気づく」意識ということです。あらゆるものを等距離で見つめることができる根源にある意識です。これがすぐに究極の超越の自己だと言わなくていいと思いますが、その途上にある意識ということです。相手に怒りを抱く私はダメだと裁くとか、あるいは自分を責めるようなことをせずに、心の中に相手に対する怒りが現れてきていると静かに気づく時に、それを離脱した私と見ることができます。

つまり究極の「超越の我」に近づく中から見ていく私、そして少しずつ「超越の我」に近づいていく修行がヴィパッサナーです。ですから最終的には、つねに現実の只中にありながら、根源意識に自分の意識を戻してそこから世界や自己をあるがままに見ていくということです。そして「超越の我」には一切の条件やエゴそのものが原理的にないという場ですから、ここにおいてのみ無償・無条件のアガペの愛を掛け値なしに、無理なく自然体で生きることができるのです。つまりそのような条件を持ち込もうとする我が何もないからです。

そこで大事な点は、この我というのは「無」ということです。つまり無であるからこそ、あらゆるものに対して等距離で一切条件や価値判断を持ち込まずに、気づくことができるのです。どんなエゴが出ても、それにあるがままに気づくことができます。気づきそのものは無です。無だからこそ、あらゆるものにまったくとらわれなく自由に気づくことができます。「超越の我」とはこういうことです。しかし、無だから何もないということではありません。ここに先ほど述べた、「こっちの方もオーケーですよ」と永井均さんが言う微妙な中身が出てきます。それを私は、無にカギ括弧をつけた〝「無」なる我〟と言います。我がある、しかしそれは無である、ということです。つまり、ほんとうの私というのは「これが私ですよ」とこの世的に取り出して示すことができるようなものではないということです。そのような我はどこを探してもありません。けれどもそれは我が無いということではなく、この世的な世界を超えるところにあるということです。

ここに人間の非常に大事な神秘があります。そして私たちには、このような本来の私に目覚め、そこからこの現実世界を見ていけるかどうかに大切な点があります。

たとえばキリスト教霊性において「我(ガ)を殺す」（自我を滅す）というような場合、それをこの世的なレベルだけで行おうとするとおかしくなります。それは〝我を殺せる私〟（自我を滅することのできる私）を誇るようになってくるからで、新たなエゴが出ることになります。このように、この世的な中でいくら操作をしてもダメです。そういうところを超えたところで、本来の私に目覚めていかなければなりません。その、本来の私に目覚めていく道を霊的修行として行っていくところにほんとうのキリスト教霊性も開かれてきます。

このような本来の〝「無」なる我〟をもう少しキリスト教的観点で言うならば、それは「絶えざる超越」ということです。

二十世紀が生んだ偉大な神学者のひとりにドイツのカール・ラーナー（一九〇四―一九八四）がいます。カール・ラーナーは超越論神学を展開しました。そこで彼が言っているのは、人間とは超越である、ということです。つまり我とは超越です。ここはとても大切です。けれども私は昔、神学生として勉強していたのですが、やはり頭の中で考えながら論理展開を追うというだけでまったく不十分だったことが分かります。つまり実際の瞑想体験をする中で、〃あっほんとうにそうだ、そのとおりだ〃ということが分かるのです。そうでないと、ラーナーの超越論神学において展開される自己をこの世的レベルで考察しているだけではまったく空しいのです。しかし一旦「超越の我」の世界にふれて目覚めると、そういう著作を目にした時に、その内容を知恵の源泉にすることができるようになります。

カギ括弧の「私」とヤマ括弧の〈私〉

永井均さんは、この「私」と「今」を自分で徹底的に考え抜くことに取り組み、私についてカギ括弧の「私」とヤマ括弧の〈私〉を分けています。ヤマ括弧の〈私〉がほんとうの私ということです。

カギ括弧の「私」はエゴとつながってきます。この世的な条件の中で、自分で私を認めて周りもその人だと認めているような私を「私」と言います。私の姿格好やDNAを含めた身体的特徴や名前、経歴、社会的身分などあらゆるこの世的なデータをとおして示される私のことです。つまり世界中に何人いようとこの人だと言い当てることのできる私にたどりつくことができるということです。誰でもそうです。双子の場合も同じです。そういうふうに最終的にこの人だと特定できるような個人を表す私、というのが「私」です。ふつう私たちはこの「私」を生きています。しかしそれは結局見かけの私にしかすぎないと永井均さんは言います。

最終的に私たちが目覚めないといけないのは、〈私〉ということです。この二つを簡単に言うと、「私」は外からの私、〈私〉は内からの私です。

この内からの私、〈私〉は、私が私だと私しか分からないような私です。たとえば私が、普通の姿格好であったのが、ある日交通事故に遭って車が燃えて、乗っていた私の体が焼け、外見は誰が見ても分からなくなったとします。そういう時にもしも私に意識があって病院に担ぎ込まれて、病室で、「ちょっと鏡を見せてください」と言って見て、「顔もメチャクチャに黒焦げになってる！」と気づくとします。外見がまったく変わった私でも、「こんなひどい俺になったのか!?」と、私は私の変化に気づけます。この私が〈私〉です。

私の全身がどれほど黒焦げになってしまったとしても、つまりスコラ哲学で「属性」と言いますが、私の顔形や姿など外的に私に属しているものが失われても、私は私として自分を理解することができる私性（わたし・せい）を持っているということです。それを私は自分で気づくことができます。つまり、外からは決してその人がその人であるとは分からないような中に、ほんとうは、私というものがあるということです。あらゆる説明を尽くしてもこの〈私〉にたどりつくことはできません。その人自身が私だと直感する、それ以外に真偽判断の場がないような私ということです。これが超越の我です。

記憶というのは私のアイデンティティというものにつながっていて、たとえば認知症が進むとそのような記憶が薄れていき、私が私でなくなる、というような現実があります。それでも究極的なところを見ていくと、たとえば、ぱっと目が覚めて、それまでの記憶が全部失われているとします。そうしたら、周囲を見回しながら「ここはどこだ」、そしてふと我に返って「私は誰だ」と言って恐怖に襲われます。しかし意識がきちんとあれば、記憶を失った私、一切記憶を戻すことができない私に私は気づけます。こういう究極の私があるということです。

このように見ていくと、私たちはつねに私の二重構造の中に生きています。「私」は、ほとんど日常的なレベルです。一方、本来の私に目覚めて自分の現実と世界の現実を見ていこうとします。それがヴィパッサナー瞑想です。こう理解することができます。

〈私〉の方にこそ神の似姿として創られた私の可能性があるということです。こちらにおいてこそ、トマス・アクィナスに言わせれば、私、柳田敏洋のエッセが、私、柳田敏洋として与えられているということです。それ以外の「私」の方は、名前がどうであるかとか、姿格好がどうであるとか付随的なことと、二次的なものです。このような区別を行っていきます。

トマスの観点から言うならば、この〈私〉、内的な私のエッセは神からの分有です。神のエッセから分有された、私、柳田敏洋のエッセが、私があるということです。そして死とともにこのエッセは現実世界から離脱します。

非常に興味深いのは、この世的には私の姿形が変わる、あるいは死によって体が腐敗し分解されても、私、柳田敏洋のエッセは変わらないとトマスは言っています。そのエッセは神のエッセの中に戻っていきます。しかし神のエッセの中に同化、吸収され、私のエッセが神のエッセに融合してしまうということではありません。ペルソナとして、神のエッセの中に私は残ります。それは三位一体の神が唯一の神という本質なのに三つのペルソナを持っているということと同様です。父なる神と子なる神は融合するのではありません。同化するのでもありません。あらゆる本質を分かち持ちながら、父は父、子は子、聖霊は聖霊、こういうペルソナ理解が大切です。このようなペルソナ理解に到達するまで数百年間かかっています。ギリシア教父やラテン教父が思考に思考を重ね討議してきた末に、ついにたどりついたのがペルソナ（位格、人格）概念です。

私たちはその苦闘のあとの恩恵を受け、分かったように思っているところに実は理解不足があります。そのようなところを「ほんとうの私っていったい何」と見つめ直すことで今一度しっかりとつかむことができます。話を鵜呑みにせずに自分自身で探求していくことが大切です。

鏡としての真の自己

ヴィパッサナー瞑想は心の状態をあるがままに認めていくということです。あるがままに、というのはそれがどれほどひどい考えであっても、怒りであっても、それを裁いたり責めたり価値判断せずにただ事実として、「あっ今、怒りが現れた」、「ひどい考えが現れた」、「相手を決めつける考えが現れた」とただ気づくだけということです。

それをもう少し理解しやすいように示すとしたら、怒りが湧いてきたとします。そこで怒りと自分をひとつにするのでなく怒りが現れたと気づくのですが、そのイメージは、心に鏡を置いてその鏡に怒りを映し出すということです。これが気づきということです（次頁図参照）。

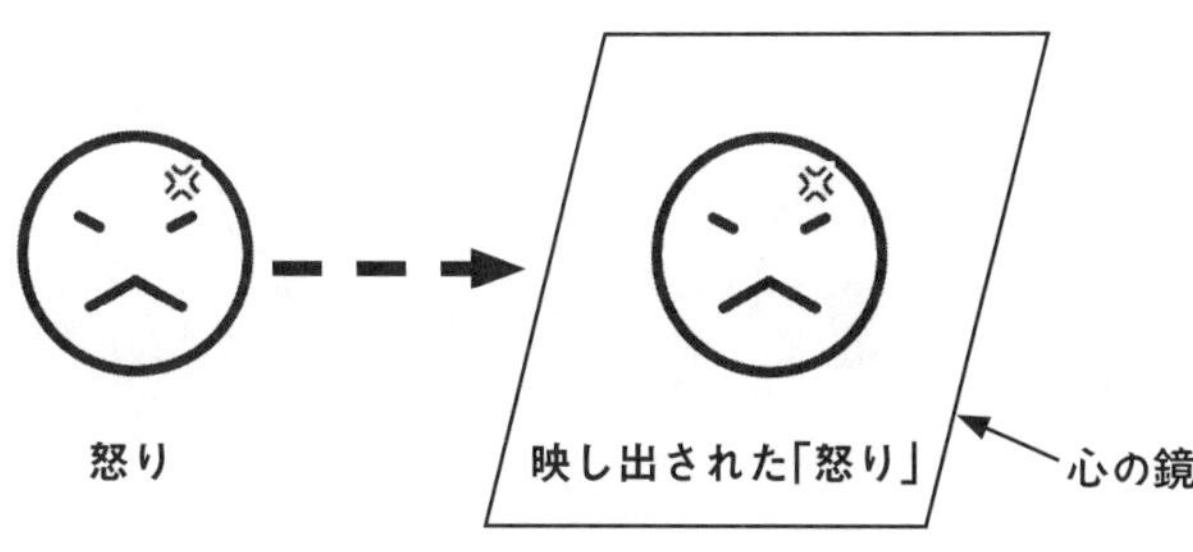

そこで大切なのが、心の鏡が曇っていれば、ぼやっとしか、不正確にしか怒りを映し出せません。あるいは心の鏡がフラットでなくてゆがんでいたら、大きく見えたり、あるいは小さく見えたりし、正しくあるがままに映し出すことはできません。ですからあるがままに価値判断なく気づくというのは、磨かれたフラットな心の鏡を心の中に置き、そこに決めつけの考え、思い込みあるいは恐れ、不安、怒りといった心の動きをただ映し出すということです。

鏡は映し出すだけですから価値判断しません。「あなたは世界一美しいです」、そんな声は鏡からは聞こえてきません。ただあるがままに映し出すだけです。そして非常に興味深いのは、これまでも言ってきている私と真の自己との関係ですが、鏡がフラットで磨かれていればいるほど、そこに鏡があると気づかないということです。映し出してはじめて鏡と分かります。映し出さなければ何も分かりません。これは別のイメージで言うなら、磨かれた窓、透明な窓です。透明な窓が磨かれていれば磨かれているほど、またその窓がフラットであればあるほど、まったくゆがみなくあるがままに外の世界を見ることができます。

これができればできるほど、つまり世界をあるがままに見ることができる窓であればあるほど、窓がそこにあることが分かりません。それが自己です。つまり真の自己は、世界から離れたところにあるのではなく、世界をあるがままに真に見抜くところに真の自己があるということです。

要するに、自己とは無であるというのはこういうイメージです。無であるからこそ世界を偽りなく、ゆがめることなく、あるがままに、そして一切価値判断を持ち込まずに気づくことができるということです。それに対してエゴはもっと何かゆがんでいる、自分に都合がいいようにしか映し出さない、こういうようなイメージで見ることができると思います。

ヒュポスタシスとしての自己

自己を「無にすること」をギリシア語で「ケノーシス」と言いますが、ケノーシスの自己において、そのように磨かれた鏡に神の光が射していて世界を映し出すことができるのです。そこでケノーシスの自己である根源意識の場に立ち現れてくるのがヒュポスタシスの自己、神の似姿です。神の似姿についてはは何度か触れましたので、ここではヒュポスタシスの自己について話していきます。「ヒュポスタシス」はギリシア語です。

もともと、三位一体の三位を表す言葉――日本語で「位格」と訳されますが――として用いられるようになったのがラテン語ではペルソナ、そしてそれに対応するのがギリシア語のヒュポスタシスです。同じように人格あるいは神の位格を表す言葉ですが、由来が異なります。由来からすると、私はこのギリシア語のヒュポスタシスの方がふさわしいと思っています。

ペルソナというのはご存知と思いますが、もともと舞台劇で使われた仮面のことを言います。お能で使われる能面です。王様の役をする人は王様の仮面をかぶり、王女様の役をする人は王女様の仮面をかぶるということだったのですが、舞台劇で使われる役柄を表す仮面のことをペルソナと言っていました。そこから、やがてその人そのものを表すようになりました。特にキケロがこういう使い方をはっきりさせていったそうです。

このペルソナ、人格、いわゆる英語のパーソンの語源になる言葉ですが、対社会的な関係の中でその人であることを言い表します。要するに、究極はその人そのものですが、対社会的な関係とか役割の中でその人そのものを言い当てるような言葉として使われるようになっていったということです。公的な人格といったところです。ローマ帝国は優れた法治国家で、ローマ法というのはその後のヨーロッパ諸国をはじめとする多くの国の法律の原型となりましたが、そこで人格を意味する言葉としてペルソナ（persona）という言葉が大切にされるようになりました。

それに対してギリシア語のヒュポスタシス（hypostasis）というのは少し違います。この「ヒュポ」というのは「下に」、「スタシス」は「立つ」を意味します。「下に立つ」ということですから、ある存在を根底で支えるもののようなイメージで、「基底存在」あるいは「自立存在」と訳されたりします。もともとこのヒュポスタシスをラテン語に訳すと、「スブスタンチア」（substantia）〔実体〕あるいは「スブシステンチア」（subsistentia）〔自存〕と訳される言葉なのですが、徐々にこれが人格あるいは神の位格を表す言葉として定着するようになりました。それ以外に「プロソーポン」

（prosopon）という別のギリシア語が、もともとは位格とか人格を表す言葉で言われていたのですが、特にネストリウス派が使う時に位格を表すのにプロソーポンを使っていて、最終的に異端宣告をされたグループが使っていた用語は避けるようになりました。これは古代教会の異端と絡むひとつの傾向ですが、そういうところからだんだんと採用されるようになったのがヒュポスタシスという言葉です。これは「下に立つ」ということです。

これについて深く研究した坂口ふみさん（一九三三―）の『個の誕生』（岩波書店、一九九六年）という本の中に、その研究成果が表れています。その中でヒュポスタシスのいろいろな語源的説明があり、流動的なものが凝集している、内側からそのものを支える、というようなイメージです。ですから根底で支えるというイメージなのですが、これを簡単に言うのは、ほんとうはよくないのですが、分かりやすくすると、ペルソナ＝「私」（カギ括弧の私）、ヒュポスタシス＝〈私〉（ヤマ括弧の私）となります。「私とは何か」を探求していた永井均さんの説明する「私」と〈私〉の違いです。つまり「私」は社会的関係存在として形成される中でその人らしさ、その人そのものを関係づけていく私ですが、それに対して〈私〉はまったく内的なものです。私が私であると私だけが分かる、そしてその分かるというのは何の理由も説明も理屈もなく、直接に〝私だ〟ということがまったく明白に分かるということです。このような私ということです。

それは、私の姿かたちが変わるということがあったとしても、私は私であり、私の姿かたちが昨日とは違うと、私の変化として、私は気づくことができるということです。外見がまったく変わって、外から両親が見ても私だと分からないとしても、私は私であると分かります。

そういうところにヒュポスタシスを見ていきます。つまり真の自己とは、このようなところにあるということです。ですからこういう点で見ていくと、ギリシア教父が使う位格あるいは人格としてのヒュポスタシスは非常に重要です。

ではヒュポスタシスとは何でしょうか。ヤマ括弧の〈私〉は決して取り出すことができません。つまりこの私は無でしかありません。しかし無だからこそ、ヴィパッサナー瞑想の文脈でいくと、あらゆるものに気づくことができます。深い内的な心の動きについても目覚めの修行を持つことをとおして気づいていくことができるということです。では気づいているのは誰ですか。真の我です。そして真の我は無です。無だからこそあらゆるものに自由に、とらわれなく気づくことができます。無としてあるところにもっとも深い自由があります。これは非常に興味深い事実です。

このような人格、位格の探求が大切にされたのは、もとは人間とは何者かというより、神はどのような方であるかの探求だったからです。キリスト教の神は最終的に三位一体の神にたどりつきます。父なる神の父というペルソナ、位格があり、子なる神の子としてのペルソナがあり、そして聖霊なる神としての聖霊というペルソナがあるということです。これをどう理解したらよいかという探求の中で徐々に深められ、そして概念化されていったのがペルソナとヒュポスタシスなのです。

イエス・キリストのヒュポスタシス

そこで最終的にキリスト教の場合、イエス・キリストが探求の中心になります。イエス・キリストとはどういう方か、ということが非常に大きな問題になってきて、それが四五一年に開かれたカルケドン公会議での教義宣言「イエス・キリストはまことの神であり、まことの人である」になります。

ここにキリスト教の中心が確立されたと言っていいと思いますが、日常を歩んだイエスをどう理解したらよいかという問題です。つまりカルケドン公会議の教義宣言であるイエス・キリストが「まことの神であり、まことの人である」というのは、イエスが五〇パーセント神であり五〇パーセント人であるということではなくて、一〇〇パーセント神でありかつ一〇〇パーセント人であるということです。この理解は非常に大きな問題です。

つまりイエス・キリストの中心性はいったい何かということです。そういう時、このギリシア教父のヒュポスタシスというのはとても重要だと思っています。つまりイエス・キリストの人格、すなわち位格ですが、イエス・キリストのヒュポスタシスは「神のヒュポスタシス」だということです。少し注意すべきことは、この場合の「神」とは「父なる神」のことではなく「子なる神」のヒュポスタシスということであり、父なる神のヒュポスタシスと混同しないようにする必要があります。私たちは皆、人間のヒュポスタシスです。私、柳田敏洋という人格は人間・柳田敏洋としてのヒュポスタシスです。しかしイエス・キリストが「まことの神であり、まことの人である」というのは、イエス・キリストのヒュポスタシスが神のヒュポスタシスだということです。そしてこれまで説明してきたように、神のヒュポスタシス、私のヒュポスタシスもそうなのですが、それは無なのです。もちろんこれはヒュポスタシスが存在しないという意味での無ではなく、私のヒュポスタシスはエンスにおいて決して対象化することができないエンスを超越したものだという意味です。

ですからイエスが誕生の前、マリアの胎内におられる時に胎児であるイエスの細胞のDNAを調べても、身体のどの部分のDNAを調べてみてもどこにも神を見出せません。それは、イエスのイエス性というものは神のヒュポスタシスだからです。生まれてくる人間イエスのあらゆる細胞はすべて人間の細胞そのものです。しかしイエス・キリストとしてのイエス性というのは神のヒュポスタシスということです。神の第二のペルソナとしてのヒュポスタシスだということです。

このように見ていく時、ほんとうに深い神秘を見ることができます。一〇〇パーセント人間、しかし同時に一〇〇パーセント神です。そのヒュポスタシスとともにイエス・キリストが私たち人間とは違い特別であるのは、神のエッセがそこにあることです。私たちは人間のエッセです。そこに大きな違いがあります。イエス・キリストのヒュポスタシスは神のヒュポスタシスであり、かつ神のエッセであるのです。

しかし同時に、人間として生きるというのは、人間としての意志があってです。これは六八〇年の第三回コンスタンティノポリス公会議で取り上げられた問題ですが、イエス・キリストにはひとつの意志しかないのか、ふたつの意志があるのか、こういう問題です。ふつう皆が考えていたのは、イエスというのは統合された存在だからひとつの意志しかないだろう、そしてその意志は神の意志だ、ということです。それはふつうに分かります。

でも、もしそうであるなら、人間イエスはどこにいるのか、という問題になります。人間が人間として生きるというのは、人間の意志をもって生きるということであって、それなしに真に人間とは言えず、単なるロボットということになってしまいます。似せて造ったロボットです。このような論争が起こり、ではイエス・キリストにはひとつの意志しかないのか、ふたつの意志があるか、という大きな問題になり六八〇年に公会議が開かれ、そこで決着しました。ここはまたとても重要です。

最終的に、イエスは「まことの神であり、まことの人である」というカルケドン公会議の決議が確認され、そこから、ではそうならイエスの中には神としての意志と人間としての意志の両方があるとなりました。そうでないと一〇〇パーセント神でありかつ一〇〇パーセント人間であるということはありえなくなります。人間であることがフェイクになってしまう、つまり神が人間という仮面をかぶっているだけになってしまいます。

そこで第三回コンスタンティノポリス公会議では、イエス・キリストにはふたつの意志がある、それは神としての意志と人間としての意志であるとされました。しかしこれを考えたらなにか自己分裂じゃないかと思ったりするのですが、最終的に公会議が決議したのは、「イエス・キリストには人間の意志があり、同時に人間の意志は完全に神の意志に調和している」と、このようなかたちでふたつの意志の存在を認めたのです。人間としての意志はあるけれど、それは神としての意志にまったく調和していた、というかたちで統合を図ったということです。

つまりそれはイエスの中にも人間としての意志があり、それは私たち人間にとってのエゴに相当する自我意識があったということです。人間としてのゆらぎの領域です。しかしその自我意識からの意志はまったく神の意志に調和していたという決議が第三回コンスタンティノポリス公会議ということになります。

けれども私が丁寧に聖書を見ていて感じるのは、ふたつの意志がいつもぴったり一致していたというわけではないということです。つまり人間イエスはなにか完成されて生まれてくるのではなく——西方教会ではインカルナチオ、受肉は、クリスマスのイエス誕生の時のイメージのように誕生の時が受肉の完成のように見るのですが——ギリシア教父や東方教会はイエスの死の時に受肉が完成したと考えるのです。

人間としてのあらゆる苦しみを体験してこそ人間であると考えるのです。ではその人間としてのあらゆる苦しみの究極は、死です。イエスが死を自身で体験した時に受肉は完成した、神がまったく人となったという考えで、これはほんとうに大切ですばらしい考えであると思います。つまり人間となっていくのはプロセスなのだということです。それを私たちはどうしても静的に、スタティックに見がちです。そうではありません。神の働きとエッセも非常にダイナミックなのです。こういうところを私たちが見ていく時に、やはりそこに心が揺れ動くイエスの姿を見ていくことができます。

たとえば荒野の誘惑、これはイエスが福音宣教に踏み出すために人間としての弱さを持つ、限界を持つ自分を試練に置いたとそのように見ることができます。それはイエスの内的葛藤の物語ではなかったか、ということです。これが、いわゆる悪霊の誘惑物語となっています。四〇日間断食をしていたらお腹が減ってきて、誰でもそうなることかもしれないですが、そこで目の前の石をパンに変えたらどうか、というような誘惑が起こってきます。

その時に自分の中の内的な葛藤として、〝ここで救い主が飢え死にしたら元も子もないじゃないか、神から人々のために使うように与えられている特別な力を自分のためにちょっと使っても全然悪くないだろう〟と、こういうふうにエゴは必ず自分を正当化するような理由を作ります。それはまったくおかしなことではありません。しかしそういう誘惑の中でイエスは、神から与えられた特別な力は人々のためだけのものであると悟り、そこから「人はパンだけで生きるものではない。神の口から出る一つ一つの言葉で生きる」（マタイ四・四）という言葉が出ます。私は神からまったく余すところなく恵みを受けているということです。このように荒野の誘惑をイエスの内的な葛藤として見ていったら、もっと私たち人間に身近なところでこの物語を考えていけると思います。

けれども、いちばん大きいのはゲッセマネです。ゲッセマネこそイエスの究極の葛藤の出来事です。「父よ、あなたは何でもおできになります。この杯をわたしから取りのけてください」（マルコ一四・三六）。これはイエスの人間としての意志からの思いということではないでしょうか。〟もっと時間を与えてください。私のことをまったく知らない人、どの人にもまったくわけへだてなく愛の神の恵みが届いていません。でも、このすばらしいメッセージをまだ知らない人が大勢います。あるいはその中で、神の罰を受けたと思い込んで苦しんでいる人、病を負っている人、障がいを負っている人など苦しみにある人々がどれほどいることでしょうか。その人たちのためにもう少し私に時間をください〟ということを願ったとしても何の不思議もありません。まったく正当な理由です。

しかし「わたしが願うことではなく、御心に適うことが行われますように」（マルコ一四・三六）とイエスは祈ります。ですから最終的に葛藤の果てに、イエスは父なる神の意志を自身の意志として引き受けました。これが神の意志に人間の意志が調和していたということの中身だということです。このように見ていく時に、人間イエスの意志というものをやはり私たちが認めることはとても大切です。ここに私たちに近いイエスを見ることができるのです。もちろんイエスは私たちのように時に神の思いとまったく反するような意志を持ったということではなく、神の思いに響く、つまりアガペの心に留まりつつも人間としての思いから意志がゆらぐことが時に――生涯の節目で――あったということです。

このように私とは何者かという問題を非常に深いかたちで解き明かしてくれたのが古代教会の神学者たちです。ですからもっと私たちは古代教会のさまざまな教義の形成や、豊かな霊的宝を持っているギリシア教父や東方教会の中にある神学や霊性から学び、すでに受けている西方教会の豊かさと合わせ、さらに補っていくことが、現代世界にイエス・キリストの福音を伝えていくための助けになるように思います。

質問と答え

質問1　日常のレベルで気づきに取り組んでいく時に、相手に対して今ここで赦せていない自分に気づきながら、シンプルにたんたんと、目の前で起きていることに対して必要なことをしていく、気づいていくのが超越の視点に近づいていくことでしょうか。

答え　「ハマルティア」（逸れた状態）にあると気づき、超越の視点に向かっていくというのが「メタノイア」（回心）です。どの人にも回心の恵みが与えられているというのは、もともと超越性の中に目覚めて生きるための本来性を私たちは持っているということです。エゴにまみれて生きていても何か良心の声が私を刺すなどと言われたりします。私の中からの声なのに、私を超えたところから響いてくるようなものとして感じられるのが良心というものです。

ハイデガーは良心というものを非常に大事にしています。ハイデガーは『存在と時間』の中で良心について「良心とは究極的に、本来の私に立ち返れ、という声である」と言っています。嘘をついてはいけません、相手を馬鹿にしてはいけません、なども良心の声かもしれないですが、究極の良心とは本来の私に立ち返れとの声だというのがハイデガーです。

質問2　絶えざる超越の我は無であるということですが、究極の私はある、ということでしょうか。無である私が神と出会うのでしょうか。

答え　よく言われるのは、キリスト教的アプローチは「有」で、東洋的アプローチは「無」というものです。どちらも中途半端だったら中途半端のままです。しかし究極の「ある」、たとえばトマス・アクィナスがエッセと言っているエッセは「究極の無」なのです。でなければエッセになりません。私たちの問題は、私たちは変化して止まない世界の中で言葉というものを紡ぎだし、その言葉をとおして超越の世界を理解しようとする時、超越の世界に言葉はありません。しかし言葉がないところに言葉を持ち出して説明しようとすること自体、実は矛盾です。けれどもそのことを分からない中で言葉を使っていくと、超越の世界をこちらの「日常的レベル」に引き寄せてしまいます。引き寄せた「日常的レベル」の中で神を理解しようとする問題を私たちは持ってしまうのです。

つまりここに私たちの言語で思考をする限界があります。このようなところを丁寧に見ていくと、いくら言葉の論理を尽くしても極め尽くせないことが分かります。ですから、たとえばギリシア教父や東方教会では、神秘は神秘である、これ以上言語表現してもおかしくなるだけだという立場に立ちます。

　これを否定神学と言いますが、神とは「こうではない」、「ああではない」、「ああでもない」という言い方でしか正しく言えないということです。神はこれである、あれである、神はある、とかこういうふうに言ったりしていますが、それは誤解を生みやすいのです。そういう知恵を東方教会の人たち、ギリシア教父は持っていました。

　私たちは西方キリスト教の中で「ある」という論理や考え方に慣らされすぎています。それを突破しない限りほんとうの私というものは分かりません。ですから私が「絶えざる超越」と言ってもこれは言語表現です。そうすると何かのイメージが湧いてしまいます。そうなると、それは実際の超越から離れてしまうことになります。

　しかし私たちが本来、超越に目覚めることができる神の似姿として創られているのであるならば、「絶えざる超越である本来の私は」という言語表現を使う際に、その言語表現が持つ限界を弁（わきま）えた上で使うということです。これに慣れてくれば大丈夫ですが、気をつけないとこの言語表現をまた絶対化してしまったりする、ということです。つまり、「超越の我」と図の中に描いても、この図自体は超越ではありません。超越の我とは極めがたい、どこまで行ってもどこまで行っても、極め尽くすことができないのが超越の我です。それが分かった上で「超越の我」という言葉を使っているかどうかということです。多くの場合、私たちは超越の我というイメージを固定してしまいます。そうではなく、それは神秘体験をする以外に分かりません。

質問3　西洋のイメージとして、これが、というものがあるのではないでしょうか。

答え　もちろんそうですが、たとえば十字架の聖ヨハネの「ナーダ」（nada 無）とかですね、そういうふうなものですね。もうちょっと古くなるとマイスター・エックハルトもそうですね。彼はあまりにも先を進んでいた人なので教会から異端宣告されてしまいましたが、こういう先駆者はいますし、もっと古代に行くといろいろな神秘家の豊かさを私たちは見出すことができるのですが、私たちは固定化された形式神学の中で育った者として教会の歴史や神学を学ぶ時に、すでに固定されたものの見方によって見るということを免れることができません。それが、変化する世界の中で生きざるをえない私たちの問題ということです。

しかし、神から付与されたすばらしい恵みとして超越が私たちにはあります。この超越に目覚めながら、言語を使いはしますが、言語を手放していくという方向です。最終的には私自身が神秘の世界に降り立つ体験が必要です。これが瞑想です。ですから深い瞑想経験、たとえばこれは「コンテンプラチオ」（contemplatio 観想）ということですが、観想体験なしに、この信仰の神秘に近づくことはできないということです。

私たちは、これが可能だということを大事にしている東洋の霊性から深めていこうとしています。そうしないとまた頭でっかちに戻ってしまうだけなのです。

私たちが忘れてならないのは、最終的に私たちが目指すのは神の神秘について悟った人になるのではなく、アガペの人になるということです。何の特別な知識もいりません。エゴを超えて掛け値なしに無償・無条件で相手の必要、世界の必要のために自分を差し出していくことができる、そのような生き方のできる人になることが私たちの目標です。その助けとなるために説明をしていますが、これまでの話がよく分からなくても構いません。大切なのはアガペの人に近づいていくように私たちは霊的修行していくことです。その時、神学理解をその助けとしていく、ということです。やはり助けになるところが確かにありますから。私たちが忘れてならないのは、究極の目標は、アガペの人になるということです。

質問4　アガペについて。愛にあふれた好々爺（こうこうや）がいる。知識がなくても、無意識に愛を持っている方がいる。こちらから突き詰めてたどりつく方向性と、そのままの姿で生きていらっしゃる方がいるという理解でよいでしょうか。

答え　イエスがはっきり言っているとおり、幼子のようにならなければ神の国に入れない、このひとことがすべてです。

でもこの世界はエゴが支配する世界です。そしてそのような世界の中で現実的能力を発揮できない人は社会の周辺に追いやられる、そういう社会構造になっています。これを変えていく必要があります。それを変えていくためにはこのような社会構造を担っている中心の人に説得力をもってアプローチできる、そういう仕組みが必要なのです。

もうすでにアガペを生きている人は沢山います。でもそのような人たちは理解されないで周辺に追いやられています。アガペは自己主張しません。アガペはみずからを隠す方向なのです。そして隠されたままでもまったく平気です。意に介しません。それは、明日は炉に投げ込まれる野の草でさえまったくそのとおりです。でも結局そのようなアガペに満ち満ちた世界をエゴの世界が浸食しようとしています。これを私たちがどう食い止めていくのか、どうこの世界を神の望まれる世界に変容させていくのか、これは私たちの責任です。それをふさわしく効果的に話し伝えていくためには、本来の自己についての理解を深めエゴの人にも分かってもらうための説明が必要です。そしてそれを担うのは皆さんだということで私は話しています。

たとえば、こういう難しい話を老人ホームで話すよりは、そこにいる一人ひとりに丁寧に微笑みかける、笑いかける、そして話し相手、聴き手になってあげ、コミュニケーションを取っていく、その方がずっと意味があります。アガペそのものを生きるということが最終的な私たちの目指すところだからです。でもその手前のところですべきことは沢山あるということです。

質問5　その真逆の世界の中で富を支配する人、その中のひとりが変わることはものすごく影響があると思うのですが、それはどうですか。

答え　富を支配する人にも一〇〇パーセント神の愛と慈しみが届いています。どのようにエゴにまみれている人にも。そこで相手を批判しないというのが、ティク・ナット・ハンの立場ですね。エゴまみれの人の中にある心は私たちとつながっているということです。インタービーイングとして私たちの中にもあるものです。彼らの責任は私たちの責任という感覚を持って関わっていくというのがアガペの人です。それを私たちはこちらに正義がある、彼らは悪である、こういう立場になってしまうと結局エゴの論理に取り込まれてしまうということです。

質問6　正義とか悪ではなくて、これもエゴかもしれないですけれど、その方たちもそういう機会がありますようにと祈るのはどうでしょうか。

答え　ありますようにと祈っていく、無条件に祈っていく、そしてその人たちにどういう効果的なコミットメントができるのかを考えていく、それは私たちの責任です。たとえば市民運動で、アメリカのハイスクールで銃撃事件があった時に、そのハイスクールの生徒たちが立ち上がってアメリカから銃の排斥を訴えました。何度やっても潰されてきた運動です。でもその若い人たちは明確な信念を持って取り組んでいます。こういう行動です。でもその時によくあるのは、相手に対する憎しみからの行動です。これはティク・ナット・ハンによると、ありえません。行動はどのような時も相手に対する慈しみからの行動です。

ですから私たちの場合は、どのような人にも、スターリンにもヒットラーにも神の恵みはまったく一〇〇パーセント届いていて、どの人に対しても神は、その人の回心を望み、忍耐される、ということです。そこに向けて私は何ができるのか、そういうところに目覚めるためにまずしなければならないのは、私の中から憎しみを取り去ることです。私がエゴを乗り越えていく霊的修行を行っていく、これがいちばん確実なのです。これに取り組んでいるのが、私たちの瞑想修行だということです。

ですから他者のことを考えるよりまず自分を見つめることです。そして自分はエゴをどう乗り越えられるのか、エゴからどう離脱できている私なのか、ということをハマルティアの観点から識別をしていく、こういう取り組み方が今の時点ではよいと思います。

それ以外にいろいろ考えてもらってもいいのですが、このように究極に目覚めると世界のあらゆることに対してもっと積極的で建設的なアプローチが可能になります。そういう意味でキリスト教はすばらしいものを持っています。

キリスト教なんかもう古くさいとか形式主義だとか、あるいは社会をほんとうに動かす力にはなっていないと批判する人もいますが、そうではないと思います。エゴの力が勝っていますが、でもそれをほんとうに超えて、私たちがしっかりと目覚め、ふさわしい行動をとれるようにしていくためには、まず私が、自分を深く徹底的に見つめて、そこから離脱していく、そのような手法を自分の身に育んでいくということです。

もちろんこの瞑想がすべてだとは言いません。でもこれは私の個人的な経験に基づくものですが、とても有効な方法だと思っています。ですからそれを鵜呑みにせずに、自分でチェックしながら自分なりに究めて、心の奥底にアガペの心を育んでいく、真の自由を育んでいく、真の平和を育んでいくということです。実際の祈りというかたちで確かめつつ、さらに奥深くに入っていく、このようにしてくださったらいいでしょう。いろいろ疑問があっても、それを心でしっかりと見つめながら取り組んでください。

6 カンポンさんに見る瞑想実践の姿

カンポン・トーンブンヌムさんと「気づきの瞑想」

ヴィパッサナー瞑想をした人はどう変わるかという具体的な話を紹介したいと思います。私たちはそのような具体例で非常に励まされると思います。

タイの男性、カンポン・トーンブンヌムさんという方の体験です。これはカンポンさんの著書『気づきの瞑想』で得た苦しまない生き方』（上田紀行監修、プラ・ユキ・ナラテボー監訳、浦崎雅代訳、佼成出版社、二〇〇七年）にある話です。カンポンさんは一九五五年にタイの水上生活者の息子として生まれました。水上生活者というとタイでは社会的身分の低い人たちです。タイの観光ビデオなどを見ると水上を行きかうきらびやかな装飾を施された船などを見ることもありますが、水上生活者は一般には水上での物資の輸送や人を運ぶことを生業とするものでカンポンさんのお父さんもそのような仕事をしていました。けれども社会的に低い身分なので、カンポンさんのお父さんはこの仕事は私の代で終わりにして、子供たちにはもっと違う生活をさせたいと思うようになりました。そのためには教育が必要だということから、カンポンさんを寄宿舎に入れ一生懸命勉強するようにと励まし、カンポンさんもそれに応えて一生懸命勉強に励みます。

やがてカンポンさんは、自分の身体能力が優れていると気づき体育の先生になりたいと思うようになります。そこで体育専門学校に行き、さらに大学の体育学部に進学して学びを深め、能力を磨いていきました。体育学部で学んでいた頃のカンポンさんの写真ではサッカーボールを足の下に踏んだはつらつとした姿を見ることができます。そして大学卒業時にタイの教育省の体育教師になるための国家試験にトップで合格します。とても優れていたということです。そこで、通常ならば高校の体育教師に任命されるところ、カンポンさんは優秀だったので体育教師になることを目指す学生のための体育専門学校の教師に任命され、働き始めます。働き始めて二年後の二四歳の時に、プールで飛び込みの模範演技をしていた時に誤ってプールの底に全身を打ち付け、頭以外の体が完全マヒの状態になってしまいます。いわゆる日本の星野富弘さんと似たようなケースです。首から上は正常なのに首から下は完全マヒしてしまい、そこで専門医や専門病院で見てもらっても、医師から「あなたのマヒを治す方法は現在の医療ではありません」と宣告されてしまいます。

カンポンさんの苦しみ

そして、カンポンさんは両親の世話を受けることになります。両親は陸に上がり、家を借りてそこで寝たきりのカンポンさんを介抱し、一切の世話をするようになります。首から下がまったくマヒしていますから、食べることも排泄することも自分ではできず、すべて親の手に頼らなければならなくなります。あれほど同世代の人に対して優れた自分の身体能力を誇っていたのに、まったく逆になってしまいました。

カンポンさんの問題は首から上が正常だから考えすぎるということでした。ここから苦しみが始まり、絶望的になっていくのです。私たちも取り返しのつかない失敗をした時に、「なんであの時あんなふうにやってしまったのだろう」と悔やんだりします。たとえば「なんであの時、飛び込む瞬間に一秒でも飛び込む角度を注意していればこんなことにはならなかったのに」というような後悔が生じても、どうしようもできません。「後悔先に立たず」と言いますが現実は何も変わりません。これが苦しみを生み、もっと大きな苦しみは「私はもう現代医学から見放された。これから先何十年とまったく全身マヒのままで生涯を過ごさなければならない」と先を考えることによる苦しみで、これは恐ろしい苦しみになります。このようなことを考えたとたんに絶望感に襲われます。座る瞑想の場合でも、「この四五分間、この痛みにどう耐えたらいいのか」と考えただけでも苦しみとなりますが、カンポンさんの場合はこれから先何年もまったくの寝たきりで、しかもそれが健康ではつらつとした身体能力抜群の青年であったからこそ、逆に落ち込みも激しいということです。そのような苦しみをカンポンさんは担い続けます。

ご存知のようにタイは仏教国で、カンポンさん一家も熱心な仏教徒でした。心配した両親は少しでもカンポンさんの心を慰めることができたらと、近くで偉いお坊さんの話があればそれを聴きに行ってテープに取り、それをカンポンさんの枕もとで聴かせるとか、あるいはお釈迦様についての本をそばで読み聞かせるなどをします。カンポンさんも自分の心を何とかしたいと思って、テープや朗読に熱心に聴き入るとか、首を傾けて仏教の本に目をやって読むなどに取り組みます。そうして慰めを一時的にも得たりするのですが、しばらくしないうちに、「こんなことをしていても、結局私はこれから先ずっと全身マヒのままで生きなければならないのだ」という考えがふと頭の中に湧き起こって、もうそれだけで苦しみが生じるのでした。

仏教の中にもさまざまな瞑想があり、その中のひとつに呼吸に合わせて「プットー」と繰り返し唱える祈りがあります。プットーとはタイ語でブッダを意味します。このようなみ名の祈りは洋の東西を問わずあり、たとえば東方教会ではイエスのみ名の祈りが有名で、『無名の順礼者——あるロシア人順礼者の手記』（A・ローテル、斎田靖子訳、エンデルレ書店、一九六七年）の中に出てきます。呼吸に合わせて「主イエス、神の子、罪人の私を憐れんでください」と唱える祈りです。これを、朝、目を覚ました時から寝る時まで絶え間なく何千回何万回と唱えるという霊的修行です。「プットー」の場合も、吸う息吐く息に合わせて「プットー、プットー」と一心不乱に唱え続けます。ですから一心不乱に唱え続けている時には余計な考えは出てきません。私たちも、ロザリオの祈りを真剣に唱え続けている時には悪い考えは浮かんでこないということです。「プットー」と唱えている時はいいのですが、それが終わるとまたすぐに現実に引き戻されてしまい、「ああ結局、自分のマヒは治らないんだ」という考えが生じてしまうのです。私たちの問題のひとつは、周りやこれまでとつい比べてしまうことです。同世代の青年は人生を謳歌し、生き生きと働いているのに、私はどうだ。お父さんが苦労して一生懸命稼いで、水上生活者から抜け出すためにと寄宿舎に入れて勉強をさせてくれ、大学まで行かせてくれ、やがて自分もお父さんとお母さんに恩返ししたいと思っていたのに、まったく逆になってしまった。恩返しどころか逆に苦労を背負わせることになってしまったなどと、このような苦しみに襲われてしまうということです。これが波のように繰り返し現れてくるのです。しかも一六年間続きます。苦しみの一六年間です。そして、四〇歳の時に「気づきの瞑想」（ヴィパッサナー瞑想）に出会うのです。

カムキエン師による気づきの瞑想との出会い

カンポンさんを支援するいろいろな友達がいたのですが、ある友達が、ヴィパッサナー瞑想の有名な指導者であるカムキエン師が助けになるのではないかと勧めてくれ、カムキエン師に手紙を書きます。口述筆記してもらい手紙を出したところ、しばらく経って返事がきます。その返事は次のようなものでした。短いのですが、その内容はとても豊かです。


私はあなたの善き仲間になれることをとてもうれしく思います。

修行に関して誤った方向に陥らないように導くお手伝いをいたしましょう。自分自身を見つめ、感じていく瞑想のやり方をお勧めします。たとえ体が不自由で横になっていたとしても修行は可能です。手のひらを動かしてひっくり返すときの感覚を感じてごらんなさい。

（『「気づきの瞑想」で得た苦しまない生き方』八〇頁）

実はカンポンさん、全身マヒだったのですが、体育を専門としていたので、何とかして少しでも自分の体を動かせないかと自分で工夫しながらリハビリに取り組んでいたのです。その中で徐々にですが、かすかに右手を動かすことができるようになります。指はマヒしていて動かせないのですが、手のひらをひっくり返したり元に戻したりができるようになります。そのようなことを手紙で伝えていたのだと思います。それを読んだカムキエン師が手のひらを動かす瞑想を紹介したのだと思います。これは手動瞑想の第一ステップにあたります。

知らず知らずに考え事が起こってきますが、その考えに惑わされずに、体に戻るように。体がここにあることを意識して、よく注意して観るようにしましょう。これを「パーワナー（心の成長、修養、智慧の開発）」と呼びます。（同書、八〇－八一頁）

これは私たちにもよく起こることですが、手を動かしながら知らず知らずのうちに「あの人どうしてるかな」などの思いが無意識のうちに出てきてしまいます。そういう時に「今、友達のことを考えていた」と気づいて手の動きの感覚に戻るようにします。これが心の成長、気づきの知恵の開発につながるということです。

パーワナーとは、気づくことに努めることで、静けさを求めるものではありません。（同書、八一頁）

これはとても大事な言葉です。私たちは何か心の安らぎや平和を求めて修行したいと思ったりしますが、それにとらわれずにまず現実に気づきなさい、これが大切だということです。現実の気づきに伴って心の穏やかさが体験できるということです。心の穏やかさをストレートに求めたら、かえって苦しみを抱えることになりかねません。ただ現実にあるがままに気づけ、というとても大切な方法です。そうするとそれに伴って心も穏やかになってくるのです。逆ではありません。これを多くの人が取り違えています。神を求めずに、神が与えてくださる平和や幸せを求めてしまうのです。このようなものを私たちは無意識のうちにも抱え込んでしまうのですが、けれどもその都度また気づいていけばいいということです。

それによって自分自身に気づくことがよくできるようになれば、迷いが少なくなり、真理が明らかになっていくでしょう。

（同書、八一頁）

つまり、「今、心を平和にしたいな、と思った」と気づいて、また意識を手の動きに戻し、その動きに伴う感覚に気づくようにするのです。これの繰り返しです。そうするとほんとうのこと、真理が分かってくるということです。

私たちは、体と心の真実を観ることができるようになるでしょう。そのものとなるのではなく、観るものとなる。体や心に何が起ころうとも明確にそれを知る者になりましょう。

（同書、八一頁）

「観る」というのはヴィパッサナーです。ですからここです。私たちは無意識のうちにそのものとひとつになってしまうということです。たとえば「あー、こんな病気にならなかったら、今はもっと幸せなのに」と無意識に考えて苦しんでしまうのですが、それを「今、『あー、こんな病気にならなかったら、今はもっと幸せなのに』と思った」と気づくのです。「あー、あの時あんなことをしなければ、今はこんなことにはならなかったはずなのに」との思いや気持ちで、自分をそれとひとつにして苦しんでしまうという問題です。それを、手を動かしている時に、その都度心に生じることに気づいて、手の動きに意識を戻すだけ、ということです。

ときに幸せが起こってもそれを追う人とならず、幸せをただ感じる人となる。苦しみが起こってきても、苦しんでしまう人とならずに苦しみを観る人になるようにしましょう。

（同書、八一頁）

これは非常に大切な点です。「苦しむ人ではなく、苦しみを観る人になる」、これがヴィパッサナーということです。苦難の只中で、苦難と自分をひとつにしてしまわず、苦難を観る人になるということ、これが秘訣です。これが「つねに目覚めていなさい」とイエスが言う中身です。ですからこれは、苦しみだけではなく、幸せや喜びと感じるものに対しても同じようにしていくということです。幸せを自分のところに留めておこうと執着しないのです。幸せはある条件のもとで起こってきて、それを感じても、やがて条件が変化し過ぎ去っていきます。それを追おうとせず、静かにさよならと言っていくのです。ときどきこの瞑想を勘違いして、喜びも悲しみも何も感じない無感覚になることだと思う人がいますが、そうではありません。嬉しいは嬉しい、悲しいは悲しいです。けれども嬉しさと自分をひとつにしない、悲しさと自分をひとつにしない、やがてそれは変化し過ぎ去っていく、これを弁えるということです。

ただあるがままに目覚めていて、それそのままということです。しかし私たちはつねに先を追うかたちに陥りやすいのです。これをし終わらなければ満足できないとか、充実を感じないとか、あそこまで到達しなければ私は幸せにはなれないなど、私たちの人生はつねに先送り型になっているということです。けれども、丁寧に見ていったら小さな幸せというのはいっぱい転がっています。そのひとつが食べる瞑想です。ひと噛みふた噛みする中で食べ物との味わい深い出会いがあり、それは幸せの体験です。しかし、食べている時に「この後、あれをして、これをして」と考えていたら、意識が今ここの口の中ではなく別のところに飛んでいってしまい今ここの幸せを味わえないのです。つまり、私たちが幸せを求めていても、幸せが得られないのは、つねに幸せを追いこす人生だから見つけられないということです。神を求めたい、神と出会いたいと思っても、そうできないのはつねに神を追いこす人生を送っているからです。

もし、飽きがきたり、息が詰まったり、腹が立ってくるような事態が起こったときでも、それに気づくことが大切です。それは心の状態なのですから。あなたがその状態そのものになる必要はありません。そうやって修行に励んで御覧なさい。

（同書、八一―八二頁）

これは瞑想の中で経験することです。鼻孔の出入り口で、呼吸に伴う皮膚感覚の気づきに取り組んでいる時、ほとんどその感覚に気づけない時、ふと考えや想像が湧いてきたりします。飽きがきたり、「こんなことやっていて何になるの」との疑問が湧いてきて腹を立てたりすることなども生じるかもしれません。しかしどんな時でもそれに気づくことが大切です。それは単なる心の状態であって、私がその状態そのものになる必要はないということです。これはすばらしい知恵です。私たちは多くの場合気づかないでその状態そのものになりがちだからです。そこで、私たちの場合は無償・無条件の存在肯定であるアガペの心で気づく、その良し悪しを判断したりせず、ただそのような心の状態が現れたと気づくのです。

カムキエン師はこのように勇気づけてくれ、手紙は私の励みになりました。初めてほんとうに信頼できる師と出会い、弟子として行なう修行に私は希望を見出しました。この出会いは、私の世界を大きく広げました。いろんな姿勢をとって瞑想ができるきっかけとなり、明らかな変化が訪れました。それまでの私はたいてい一日中横になり過去や未来への思考にとらわれていました。暗くて苦しい道を歩いているようなものでした。

しかしカムキエン師の励ましを得て、私の心の姿勢が変わりました。動きとともに「今」にいることができるようになったのです。心が考え事にいってしまっても、体を観ることによって瞑想の感覚を得ることができます。苦しみを消し去る道であり、希望のもてる道として感じられました。これは私の人生におけるターニングポイントでした。（同書、八二―八三頁）

つまり、カンポンさんはほんとうの現実が何かを、これで分かり始めたということです。それまでは過去や未来の思考にとらわれてばかりだったのです。「あー、なぜあの時にもっと注意していれば」という考えが、大きいものであればあるほど、その中に取り込まれてしまうとか、「結局いろいろなことをやってみても、自分はマヒしたままなんだ、これからも変わらないんだ」などと将来のことを考え想像して苦しんでしまうということです。考えている本人にとっては、それはリアルそのものです。ここに私たち頭の発達した人間の問題があります。ヴァーチャル・リアリティ（仮想現実）を作ってそれをリアルと思い込んでしまうのが人間です。しかしここから、手をひっくり返して元に戻す動きに意識を向けていると、その動きに伴う手の感覚こそが現実だと分かるようになり、ほんとうの現実と頭が作り上げる考えの仮想現実を区別できるようになります。

「苦しむ人」から「苦しみを観る人」への変容

何度も何度も体と心の状態に気づくという作業を続けていると、気づきの力が増し、体と心のさまざまな状態を上から見守っている意識になってきます。つまり、ただありのままに観ることができるようになり、どんな心の状態が生じてもそれを問題としなくなってきました。すると、以前のように心を重荷として見る必要がなくなります。気づきと心身の関係は、すごく慣れ親しんでいて、お互いを邪魔し合うようなことはなくなります。体と心の状態は、ただ単に、自然に起こっては消えていくものでした。そして私たちに課せられていることは、その状態をただ観ていくことだとわかってきます。

（同書、一一六―一一七頁）

ですから、だんだんと体の気づきをとおして、体の現象を現象として、心の現象を心の現象として観ていくことができるようになり、巻き込まれることがなくなっていったということです。このようなことをカンポンさんは修行の中で身につけていったのです。

修行を始めた当初、私の気づきが弱くて瞑想がスムーズにいかなかったころには、修行というのは、全力で危険を回避したり、問題がある状態をいちいち解決しなければならないものでした。しかし、経験や修行を積み重ねるにつれ、徐々にそのようなことは必要がなくなっていきました。

ただ気づきを保ち続けていれば、体や心、つまり目、耳、舌などに何が起こってもまたすぐ気づきに立ち戻れるようになってきました。心地よく観察できるようになり、心は自由で平常になっていきました。以前私を悩ませていたさまざまな現象がただ外側で起こり、心には届いてこないようになりました。心は安定し、穏やかで統一してきました。平安さを新しい心のありかにできるようになったのです。（同書、一一六―一一七頁）

カンポンさんのこの本の中にはもっと詳しく自分の取り組んだ修行について書かれています。特にカンポンさんにとって条件が悪いのは、彼は寝たきりなのですぐに眠ってしまうということです。座って腰骨を立てて瞑想している場合でさえ眠気に襲われるのですから、まったく寝たきりでは余計に襲われます。カンポンさんはそれにも向きあっていきます。そして、興味深いのはカンポンさんなりの工夫なのですが、たとえば、手の動きに伴うかすかな感覚の気づきに取り組んでいる時、ある時は非常によく気づけ、ある時は気づけないということを体験し、何が違うのだろうかを探っていった時に、明確に気づけている時は同時に柱時計の「チックタック、チックタック」という音も聞こえていることに気づくのです。「なるほど、柱時計の音が聞こえている時にはもっと明晰な意識になり気づくことができるのだ」と分かり、柱時計の音を気づきの基準にしていくという工夫です。座瞑想の場合、心臓の鼓動を感じることでもっと鋭敏に気づくことができるという工夫と似ています。カンポンさんも自分のコンディションの中で気づきを深める工夫をしていったということです。カンポンさんは五年間この修行を続け、そして心がまったく自由になります。

次は、本文の最後のところですが、

障害をもつことは、単に不自由というだけで、不幸であることを意味するものではありません。ただ、肉体的に不自由ということに過ぎず、これについては選択の余地がありません。しかし、心のほうはというと、幸せを選ぶことは可能なのです。肉体的には不自由のなかにありながら、修行によって幸せを発見することは可能なのです。

（同書、一五一頁）

カンポンさんも当初は、自分のマヒをまったく治すことができないと分かった時の絶望がとても大きく、「こんなマヒした私は不幸以外の何ものでもない」と苦しみ以外の何ものでもなかったと思います。けれどもこの瞑想に出会って五年間の修行を続けた後には、心の不自由と体の不自由は関係がない、体が不自由なままであっても心の自由を生きることができるとの境地に達します。これはまさに福音で、すばらしい発見です。

わが身にさまざまな問題が生じたときには、当然その解決を図っていこうとしますが、問題によってはコントロールできないことや、選択の余地のないこともももちろんあります。しかしながら心の問題に関しては、苦しまないことも、苦しませることも選択が可能なのです。

（同書、一五一頁）

ここはとても大事なところです。つねに選択の余地は残されているのです。けれども私たちは、感情や身体的なネガティブな痛みについ巻き込まれてしまうと、結局そこから離れられない自分を見てしまい、苦しみそのもの不幸そのものと自分で思い込んでしまうということです。

私たちは、苦しむためにこの世に生まれてきたのではありません。
どうぞ、苦しみを摑んで離さないなどということがありませんように。
どうぞ、心が穏やかに保たれますように。

（同書、一五二頁）

私たちが抱える簡単ではない問題のひとつは、苦しみをつかんで手放さないということです。「結局、私はこんな運命のもとに生まれ来たんだ」と思い込むことで自分を閉じ込め、開き直ってしまうような場合です。そうすると楽になるのです。なぜかというと、不幸や苦しみが生じるのは、そのような運命に生まれたのだから仕方がないということで解決できるからです。「私の周りは皆敵だ」と思い込んだら、自分が誤解されたり非難されたりしても、周りの人たちはみな私の敵なのだからそうなるのはあたりまえだ、と思うことで楽になるということです。しかしこれはまったく自分が作り上げた錯覚にすぎないということです。そうすると結局、私たちは錯覚という砦を自分の周りに築いて、その中の安全地帯で生きてしまいます。これは真のコミュニケーションを自分の方から断ち切ってしまうことになります。しかし、これが楽だから、このような生き方を選ぶ人がどれだけ世の中にいることでしょうか。これが、苦しみをつかんで離さないという生き方です。こういうところにも気づきなさい、ということです。

気づきの瞑想によって、「苦しむ人」から「苦しみを観る人」への変化が訪れます。気づきそのものには、男女の差別もなく、正誤もなく、苦楽もなく、分け隔てがありません。

（同書、一五二頁）

気づきには何の格差もありません。またまったくの存在肯定ですから、正しいも誤りもないということ、ただ気づくだけです。ですから、アガペを生きるというのは実は次元が違うということです。同じような愛を表す、エロス（性愛）、フィリア（友愛）、ストルゲー（母子愛）などのギリシア語はすべて水平次元のこと（トマス・アクィナスの存在論ではエンスの世界のこと）ですが、無償・無条件の愛であるアガペは次元が違うのです（トマスの存在論ではエッセの次元）。ですから、同じ次元で存在肯定していくのではなく、次元を超えたところで存在肯定していくのがアガペだということです。

すべての現象は「仮」なるものとして私たちの前に起こってきています。それに執着して苦しむことなく、かといって、その現象を軽んじることもありません。それに気づき、観察し、穏やかな安らぎの心で、私たちに与えられたこの世での役割を果たしていく、それが私たちの人生の努めといえるのではないでしょうか。

（同書、一五二頁）

カンポンさんはこのようにまったく心が自由になってから、五体満足だけれど心に問題を抱える人たちのスピリチュアル・アドバイザーになっていきます。寝たきりですが、支援する人たちが出てきて、電動車椅子も用意され、カンポンさんも短い時間だったら自分で右手を使って移動することもできるようになります。

カンポンさんの最後

カンポンさんは、こうしてスピリチュアル・アドバイザーとして支援者の助けで各地に出かけ活躍していくのですが、二〇一六年の四月にC型肝炎と肝臓がんで亡くなります。体の不調からそのことが分かり、再び入院するのですが、ベッドからメッセージを発信し続けました。これを死の直前まで行います。自分の生と死を見つめながら、同時に離脱した境地から生と死についてまったく穏やかに語っていきます。こういったことは、タイ人と結婚した日本人でカンポンさんの本を翻訳した浦崎雅代さんという方が、カンポンさんのメッセージを日本語に直して、自分のブログにずっと載せていました。

カンポンさんは、亡くなる直前までメッセージを発信し続けますが、その中にこのようなものがあります。

心が苦しみから離れていると、私たちは手放すことができるのです。
病む人はいない。

痛む人もいない。

あるのは「死ぬ人のいない死」だけなのです。

（カンポン・トーンブンヌム『身体に障害はあっても、心まで障害を持つ必要はない。今日から始める「死んでいく練習」』浦崎雅代訳、イケハヤ書房、電子書籍、二〇一七年）

とても深い言葉です。「病む人はいない」というのはそこに病があるだけ、「痛む人もいない」というのもそこに痛みがあるだけということです。カンポンさんの死を看取ったタイのバンヤーパティポー師は「いのち尽きる瞬間まで気づきを保てる人に出会えるのはとても困難なことです。しかしカンポンさんはそのような方でした」と述べています（カンポン・トーンブンヌム『いのちの最後の授業』浦崎雅代訳、サンガ、二〇一八年）。

重い病気や障がいを得ても、最終的にはがんばってそれを乗り越えて回復した人たちの話があります。一方、カンポンさんの場合は体の不自由はまったく変わらないままです。けれども心が解放されてまったく自由になり、平和になり、そこから人々に心の自由へと至る方法を教え導いた人、また自分自身の死についても最後まで見つめ続けた人としてほんとうにすばらしいと思います。

私たちもここから学ぶ必要があると思います。

7　テオーシスとアガペ――諸宗教対話への道

テオーシスとして「アガペの人」になる

私たちが目指す道、キリスト教的ヴィパッサナー瞑想をとおして何を目指していくのか、それはアガペの人になることです。このアガペの人になるために、神の似姿として創られた私たちがその似姿性をもう一度、自分において取り戻し完成させていく道だということです。これを深い神学思想で表したのがギリシア教父たちで、それを「テオーシス」、「神化」という言葉で言い表します。その中身は、「神は人となった、それは人が神となるためである」という言葉にまとめられます。その言葉の後半の「人が神となるためである」には驚くべき思想があります。カトリック教会、プロテスタント教会も含めて西方教会の人たちにはあまりなじみのない考えですが、東方教会の中心思想、神学思想であって、こういう点を学ぶ必要があります。

聖書の中で見ていくと、ペトロの第二の手紙一章四節です。新共同訳では「神のすばらしい約束」という項目の中に入っていますが、キリストは私たちにこんなすばらしい約束をしてくださっています、という文脈の中での表現です。

この栄光と力ある業とによって、わたしたちは尊くすばらしい約束を与えられています。それは、あなたがたがこれらによって、情欲に染まったこの世の退廃を免れ、神の本性にあずからせていただくようになるためです。

（Ⅱペトロ一・四）

この「情欲」という言葉も、エゴに染まった私たちということです。パウロの言っている「肉」という言い方がありますが、それは単に肉体ということではなくて。神から離れ、この世的な生き方に染まっている人間のことを「肉の人」と言います。それに対して神に目覚め神を中心にして生きようとしている人のことを「霊の人」と言います。ペトロの手紙でも似たような観点で、「情欲に染まった」はパウロの「肉」に置き換えて理解できるでしょう。私たちのコンテクストでいくならば、「エゴに染まったこの世の退廃を免れ」と言い換えられます。そしてペトロの手紙の「神の本性にあずからせていただくようになるためです」が非常に大切なところです。

もう一箇所、旧約続編の知恵の書二章の終わりの二三節に「神は人間を不滅な者として創造し、御自分の本性の似姿として造られた」とあります。神は自らの本性の似姿として人間を不滅な者として創造されたとの理解です。

私たちのこの似姿というのは神の本性の似姿、そしてキリストは私たちの救いとして、神の本性に与らせるという約束です。ですからそれは単に「罪からの贖い（あがない）」とか罪に縛られた奴隷状態から私たちが解放される――ラテン語で「レデンプチオ」と言われますが――というレベルだけで終わらない救いが示されています。西方教会はどちらかというとレデンプチオ・贖いの方に焦点を当てています。

それに対してギリシア教父、東方教会はイエス・キリストによってなされた救いを一層豊かなかたちで理解しているということです。人間は、神の本性の似姿として創られた不滅性を持っていたのに、アダムとエバの神への背きによってその似姿を失い、そして不滅性、つまり死なないということを失ってしまい、人間は死すべき存在としてこの世に留まる者となったということです。それに対してイエスが到来し、その似姿を再び取り戻す道を私たちのために開かれた、これが救済だということです。ですからここにはとても豊かなイエス・キリストの救いが示されていて、それをひとことで言うならば、「神の本性に与らせる」ということです。これをギリシア教父たちは、「神の第二のペルソナは人となった。それは私たちが神となるためである」と表しました。驚くべき表現ですが、それは私たちが神の本性に与るものとして創られたその似姿を、似姿において完成させるということであって、それは全知全能の神に私たちがなるわけではありません。

テオーシスと仏性、日本人のメンタリティ

こういう観点からテオーシスの神学思想を見ていくと仏教思想と通じるところが見ていけます。ヴィパッサナー瞑想は上座部仏教由来のものですが、仏教の中にはあらゆるものは仏性を持っているという考えがあります。「国土草木悉皆仏性」という言い方があります。それは単に生

きとし生けるものだけではなく、あらゆる存在するものは仏性を持っている、「ブッダフッド」（Buddhahood）を持っているということです。こういうところは興味深いです。

これとテオーシスは似ていると感じます。つまり、あらゆる存在は神性を持っているということです。こういう点は人間肯定論としても見ていけます。西方教会はどちらかというとペシミスティックな人間理解が強いですが、それだけではなく人間肯定論の要素が強いギリシア教父や東方教会の神学思想に学ぶことがバランスを取るためにも大事と思います。

そしてやはりこれは私の実感ですが、日本人のメンタリティにもっとも合っていると感じます。罪、罪、だったらもうちょっといやになってきます。日本人には自然と対決するという思想はありません。自然の豊かさを感じ、自然の中に育まれ、私たちは自然の中で生かされてきた、という感覚が強いです。

それを表す代表が神道です。私たちは死んだらどうなるのか、山や川を育んでいる大きな命に帰っていく、こういう思想です。決して自然を敵視するというような、砂漠の思想ではありません。典型的なヨーロッパの庭は見た目ですぐ分かりますが、とても人工的です。そこには自然を支配するという考えがうかがえます。

しかし日本ですばらしいのは、借景と言ったりしますが、自然を真似たものを良しとする考えがあり、ここに感覚の違いがあります。曰く言い難し、そういうところの中に深い神秘を見ていくとか、日本人の中に言語表現することに何か薄っぺらさを感じたり、との感覚があると思います。

言葉化してしまうとそれはほんとうのところから離れてしまうという感覚を日本人はメンタリ

ティとして持っているように思います。いわゆる西行法師の有名な歌の「なにごとのおはしますかは知らねどもかたじけなさに涙こぼるる」という感覚です。曰く言い難しの中に神秘を感じとって、曰く言い難しを言語表現してしまうとそれから離れてしまう感覚ということです。このようなメンタリティはもっと大事にしていいのではないかと思います。グローバリゼーションの中ですべてを言語表現するという風潮が見られますが、ほんとうの現実は神秘であり、それは言語化を超えるということを見抜くのがヴィパッサナーですから、その点から日本古来のメンタリティをもっと評価してよいでしょう。

そして今、第二バチカン公会議以降、「インカルチュレーション」(inculturation 文化受肉)ということが大事にされています。そのインカルチュレーションという点から日本人が世界のキリスト教に対して貢献をしていく、このような観点をもっと大事にしてよいと思います。特にそれは教皇フランシスコの回勅『ラウダート・シ』から見ていっても非常に大事です。日本人は回勅に示されるかたちで自然と共生をするメンタリティを持って生きてきたところがあります。

一方で、逆に言うと日本人のメンタリティは論理が弱いのです。つまり究極を見抜いて、究極を言語化して明確にして、それを目標として立てて生きるという点ではとても弱いということです。たとえば興味深いのは、江戸時代まで牛を殺して肉を食べるというのはまったく御法度ですが、ヨーロッパ人が来て肉を食べることを持ち込んで、結局、明治維新以降、富国強兵策によってヨーロッパに追いつけ追い越せという発想がどんどん日本の中に入ります。それは時代の要請ということもあったかもしれませんが、その中で日本人が本来持っている豊かさ、良さを失っていってしまったということです。ここは大事なところですが、それぞれの持つ良さから私たちは学んでいく必要があると思います。

たとえば論理性とか究極性でいうと、動物を殺してはいけないとか、動物愛護というのはやはりヨーロッパから来ているのです。日本人はあらゆるものは大切だと思いながら、平気で殺してしまったりします。ほんとうに筋の通った論理というものが明確にできていません。なんとなく今ここでの雰囲気、空気を読めという感じで、右か左かを読み取ってゆくのですが、全体が見えない、見通せないのです。赤信号みんなで渡ればこわくない、というような発想になってしまいます。こういうところは良さの裏返しと見ていくことができます。

今こういうグローバルな社会や時代にあって、それぞれの良さから学んでいくということが求められると思います。そういう意味で私は、仏教の中で長年続けられてきたヴィパッサナーのすばらしさを体験をとおして感じ取りながらも、それをより深く方向性を持って、どこにこれを使っていくのか、何に向かっていくための瞑想なのか、このような観点で見ていくと、キリスト教は方向性を与えてくれ、時代に対して指針を与えてくれるということを強く感じます。そうした方向性や指針に向けて、日本人にイエスの豊かな福音を伝えていくために、見ていかなければいけないのは、ギリシア教父や東方教会の中にある豊かさだ、ということです。

トマス・アクィナス『神学大全』第Ⅲ部に見るテオーシス

　これまで度々触れてきたトマス・アクィナスも『神学大全』第Ⅲ部キリスト論の最初の部分でテオーシスについて述べています。第Ⅲ部キリスト論の第一問の第二項「人類の回復のために神のことばが受肉することは必要であったか」（山田晶訳、創文社、一九九七年）で論じられているところです。必要であったということで、神が受肉する必要はなかったという議論への反論というかたちで書いています。「神が人となる」受肉が必要であることを「受肉が人間を善において向上させるという観点から考えることができる」と述べています。つまり神が人となることをとおして人間をより善のほうに向かわせていく、成長させていく、そのためだ、ということです。その観点をトマスは五つ挙げています。

　五つの観点の一番目は信仰をより豊かにしてゆくため、二番目に希望を確かなものにもっていくため、そして三番目に信望愛の愛、対神徳と呼ばれるものですが、「愛について言えば、愛は受肉によって最高度に燃え上がる。つまり神の愛の限りなさを見えるかたちで示してもらうことをとおして、神への愛というものをほんとうに豊かにしていくことができる」と述べます。四番目は正しい行いをしていくためということです。

　そして五番目です。「神性に十分にあずかるということに関していえば、これこそが真に人間の至福であり、人間の目的である」とはっきりトマスはここで言っています。つまり神性に十分にあずかる、そのために神は人となられた。これこそが真の人間の幸福であり、そして人生の目的である、これが「われわれにキリストの人性をとおして与えられたのである」ということです。そして続けて「そこでアウグスティヌスは主の降誕についてのある説教において言っている。『神が人間となりたもうたが、それは人間が神になるためであった』」と述べます。トマスは『神学大全』という彼の主著でこのようにはっきり言っています。こういうところを私たちはもっと大切にしていっていいと思います。

私の話からトマス・アクィナスに少しでも関心を持った方に、ぜひ読むのを勧めたいのが東京大学のトマス研究者である山本芳久さん（一九七三―）の『トマス・アクィナス――理性と神秘』（岩波新書、二〇一七年）です。

ここに今挙げたところをはっきりと分かりやすいかたちで山本さんが解説をしています。「受肉の神秘の多様な働き」という中での五番目の観点で、日本語の訳が若干異なっていますが山本さんの訳では「第五に、真に人間の至福であり人生の目的である、神性に充分に分け与ることに関する限りにおいてである。このことは、キリストの人性を通じて我々に授けられた。というのも、アウグスティヌスが主の降誕についてのある説教において述べているように、『神が人になったのは、人が神になるためであった』からである」（同書、二六四頁）となっています。

これを説明して「第四点の、人間の模範としての神人キリストという観点については、特に説明を付け加える必要はないだろう。多くの読者にある種の衝撃を与えると思われるのは第五点だ。『神が人になったのは、人が神になるためであった』というのは、とても大胆な言葉である。だが、これはアウグスティヌスのみではなく、キリスト教の教えの基礎を形作った古代末期の教父たちの多くに共通の見解であった」と言っています。
「とはいえ、もちろん、人間は文字通り神そのものになるわけではない。トマスはそのような誤解を防ぐために、『神性に充分に分け与えること』という言い換えを行っているのだ」(同書、二六五頁)

これは、「神が人となる」というのは、神という本質が損なわれる、つまり劣ったものになるからということで、そんなことはありえないという反論があり、それに対してトマスの回答は方向がまったく違い、人間性が神性に受け入れられるのだ、という理解です。神の本性は損なわれずに、人間性が神性に与ることによってそうなっていくという観点は、イエス・キリストにおける神秘は私たちにおける神秘であるという神学理論につながっていきます。イエス・キリストにおける神の受肉というのはイエス・キリストだけではなく、あらゆる人がこの神性に与ることができるということです。ただし、私たちの場合は神の恵みの賦与によってということになります。

しかしイエス・キリストの場合は、人間イエスのエッセは人間のエッセではなく神のエッセです。これはすでに説明したところです。ここにイエス・キリストと私たちが違うところがあります。私たちのエッセは人間のエッセであり、私、柳田敏洋という人間のエッセです。けれども神の恵みをとおして人間のエッセであるのに神性に与るものになるというのです。これは神の自由な恩寵の恵みによってであり、決して人間の努力ではありません。これが、恵みとしての光がどんな人にも一人ひとり与えられている、こういうことです。

山本さんは「トマスが述べていることを、あえて短くまとめて言い直せば、次のようになるだろう。すなわち、創造者である神御自身が、自ら人類の一員となることによって、人間との緊密な絆を確立し、そのことによって、人間が神との密接な関係性へと入っていく――神性に充分に分け与る――可能性が開かれた」（同書、二六五頁）と書いています。つまり人間の中にある驚くべき可能性をイエス・キリストの受肉という神秘が私たちに示しているということです。

キリスト教をテオーシスから深める

私たちはもう少しキリスト教の中心を本質的なところからとらえ直していく必要があると思います。たとえば東方教会は主のご変容を大事にしています。それは復活をイメージするものだからです。そして復活は非常に大事にされています。もちろん十字架も大事にされているのですが、どちらかというと私たちの西方教会の場合はシンボルが十字架です。しかし東方教会はご変容、あるいは復活のイエス、またパントクラトールと言われますが「万物の支配者イエス・キリスト」をイメージしたイコンが多く見られます。十字架の苦しみを経てついに神の命そのものに与かった栄光のキリストを中心にするということです。そしてそのイエス・キリストによって示された神の似姿の完成の道を、私たちもイエス・キリストをとおして歩むことができる、このようなところに救いの豊かさが私たちに示されているということです。

私は広島に都合一八年間いました。広島というと、安芸門徒といって浄土真宗が非常に強い地域ですけれども、私がこのような瞑想を手ほどきしていると、カトリックの神父が仏教の瞑想を教えていると興味を持った人たちが集まってきました。参加者の中で、会社を経営している浄土真宗の男性がある時の分かち合いで、「私は小さいころにキリスト教の教会に入って正面を見たら、磔（はりつけ）にされているキリスト像を見てショックを受け、それがトラウマになりました」と話され、「大人になってからもです。もちろん、キリスト教への関心からキリスト教を学び、イエス・キリストの贖いの神秘がその十字架に表れている、それは神の限りない愛の姿を表すものだと説明され、頭ではよく分かっているのですが子供の時に受けたショックというものはいまだに残っています」と正直に話されました。この方のようにイエスの贖いの十字架というメンタリティは日本人にはなかなかピンとこないようです。

これは個人差、民族差、国民性があるということです。私も、スペインに行った時に見た全身血だらけの受難のキリスト像を見て、生理的にはもう見たくないという感じでした。こういうような像が平気で置かれています。感覚が違うなと思いました。やはり自然との対決ではなくて、自然との間に豊かな調和や協調を感じ取る感性、自然に育まれ生かされている感覚を理屈抜きに持つ日本人の感性やメンタリティに応じたキリスト教というものを探求していく必要があると思います。

そこでまた気をつけなければいけないのは、勝手に日本人のメンタリティに合わせて、迎合し、妥協型でキリスト教を改変するなどということではなく、イエスを深く見つめ、「空の鳥を見なさい、野の花を見なさい」と教えるイエスの心の中心に立ち返っていくことが大切です。その豊かさをギリシア教父や東方教会は大事にしており、それから学んでいくということです。

「すべての人は仏性（Buddhahood）を持っている」は仏教ですが、それと同じように「すべての人は神性を持っている」と言い換えることができるかと思います。少し簡単に言いすぎているところもありますが、「神性を持っている」というのは、神性に与る恵みを一人ひとりがすでに受けているということです。これはとても豊かな世界で、このような点をもっと取り戻していく必要があると思います。

そして私には、瞑想体験の深みと符合するからそのように考えられるということです。エゴに染まっている私ですが、「エゴに染まっている私」と「エゴに染まっている私を決して裁かず、責めずに気づく私」を無心で持つことができるということです。そしてこれを進めると気づきがさらに深まっていく、ということが実際に瞑想修行の中で生じてきます。

こういう内的体験を言語表現するとしたら、ギリシア教父や東方教会の示す豊かな言語表現の中に見出していくことができます。もちろん私たちが信仰を受けたカトリック教会、西方教会の中にも豊かさがあるのですが、お互いが学び合うことが大事です。この時代に信仰を私たちが自分のものにすることをとおして、現代世界、特に日本社会にもっと響くキリスト教というものを見出し育んでいくことが私たちの責務ではないかと思うのです。

〝「無」なる我〟

自己について少し加えます。私たちは感覚や感情や思考といったものを持って生きているのですが、私たちの問題はこのエゴと感覚、感情、思考を重ねてしまうことです。エゴが痛みとひとつになる、怒りとひとつになる、決めつけや思い込みと自分をひとつにしてしまい、それでエゴが肥大し、苦しむということです。

それに対しヴィパッサナー瞑想は、エゴから離れたもうひとりの私が、あるがままに痛みや怒りの感情や決めつけの考えを、価値判断を一切持ち込まず裁かずに見ていき、存在肯定していきます。これが根源意識ということです。ですから、これは「観察」(observation) ということです。誰が観察しているのか。それはもうひとりの私が、ということです。これは意識体験することができます。気づきの瞑想体験を修行で深めていくことができます。

そうするとどうなるかというと、これは私の体験でもあるのですが、まず、〝この私が呼吸による鼻孔内部の皮膚粘膜の感覚に気づいている〟、〝私が長く座り続けていると膝に痛みを感じて、痛みと自分をひとつにせずに、離れたところから私が、痛みと名づけられた感覚現象を観察している〟ということが瞑想できるようになります。

ところがさらにそれを深めていくと、観察している私が落ちていくのです。消えていきます。ここには何もない、無です。私という意識が一切落ちた中で、鼻の皮膚感覚に気づき続ける、脚の、膝の痛みに気づき続けます。そこには概念は何もありません。痛みと名づけられていた感覚現象に目覚めている、つまりここでは感覚と名づけられた現象に気づきがあるだけです。ここには我なるものは何もなく、ただ感覚現象と目覚め (気づき) があるだけです。

ですからここには観察している私というものは何もなく、反省意識も何もありません。あるがままに目覚めています。しかし、大事なことは、気づきが感覚現象に没入しないということです。没入するとそれは融合になります。そうではありません。融合つまり、同化するのではなく、両者が分かたれていて、しかしまったくそこに距離がなく、感覚そのものに目覚めていて、その目覚めがあるだけ、このような境地が現れます。つまりこれを別の言葉で言えば、不一不二（ふいつふに）です。距離があるのでもなく、合一するのでもなく、目覚めがあるだけです。瞑想が深まっていくと、こういうことが体験として生じるということです。このような体験の場にあるのが〝「無」なる我〟です。無だけれどもそれは私であるということです。

このように気づくことができるのは、まさに〝「無」なる我〟に聖霊の働きがあるからです。「働き」をギリシア語で「エネルゲイア」と言います。「神は絶対の超越であるのに、なぜ被造物に接することができるのか」、この問題は古代の神学上の大きな問題でした。それについてギリシア教父や東方教会の系統の中で生み出されてきた概念がエネルゲイアです。聖霊のエネルゲイアは直接に被造物に働きかけることができます。このようなあり方で絶対の超越である神は被造物に働きかけることができると考えました。

しかしこのエネルゲイアは神の本質ではありません。もしこれが神の本質であるならば、神の絶対の超越性が損なわれることになります。神が被造物に働きかけるとしたら、それはエネルゲイアによってであり、エネルゲイアは神の本質ではないが、神の本質に付帯するものとして被造物に関わるということです。こういうかたちで聖霊のエネルゲイアが私たちに及ぶことをとおして、私たちがそれに協力する仕方、すなわちあるがままに自分を計らわずに気づく時に、ここにアガペの働きの源である聖霊が私たちの中に現れる、ということです。直接ではなくエネルゲイアを介して聖霊と私が共鳴し合うのです。

そこでヒュポスタシスの理解です。〝「無」なる我〟の「無」が私の理解するヒュポスタシスです。つまり〈私・性〉です。それは無にすぎない、目覚めそのものであり、言葉や概念が生じる前の目覚めそのものとしての私です。言語表現をまったく超えます。しかしそこからあらゆる言語表現を超えて、世界をまったくあるがままに、裁かずに見ることができるのです。

こういうところに瞑想修行をとおして目覚めていく時に、このような営みを説明する神学思想として、テオーシスの思想は非常に優れていると思います。

東西両教会の救済理解の違い

つぎに別の観点から話したいと思います。「救い」ということについてです（次頁図参照）。とても大雑把な分類ですが、イエス・キリストによる救いを「東方教会（ギリシア教父）」による救いと「西方教会（ラテン教父）」による救いとに分けた場合、西方教会では、救いをひとことで言い表すなら、それは「贖い」による救済です。ラテン語で「レデンプチオ」（Redemptio）です。奴隷になっていた人が身代金を払ってもらい解放されて自由になるというのがもともとの意味です。英語では redemption です。これはイメージとして、マイナス状態、つまり罪に縛られていた罪人の状態から解放されること、あるいは病気の状態から病気が癒されて健康を取り戻す、こういうようなイメージです。ですからマイナスからゼロに向かう、というイメージです。イエス・キリスト

キリスト教における救いの理解

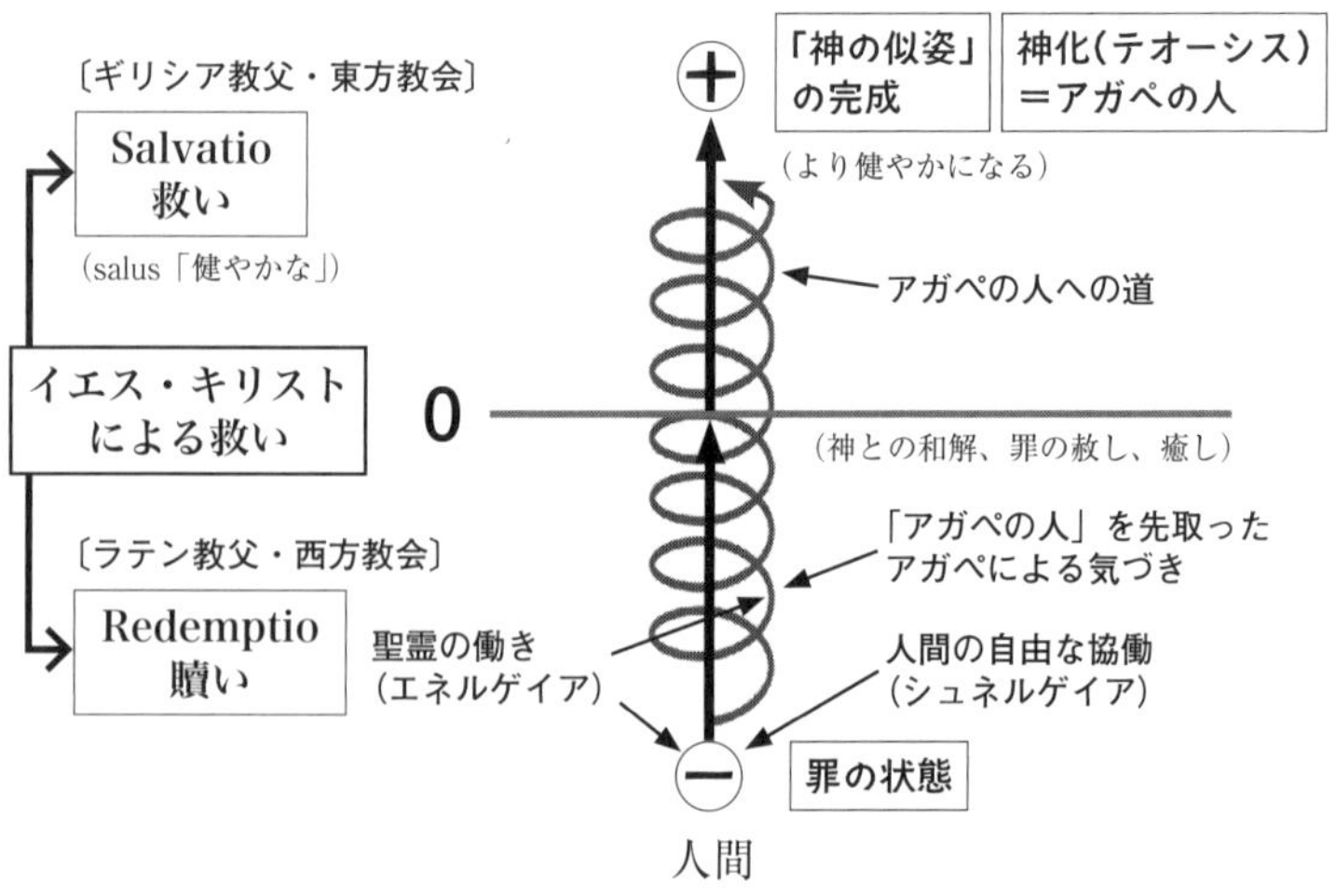

の十字架上の贖いということを救済の中心に置くのが西方教会です。とても粗いですが、大きく分けると、こういうことです。罪に縛られた状態から心が解放されて自由な心になっていく、ここに神との和解も成立します。そういう意味で贖いは重要な概念です。

しかし東方教会はこれよりさらに先を行くのです。東方教会の救いの概念をひとことで言うと、ラテン語で「サルヴァチオ」（salvatio）で「救い」です。英語で salvation です。このサルヴァチオは、ラテン語の「サールス」（salus 健やかな）という形容詞から来ていると言われています。サールスというのは、「サルート！」のように、乾杯の時に「皆さんが健康でありますように」、「健やかでありますように」と言うようなイメージです。つまりサルヴァチオというのは、「より健やかになる」という意味です。単に病気が癒されるというのではなくて、健康を取り戻して、さらにその健康が増していく、という意味合いです。

私たちが通常持つのは、罪にまみれていた私がその中から救い出される、というイメージです。それはそれで大きな救済です。しかしその先はどうするのですか、という問題が出てきます。ルンルン気分でまたエゴが現れたら、これは元の木阿弥です。そうではなくて、健康を取り戻した私はこれから先どうしていきますかという問題です。それがプラスの状態になっていくこと。つまり、マイナスの状態からゼロに戻るだけでなく、そこからプラスの道を進んでいくということ、すなわち神の似姿の完成に向かうことです。そしてそれは「アガペの人」になることです。健康を取り戻し、罪から解放され自由となったその私は、取り戻した健康を生かし、自由を生かして、アガペの人となる道を歩んでいく、ということです。

ここでとても大切なのは、自力だけで歩むということではなく、ここには最初から聖霊の働きが及んでいる、ということです。その聖霊の働きに目覚めて、信じて歩んでいくというのが、人間の自由意志による協働です。これをギリシア語で「シュネルゲイア」と言います。すでに与えられている聖霊のエネルゲイアに対して私たち人間が協働していく、シュネルゲイアしていく、それがこの道を進ませるということです。

もちろん一直線ではなく、行きつ戻りつがあるのですが、少しずつこの道を歩んでいきます。つねに変わらぬ聖霊の恵みの働きに対して、しっかりと目覚めて協力をするというやり方をとおしてこの道を歩いていきます。自力だけでもなく、すべて聖霊まかせでもありません。ここには絶妙な協力があるということです。私たちが置かれているのはこういう道なのです。これは現代人に説得力があるのではないかと思っています。自力でやってしまうとまたエゴが生じていろいろ大変なことになります。すべて他力本願であなたまかせにしてしまうと、人間にある自由意志を開花させることができません。自由意志は、すでに与えられている神の恵みを見分け、その恵みに響くように私が選んでそこに向けて努力していくことにあり、ここに聖霊に協働する人間の大切な道があるということです。

たとえばその協働のひとつが気づきです。気づきは私の意志です。すでに紹介したように名古屋大学の大平英樹さんの話では、私たちの脳は集中が苦手であり、自分の都合のいいように決めつけやすい傾向を持っています。しかしそれを脇に置いて、アガペそのものである神に近づいていくために、アガペの心をもって、今、目の前にあることに気づきを入れていく、こういう道です。これは簡単ではない修行の道です。気づきの自転車をこぎ続けることです。けれども徐々にそれに慣れていくことができます。たとえば幼児期に、四つん這いから二足歩行にいく時には大変だったのに、今はまったくすたすたと歩めます。それと同じように気づきの力をアガペに基づいて豊かにしていくことができます。その修行のひとつがキリスト教的ヴィパッサナー瞑想ということです。

私たちはこの東洋の端の日本という地にあって、国内で非常に少数派として人口の〇・三パーセントしか日本人カトリック者はおらず、プロテスタントと合わせても一パーセント、という中でキリスト者として生きています。しかしキリスト教の本質にはとても豊かなものがあり、それをふさわしいかたちで修行し、霊的に本物になっていく必要があるでしょう。

ジャック・デュプイの諸宗教の神学

インカルチュレーションに関してぜひとも知ってもらいたいのが、イエズス会の神学者ジャック・デュプイ（一九二三―二〇〇四）が書いた『キリスト教と諸宗教――対決から対話へ』（越知健、越知倫子訳、教友社、二〇一八年）です。

ジャック・デュプイは、諸宗教においても救いは可能かという問題を徹底して神学的に探究し論じた人です。原著は二〇〇一年に出版され、翻訳が待ち望まれていたのですが、ようやく二〇一八年春に出ました。サレジオ会の阿部仲麻呂神父が監修者で非常に詳しい注がついています。私はこれを読んでとても感銘を受けました。今、宗教多元主義ということが言われています。いろいろな宗教学者がこれに取り組んでいて、カトリックの中でも取り組まれています。

キリスト教では、イエス・キリストを救世主と信じる人は救済に与ることができると教えます。では仏教徒では、ヒンズー教徒では、あるいはイスラム教徒ではどうなのか。その人たちには救いがあるのか、ないのか、という根本的な問題です。その中でひとつの潮流となってきたのが宗教多元主義です。それは本物と思われる伝統的な宗教においてはどの人も救われる、このような宗教理論です。

それなりに興味深く意味があるのですが、それではイエス・キリストによる救いはそのような宗教多元主義の中ではどうなるのか、という問題があります。そうなるとキリスト教も単なる、伝統をもつ世界宗教のひとつにすぎないことになります。つまりそれはキリスト教の相対主義になるのではないか、ということです。

それに取り組んだのがジャック・デュプイです。彼はベルギー人ですが、イエズス会に入って、若くしてインドに送られ三六年間宣教活動をします。その中で神学的な素養があり優秀だったので、インドにあるイエズス会の神学院の神学教授として教えるようになり、またさまざまな諸宗教の人たち、ヒンズー教の人、イスラム教の人、仏教の人たちとの出会いの中で、人格の優れた宗教者に出会います。そのような個人的な体験も含めて諸宗教を見ていく時に、キリスト教以外の宗教の中にも救いの可能性を見ていくべきだという観点から彼は諸宗教の神学を展開していきます。

やがて彼はローマに呼ばれイエズス会のグレゴリアン大学の諸宗教神学の教授に就任して研究を続けます。『キリスト教と諸宗教』の前に、一九九七年に専門的な本を出したところ、それがバチカンの教理省の調査に引っかかりました。時の教理省長官はラッツィンガー枢機卿、後の教皇ベネディクト一六世です。そのラッツィンガーのもとで二年半査問を受けます。そこでは、あなたの書いた著作には読者に誤解を与えかねない曖昧なところがある、との嫌疑から厳しい査問を受けますが、その中でデュプイはさらに丁寧に考察を繰り返し、誤解がないようなかたちで自分の考えを説明しました。最終的に二年半後に嫌疑が晴れて、時の教皇ヨハネ・パウロ二世から先駆的な業績をあげたとして評価されます。『キリスト教と諸宗教』は全部で五〇〇頁の大きな本ですが、専門書ではなく一般の人向けに書かれた本です。こうして本書は先の査問を踏まえて書かれました。こういうことが阿部仲麻呂神父さんの解説に丁寧に紹介されています。

では、デュプイが本書で展開していることの概略を説明していきましょう。世界には多くの伝統宗教があり、キリスト教もそのひとつです。イエス・キリストによる救いを中心にしながらも、同時にその他の宗教の中にも救いを見ていくという神学理論を彼は展開します。ここにすばらしい点があります。そういう意味で、私はとてもバランスが取れていると思います。

普遍的救済の根拠となるロゴス・キリスト論

キリスト教によるならば、私たち人類はイエス・キリストによって救われます。けれども、そのイエス・キリストの救いの恵みはどの宗教にも及んでいる、とこのように考えます。それがロゴス・キリスト論です。神の第二のペルソナはロゴスであるということです。そのロゴスが肉となった、それがイエス・キリストです。ジャック・デュプイは丹念に旧約聖書と新約聖書を繙いていくのですが、その神の第二のペルソナは創造の最初から、歴史の最初から世界全体に及んでいたと論じます。それははっきりとヨハネ福音書のプロローグのところに書かれています。「万物は言によって成った」（一・三）。あらゆるものはみことばによって、ロゴスによって創られたということです。

つまりロゴスという働きかけはもう最初からあり、それは世界にあまねく及んでいるということです。世界が創られたのはロゴスをとおしてだからです。このように、神のロゴスの働きが歴史の最初から、世界のあらゆるところに及んでいた、と論じていきます。それを、教父を引用しながら説明していくのですが、ユスティノス（一〇〇頃―一六五頃）のロゴス種子論、ロゴス・スペルマティコスと呼ばれるものです。種子としてのロゴスがあらゆる人々にすでに播かれていたという考えです。それ以外にもエイレナイオス（一三〇頃―二〇二）のロゴス論とか、アレクサンドリアのクレメンス（一五〇―二一五）のロゴス論も引用しながら、ロゴス・キリスト論の考えを活用しますが、そのロゴスは宇宙の、歴史の始まりからあらゆるところに及んでいた、そしてそれは旧約時代もそうだということです。

キリスト教のひとつの問題は、イエスのわざによって人類に救いがもたらされたのですが、ではイエスが現れる前の旧約の義人たちの救いはどうなのかという問題です。アブラハムは、モーセは、イザヤは、エレミヤはどうなのかということです。これまでは、そういう人たちは古聖所（こせいしょ）というところに一時留め置きされ、イエスが天国の門を開けた時直ちに天国に入ると説明されていました。けれども、そうではなく、神のロゴスそのものは宇宙、歴史の始まりから及んでいたとするなら、そして義人と呼ばれる人たちにも、一人ひとりにこのロゴスが働いており、そのロゴスに目覚めた人が、ロゴスに響く生き方をしていたとしたら、その人はロゴスによる救いに与ることが可能だということです。デュプイによるならば、旧約の義人たちはすでに救われていたということです。それをはっきりと明示したのがイエス・キリストです。イエス・キリストはカルケドン公会議で示されたように、まったき神、そしてまったき人として私たちに現れ、この救いのわざは真実であることを証（あかし）したということです。

非常に興味深い点は、イエス・キリストに受肉したのは神のロゴスです。ではその時にロゴスとして働いていたのはイエスだけかというと、そうではないのです。ロゴスは神そのものです。そして神は人間性に限定されないので、そのイエスと同時にロゴスの働きは続いていたと理解します。

そしてイエスの復活という出来事の後もこのロゴスの働きは続きます。そこでこのような観点から世界の宗教を見ていくならば、先ほどの義人と同じように、たとえばヒンズー教の人がロゴスの働きを内的に感じて、それをヒンズー教という宗教の枠組みで言語化していく、組織化していく、そういうかたちでヒンズー教という宗教が紡ぎだされたとしても、そこにイエスのロゴス、つまり第二のペルソナであるキリストのロゴスが働いている可能性は充分考えられます。なぜなら神の救済の意志は無限であり、「神は、すべての人々が救われて真理を知るようになることを望んでおられ」（Ⅰテモテ二・四）るからです。

宗教の評価基準としてアガペ

それは分かるとして、世界の宗教を見たら、非常にあやしげなおかしな宗教がある、たとえばオウム真理教などです。そういうものはどう考えたらよいのかという問題があります。それに対してデュプイは評価基準というものを出します。ある宗教が成立し、それがキリスト教とは違うかたちで現れた場合、それが神の第二のペルソナであるロゴスの働きによるものなのか、そうでないのかというものを見分ける基準です。その基準はアガペがあるかどうかです。真正な宗教であるかどうかの評価基準はアガペがそこに見られるかどうかにあるとデュプイが書いているところを読んで私はとてもうれしくなりました。私の考えと同じだったからです。神を信じているか信じていないかに何の関係もなく、その人が真実に掛け値なしにアガペを生きているかどうか、これを中心としています。

そこにある宗教の中に見られるものがアガペを目指しているか、アガペの人として生きることを真の宗教性として理解しているか、こういう点です。それがその宗教に認められたら、そこにイエス・キリストのロゴスの働きが確かにあったと認めてよいのではないかということです。これはとても大事な点だと思います。

たとえば、江戸幕府による禁教令のもとで二五〇年くらいキリシタンたちは司祭なしに生きる中で、何代も何代も信仰を守り抜き、最終的に大浦天主堂のプチジャン神父のところにある信徒の一団が現れて、もう一度カトリックに戻るということになります。しかし、ある研究者は迫害時代の隠れキリシタンたちのキリスト教信仰は変質してしまった、真実なキリスト教ではない信仰を持っていたにすぎないのではないか、と言う人もいます。その可能性は充分あります。まったく違う土俗的な宗教要素と混交してしまう「シンクレティズム」(syncretism) のようなものです。その可能性はあるでしょう。

しかし、もしもデュプイの諸宗教神学から見るならば、そこに聖職者がいなかったとしても、ロゴスは確かにその一人ひとりに働いています。そしてその人たちの信仰をとおしてそのロゴスの働きがその人たちの中に現れて育まれていき、その人たちがアガペを大切にしながら生きているならば、見た目のかたちは違うかもしれませんが、真実な信仰をロゴスにおいてその人たちは生きていた、と神学的な判断が可能になります。

これが諸宗教の神学、受肉の神学です。であるとするなら日本の宗教の中にいろいろなものがあっても、私たちはこういったデュプイの考えを適用することで、その人たちが真実にエゴを超えてアガペの人として生きる、そういうことを目指す宗教であるならば、いくらでも宗教協力をしていくことができます。そしてその人たちをキリスト教に改宗させる必要は何もありません。そういうことでかえって不要な緊張や摩擦や対立を起こすとしたら何の意味もありません。このような過ちをキリスト教は犯してきました。歴史からしっかりと反省しなければならないと思います。

キリスト教内部のアガペに反する行為

たとえば、ローマ帝国のもとで迫害によって多くの人が殉教しました。コンスタンティヌスによってキリスト教が認められるまでの約三〇〇年間、どれくらいの数の人が殉教したのかいろいろ見解がありますが、実際は想像されるよりそんなに多くはなく、およそ数百人から数千人であったろうと言われています（ロドニー・スターク『キリスト教とローマ帝国』穐田信子訳、新教出版社、二〇一四年、二二六頁）。しかし宗教改革の後、カトリックとプロテスタントに分かれて反目し、時に殺し合いが生じましたが、その例のひとつが聖バーソロミューの虐殺と呼ばれる出来事です。一五七二年の八月二四日、聖バーソロミューの祝日にパリでカトリック信徒がプロテスタントの信徒に襲いかかり、それが地方にも広がりわずか数日のうちに五千人から二万人以上の人が殺されたと伝えられています。信じられないことです。キリストをとおして示された愛と赦しの神を信じている宗教の信徒同士で、たった数日で、ローマ帝国下の迫害で死んだ人よりも多くの人が仲間内で殺し合いました。これがキリスト教の歴史です。これが宗教の本質に目覚めずに、組織やセクトだけに目が行ってしまった人間の引き起こした結果です。

ローマ教皇グレゴリウス一三世はそれを知って「テ・デウム」を歌うよう命じ神への感謝を表しました。信じられないことです。しかしこれが私たちの歴史であり、エゴにとらわれてしまった宗教の現実です。しかし私たちは歴史から学ぶという知恵を持っています。ですから私たちはそこから学んでイエスに立ち返っていくのです。イエスが示した愛と慈しみの、その教えに立ち返っていくのです。本物の神とは何か、本物の神とはアガペそのものです。そういうところに私たちが立ち返っていく時に、過去からほんとうに学ぶことができ、知恵ある生き方をすることができます。今やそういう時代であるということです。

今でも自己正当化を主張する原理主義などによる揺り戻しの問題があります。そういうところを、私たちはもっと丁寧にイエスに立ち返る必要があります。私たちはティク・ナット・ハンが言うようにインタービーイング（相互存在）ですから、私たちの心にも愛があると同時にエゴから出る相手に対する憎しみがあることに気づいて、そのエゴを裁かずに、エゴを超えたアガペを意識して私自身を見つめ生きていくこと。このような霊的な修行というものが、現代世界にどうしても求められます。これなしに真の世界の平和はありえません。私たちの心のもっとも奥深くで、ほんとうの私を見出し、その私からアガペを生きていくこと、この究極が現代に求められているのです。

付論

「私」の二重構造の解明——トマス・アクィナスのエッセとエンスを手掛かりに

＊二〇一九年一二月二一日朝日カルチャーセンター新宿での山下良道師との対談を基に書き改めた。

はじめに

エゴを乗り越え、アガペを心に育むための助けになると感じ、ヴィパッサナー瞑想を応用して、キリスト教的ヴィパッサナー瞑想として私なりに取り組んできました。特にエゴの突破の道をどのようにキリスト教の枠の中で神学的に理解することができるのかという探究の中で出会ったのがトマス・アクィナス（一二二五―一二七四）です。

トマス・アクィナスは一三世紀のイタリア出身のドミニコ会司祭であり、神学者です。トマス・アクィナスの主著は『神学大全』で、長い時間をかけて日本語に翻訳され刊行されましたが、全部で四五巻という長さのものです。そのような著作を出すほどの驚くべき学識と深い信仰を彼に見ることができるのですが、その中でトマス・アクィナスが作り上げた神学の体系は非常に独創的で優れたものであることが後の研究で分かってきました。彼はその死後カトリック教会の公認の神学者となりますが、かえって彼の神学が形式化されるようになってしまいます。そこから、彼本来の独創性が再発見されるには二〇世紀まで待たなければなりませんでした。

1　トマス・アクィナスの存在論（第1図参照）

ヴィパッサナー瞑想の体験におけるエゴの突破という点について、これをどう理解したらよいのかということを、トマス・アクィナスの神学によって、特にその存在論によって整合性をもって説明できるのではないかと徐々に気づくようになりました。

私たちが生きているこの世界を「エンス」（ens）とラテン語で言います。これは「存在するもの」を意味します。哲学では「存在者」とも言います。私たちが生きている世界はすべてエンスの世界です。つまり人間がいて山があって花があって家があって犬がいて、そして星々や月もあります。ここには神々も同じようにあるということになります。キリスト教の神を信じているとか、ヒンズー教の神を信じているとか、ギリシアの神を信じているとか、あるいは日本だったら神道の神々を信じているということになるのですが、トマスの観点からするならば、それらすべては「存在するもの」の世界の中に立てられた神にすぎないということです。これが彼の独創的なところです。これはどういうことかというと、キリスト教は神を立てますが、ではその神とは何ですかという問題です。これは非常に大事な点です。そこでトマスは何と言っているかというと、『神学大全』の第I部第四問の第二項に出てきますが、ラテン語で"Deus est ipsum esse per se subsistens."です。これを訳すと「神は自存する存在そのものである」ということです。特にイプスム・エッセというところです。神とは何かというと、神は「存在するもの」ではなくて「存在そのものである」ということです。そして「存在そのものである」神の在らしめる働きによって、エンスの世界、「存在するもの」の世界が可能になるということです。このエンスの世界には霊的な存在、天使もそこに含まれるということです。つまりこの世にあるものは、神の「エッセ」によって在らしめられている存在者にすぎないということです。ここにトマス・アクィナスの存在論の独創性があります。

存在しているということをどうとらえるかが大切です。私は今、新宿の朝日カルチャーセンターにいます。現にここにいます。ここに立っています。そして私はイリュージョンではありません。幻想ではありません。頭の中の存在でもありません。私は現にここにいます。現に私がここにある、というのは私たちにとってあたりまえと思っているのですが、実はこれは不思議で神秘的なことなのです。哲学や神学の世界もそうですが、あたりまえと思われているところが、ほんとうは不思議でならないということなのです。存在忘却と西洋哲学を批判したハイデガーも『形而上学入門』の中でライプニッツの言葉を引用し「なぜ何もないのではなく、何かがあるのか」というような驚きを表す言葉で始めています。何かがあるというのはとても神秘的なことなのです。このような点から、瞑想による探求にはとても意味があります。トマスの立場を確認するなら、キリスト教は神を信じていますが、神とは「存在そのもの」ということです。その「存在そのもの」の在らしめる働きによってあらゆる「存在するもの」が与えられているということになります。

ではこの神とはさらにどういうものかというと、「神は完全性の充満である」。これは「いのちの充満」と言い換えた方が分かりやすいと思います。実はこのようなトマスにおけるエッセの中心性、そのエッセの豊かさを示したのが京都大学で中世哲学の講座を長く担当していた山田晶さんです。山田晶さんはトマス・アクィナスの研究に生涯をかけて取り組んだ方でした。有名なのは山田晶さんの『トマス・アクィナスの《エッセ》研究』（創文社、一九七八年）という本です。その山田晶さんの講演録『トマス・アクィナスのキリスト論』（創文社、一九九九年）では「エッセ」を日本語の「いのち」と言い換えることができると言っており、そこから「完全性の充満」を「いのちの充満」と言い換えることができると思います。エッセである神のもうひとつの特徴は「神はアガペである」、つまり「存在の無条件の肯定である」ということです。アガペという言葉を使っていますが、これはたとえば、イエス・キリストは「敵を愛しなさい」と聖書の中で言っています（マタイ五・四四）。なぜなら、それは「（天の）父は悪人にも善人にも太陽を昇らせ、正しい者にも正しくない者にも雨を降らせてくださるからである」（マタイ五・四五）ということです。あらゆる「存在するもの」の中に善い人も悪い人もいるのですが、どのような存在も許されていることを意味し、あらゆるものを在らしめる働きの中には善悪を超えて在らしめる働きがあるということです。つまりその人が善い人であるから悪い人であるからという条件を超えて、その人の存在を無条件に肯定する、そのような在らしめる神がアガペの神ということです。「神は存在の無条件の肯定、アガペそのものである」ということになります。さらに「神は、エンスの有無を超える絶対の無である」ということです。つまり神とは何ですかという時、「神は絶対の超越者である」、あるいは「絶対者」、「存在の第一人者である」などと言う時に気をつけないといけないのは、「第一人者」とか「絶対者」とか「超越者」と言ったとしても、本来の神をエンスの神に戻してしまうことになりかねないということで

第１図　トマス・アクィナスの存在論に基づく神と現実世界

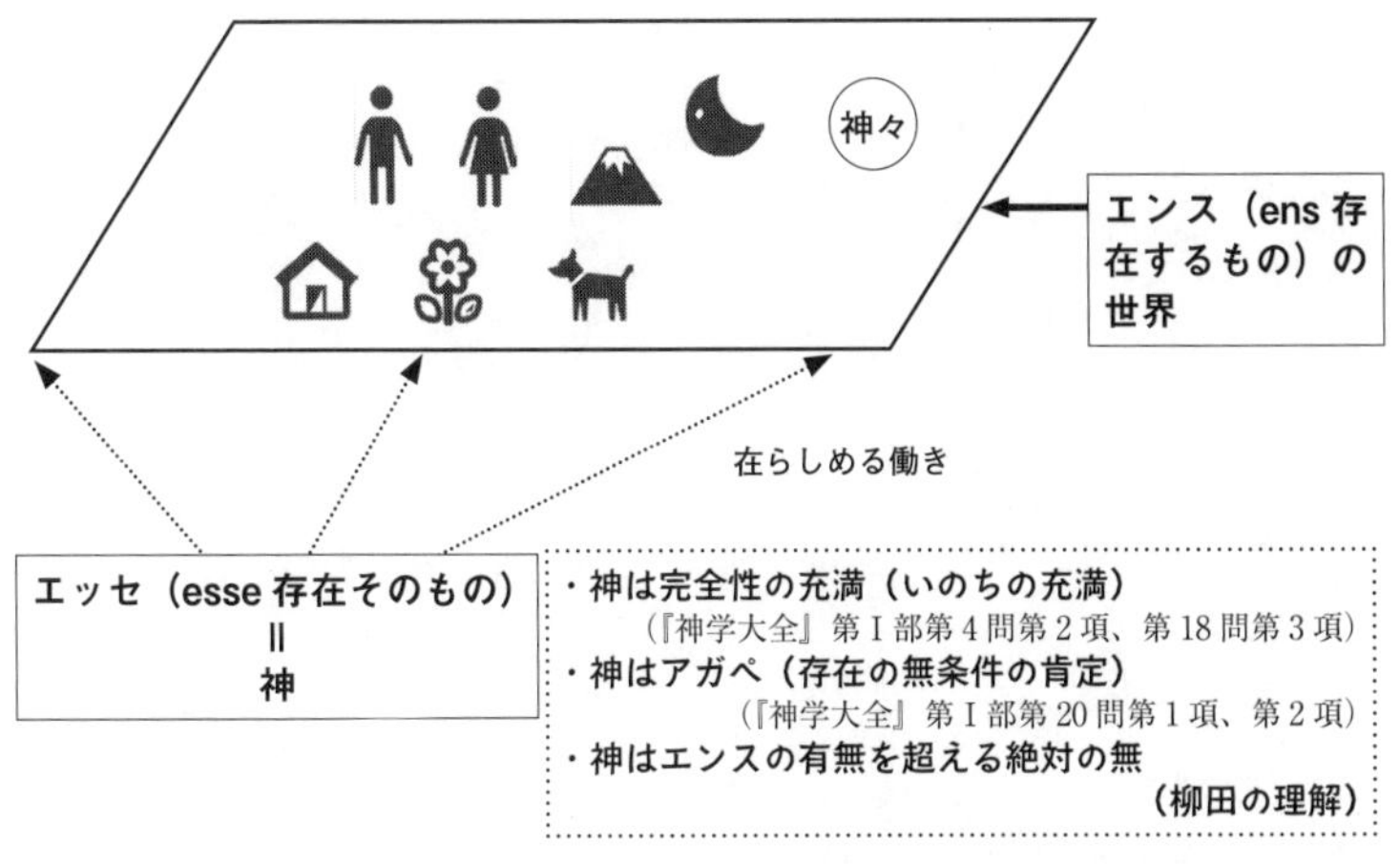

Deus est ipsum esse per se subsistens.（『神学大全』第Ｉ部第４問第２項）
神は自存する存在そのもの

す。これは、私たちが神を信じていても陥りやすい問題です。私たちの世界には変化があります。生があり死があります。それがあったとか、なくなったとか、現れたとか消えたとか、と言いますが、このように有無というものがエンスの世界にもあるのですが、そのようなエンスを超えたところにこそエッセの神があるということ、つまり神とはエンスの有無を超える絶対の無であるということです。このように神は「絶対の無」であるのに、同時に「完全性の充満」なのです。つまり徐々に分かってくるのは、エンスの世界を超える神の存在を表そうとするならば矛盾表現になってしまうということです。肯定表現で神を説明しようとすると、気をつけないとそれはエンスの世界の神の説明になってしまいます。つまり私たちは言語表現のギリギリのところで神について表現せざるをえないのです。

2　トマス・アクィナスの存在論からの私（第2図参照）

そこで一法庵の山下良道さんがこれまでも対談の中で話してこられた問題に入っていきます。これは山下さん、藤田一照さんや永井均さんとの対談や講話を踏まえてです。朝日カルチャーセンターで、二〇一九年八月三一日の三人の対談にあったものですが、それは内山興正老師の『新装版進みと安らい』（サンガ、二〇一八年）という本を巡っての対談です。そこでの問題は「瞑想しているのは誰なのか」という問題です。これを、トマス・アクィナスの存在論から見ていくことができるのではないかというのが私の考えです。

私たちが生きている世界は「存在するもの」の世界、エンスの世界です。しかし、それを在らしめるものがあり、それがエッセそのものということです。たとえば、普段の私ということですが、永井均さんの中に出てくる「私」（カギ括弧の私）ということです。これは、トマスの立場から言うならば「エンスとしての私」ということです。私が名前を持っていて、身体特徴があって、性格があり、個人史があり人間関係があるということです。

ラテン語で人格を表すペルソナという言葉がありますが、それと「私」が対応するのではないかと思っています。つまりこの世界全体を見たら、たとえば地球上に七〇億人の人がいる中で、この私というものを、「柳田敏洋」という名前を持っている男子のカトリック修道会イエズス会に属する神父であり、両親は誰々であり、いつどこで生まれ、大きくなっていく中でかくかくしかじかのパーソナルヒストリーを経て、そして今現在、新宿の朝日カルチャーセンターの教室で話している、……というように説明していくならば七〇億人という数の人間がいても、この私を言い当てることができます。このような身体特徴や性格というものも含めて外的な関係性の中で、この私というものを言い当てることができます。

それに対して、もうひとつ永井均さんが言っているのが〈私〉（ヤマ括弧の私）というものです。この〈私〉はズバリ「私そのものとしての私」を示します。私が今ここに確かにいる、というのは私の判断です。たとえば、医療技術が進んで私の細胞のひとつからDNAを取り出してその完璧なコピーを作ることができるとします。完璧なコピーを作ることができるというのは、身体だけのことではなくて、脳の神経細胞あるいは脳の神経ネットワークも同じ、考え方や感じ方もすべてまったく同じになるようにコピーすることができるということです。そのようにできるとしたら、たとえば「すいません、ちょっと忘れた資料を取ってきます」と言って私が部屋を出た後で、私のコピーが入ってきて「では、続きの話をしましょう」と言っても、そこにいる人はまったく分かりません。そして後から私が入ってきて、コピーに向かって「コピーのお前がどうしてここにいるんだ」と言っても、そこにいる人はどちらが本物なのか分かりません。しかし私はそこにコピーがいるということをまったく直感的に正しい判断として判断することができます。そしてこの判断を根拠づけるものは、私の判断以外何もありません。つまりそこには、生物学的にどんな特徴があるかとか、あるいは神経生理学的な特徴がどうであるかとか、あるいは心理学的な特徴がどうであるかをどれだけ並べ立てても区別を根拠づけることはできないということです。この私がここで話しているという判断は、まったくの直感的な判断であり、そしてそれ以外に正しい判断の根拠はないと

第２図　トマス・アクィナスの存在論からの私

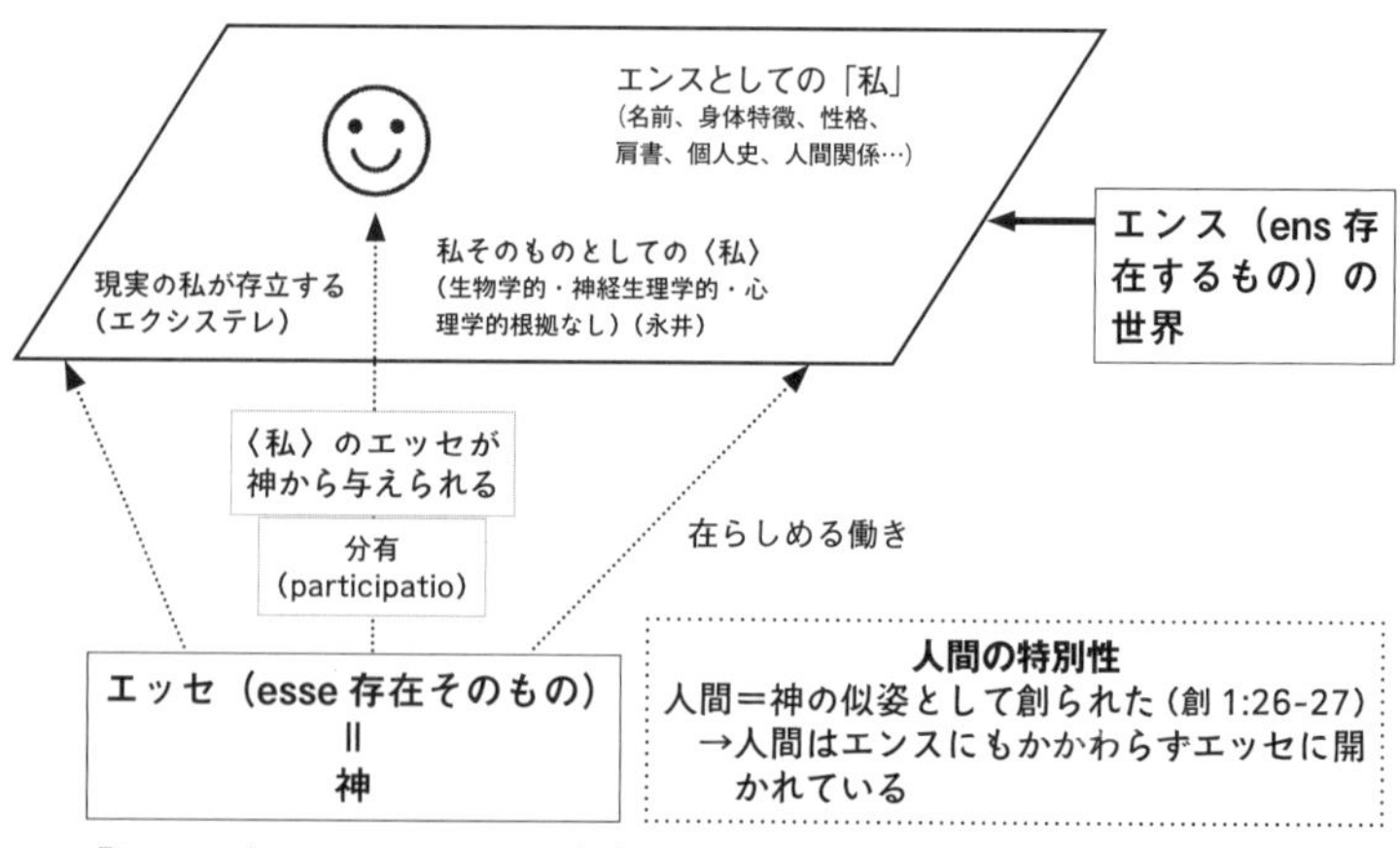

Deus est ipsum esse per se subsistens.
神は自存する存在そのもの

いうことです。私が今ここにいるというのは、まったく正しい判断であって、「この私がこの私である」というのは私と神以外には判断できないということです。私の両親も判断することはできません。それが「私そのものとしての私」ということです。これをエンスの世界の中で見ていこうとしても無理があるということです。

自分の感覚に気づく、自分の怒りに気づく、感情に気づく、「あの人は何という人だ」と決めつける考えに気づき、そこから離れて、それらを一切裁かずに静かに見つめるような立ち位置に立つのがマインドフルネス瞑想でありヴィパッサナー瞑想だということです。このようにして、自分は何者でもなく、私は柳田敏洋という名前であっても、私は名前そのものではなく、しかじかの両親のもとで生まれた私はこのような能力を持っている、しかしそのようなものを持っていると気づいている時、その気づいている私そのものは何者でもありません。これを進めていくと最終的に、ただ「私はある」としか言いようのないところに至り、私という人称代名詞を使うこと自体も限界があると気づきます。永井均さんによるならば、「こいつ」という言い方以外に日本語表現で「この私」を言うことはできなくなります。最終的には「これ」ということです。英語だったら“this”という以外には何もないということです。でも私は「これ」というかたちで「この私」を指し示すことが、まったく疑いようのないかたちでできます。このようにすすめていく時に、これをどうやって説明するかということです。

ここで「神は存在そのものである」というトマス・アクィナスの考えが、私たちの理解を助けてくれます。エンスとしての私が、私「柳田敏洋」が現実にここにあるというのは、神から私のエッセが与えられているからということです。この何者でもない私が私としてあるのは私のエッセが神から与えられるからということです。ここが非常に大事な点です。トマスの存在論によるなら、エッセそのものである神が私のエッセを私に与えるから私は現実にここにあるということです。神の無限のエッセが分かち与えられるということ、これをラテン語で「パルティチパチオ」(participatio)、日本語で「分有」と言います。エッセなる神から私のエッセが分有として私に与えられて、私は在らしめられているということです。そしてこれを、私が現に「存立する」ということを、また別のラテン語で「エクシステレ」(existere)と言います。トマスの言い方だと、柳田敏洋という人間の本質（エッセンチア）がエンスになるためにエッセという場が与えられ、この私のエッセの場に私がエクシステレする（存立する）というのが、人間が現に存在するということの存在論的な説明になります。

ですからエンスが存在する、現に存立するということの奥にエッセがあり、そのエッセが神から私に与えられて私はエンス（存在するもの）になるということです。この他にも山とか川とか犬とか花とかいろいろありますが、人間の特別性というものがあります。人間の特別性とは「神の似姿」であるということです。これは創世記一章二六－二七節に書かれていますが、これをトマスの観点から言うならば、「人間はエンスにもかかわらずエッセに開かれている存在」ということです。たとえば、ペットのトイプードルの散歩をしていてブルドッグと街角で鉢合わせをした時に、トイプードルがブルドッグに怯えてキャンキャン叫んでいたとすると、トイプードルが「私は大きなブルドッグに出会って怯えてキャンキャンと叫んでいる」というふうに気づくことはできません。しかし私たち人間は何か恐怖に襲われた場合、巻き込まれてしまう場合がほとんどでしょうが、パッと心を切り替えて「私は恐怖心に取り込まれそうになっている」と気づくことができます。この違いです。

エンスの世界にはさまざまな出来事や物事がありますが、それらをもっと違う観点から静かに見つめることができるという驚くべき人間の特徴がここにあります。つまりここに、人間がエンスにもかかわらずエッセに開かれているという、神の似姿としての人間の特徴があるということです。ここから説明することができるのではないかということです。

3　エンスとしての「私」とエッセに開かれた〈私〉（第3図参照）

そこで「エンスとしての私」と「エッセとしての私」というのを、次元を違えるかたちで示しているのが第3図です。普段の私たちは内山興正師の『新装版　進みと安らい』掲載の「第四図の私」ということになります（本書二二七頁に転載）。貧乏人がお金持ちになることを求め、不幸な人が幸福を求めたり、思想同士が対立したり、戦い合っているという世界です。エッセの世界を忘れてエンスの世界の中で「何かを獲得したい、幸せを手に入れたい」、つまり私たちはエゴに陥ってしまっているということです。私たちのエンスを支えているのはエッセであるのに、私たちはそれをまったく忘却してしまっています。これが、ハイデガーが「存在忘却」という言葉で言っていることです。

しかし私たちはこれをどう乗り越えていくかという時に、マインドフルネスやヴィパッサナーをとおして、エンスで生きている「私」を静かに見つめるという瞑想をすることができます。これが瞑想による離脱であって、エンスの世界を超えるかたちでエッセの次元からエンスの世界を見ていく、というふうに理解することができます。そしてこのエッセの次元にこそ真の自己である〈私〉を位置づけることができます。けれどもエンスとしての私とは違う次元の〈私〉はまったくの無です。エンスの世界においても有無を見ることができるので、エッセにおける我はまったくの無であるということから〝「無」我〟（無なるわれ）と表します。無なる我でありながら我がある、というような読み方をすることができると思います。つまり「もう一つの意識」と山下良道さんが言っていることですが、この「もう一つの意識」というのはエンスの世界とは全然違う次元のことであって、それを今のエッセとエンスの存在論からの説明では、エッセの次元の〈私〉がこの「もう一つの意識」に対応するように思います。

エンスの世界において瞑想をしている〈私〉が「この私」に気づくということですが、このような〈私〉が「この私」に気づいているという中には、まだ私が残っています。しかしさらに瞑想が深まっていくと「観察している私」も落ちていって、究極的にそこにあるのは「目覚め」のみ、「気づき」のみということになります。そこにおいて「エッセに開かれた私」としての私がますます自らエッセに開かれていく、そういうあり方が現れてきます。瞑想が深まる中でそのようなところに至るということです。

そこで次にこの問題を考える際にとても大切な観点は、存在論的〈私〉を考える必要があるのではないかということです。これまでの話で「ほんとうの私」は〈私〉であるということです。けれどもたとえば、寝ている間はどうなのですか、あるいは私が多重人格になったらどうなるのですか、あるいは私が記憶喪失になったらどうなるのですか、私が認知症になったらどうなるのですかなど、こういう問題が出てきます。けれども存在論的〈私〉によって、このような問題を解決できるのではないかと思っています。意識というものを、私たちが目覚めている時だけというように思っているならば、その場合この問題を取り扱うことは難しくなります。では寝ている時どうなるのですか、あるいは記憶喪失になったらどうなるのですか。たとえば、朝起きた時にまったく記憶を失っていて「俺は誰だ。ここはどこだ」と叫んだとしても、「俺は誰だ」と疑問を出すことができます。「ここはどこだ」と恐怖に襲われながらも、私は疑問を出すことができます。自分の由来がまったく分からなくても「この私が分からない」というふうに判断をすることができます。一方、深く眠っている時には、「この私が夢を見ている」などの気づきは出てきません。意識はありませんから。そこで、「ほんとうの私」というのはどうなるのか、という問題が出てきます。あるいは精神医学の問題であったりするかもしれないですが、多重人格としてある時は五歳の女の子になるとか、ある時は政治家になるとか、あるいは喜劇役者になるとか、そのような多重人格の場合には「私って、一体どうなるんですか」という問題が生じてきます。

〈私〉はそれでも残ります。この私が五歳の女の子になります。この私が政治家になります。この私が喜劇役者です、という「この私」が現れてきます。つまりこのようなかたちで、外的に一切対象化できないような「この私」が現れてくるのです。それを根拠づけるのが存在論的〈私〉ということです。〈私〉の存在性を支えるものとして存在論的〈私〉を想定する必要があるのではないかということです。夢を見ていても、記憶喪失でも、多重人格でも、この〈私〉があるということを存在論的に見ていく必要があるのです。

これはエッセなる神の創造のわざとして、〈私〉が存在論的〈私〉として位置づけられるということです。キリスト教は、神がこの世界を創造したという創造論を、「無からの創造」というかたちで信じています。ラテン語では「クレアチオ・エクス・ニヒロ」（creatio ex nihilo）と言います。「無からの創造」というのはエンスの世界での無からの創造ではまったくありません。そういうふうにするならば、今から一三七億年前にビッグバンというものがあって、その前には何もなかった、

第３図　エンスとしての「私」とエッセに開かれた〈私〉

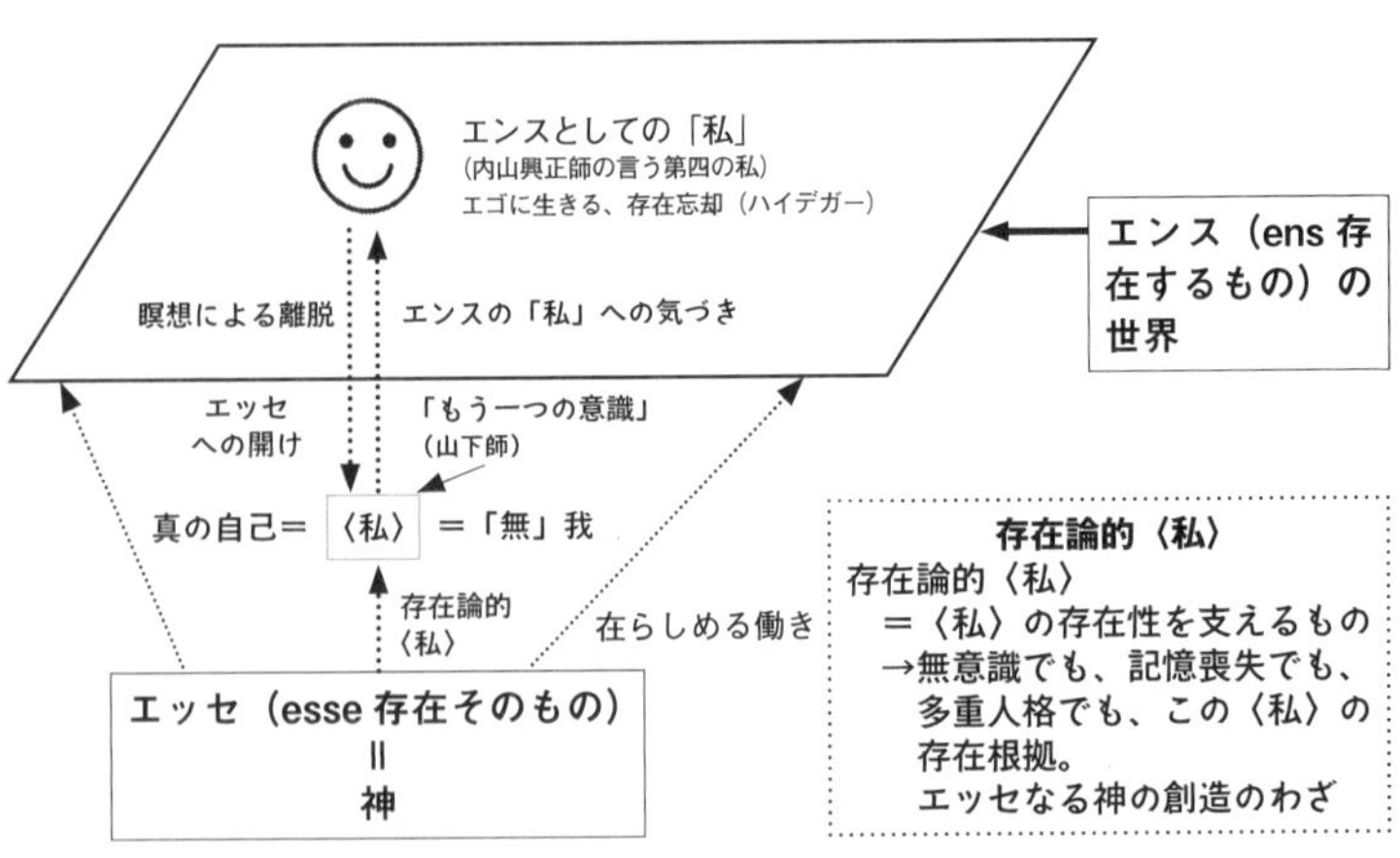

時間も何もなかったその時に神がボタンを押されたらビッグバンが生じて、そこから宇宙の進化が始まり、私たちに至ったというふうに考えたりするかもしれません。しかし、それは単にエンスの世界での始まりを考えているのにすぎません。そうではなくてトマス・アクィナスのいう創造論というのはこのようなエンスの世界とは全然違うものです。トマスのいう創造とは、今ここにいる私が今もここで絶えず創造され続けているということです。ここに創造ということの非常に大切なところがあるということです。ですからこれを誤解する人も多いのですが、私たちが今ここに現に存在し続けているのは、神から「私のエッセ」が創造され続けていて、それで私が今ここで在らしめられているということなのです。ですから創造のわざというのはまったく次元の違うことなのです。在らしめる「存在そのものである神」からの働きかけによって、今ここに存在するものは在らしめられ続けている、というのがトマスの

アタマが展開した世界の中に住む人間

（A）逃げたり追ったり

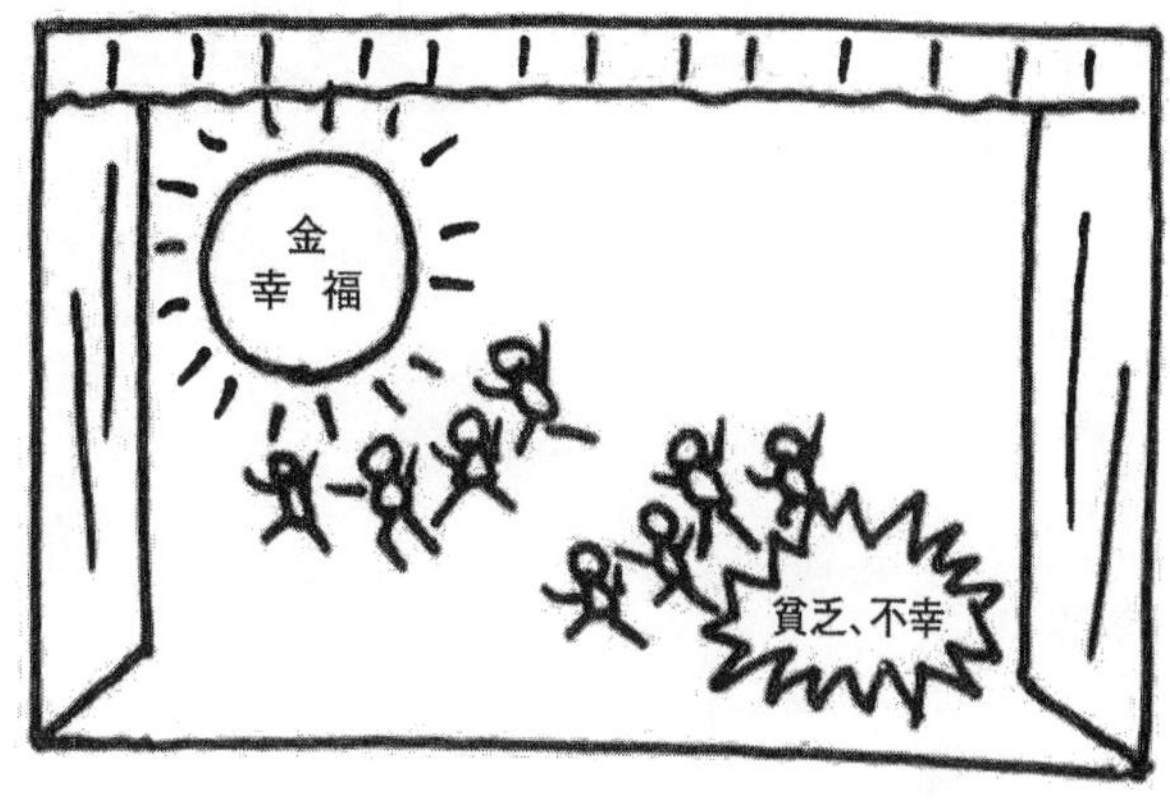

（B）グループ呆け

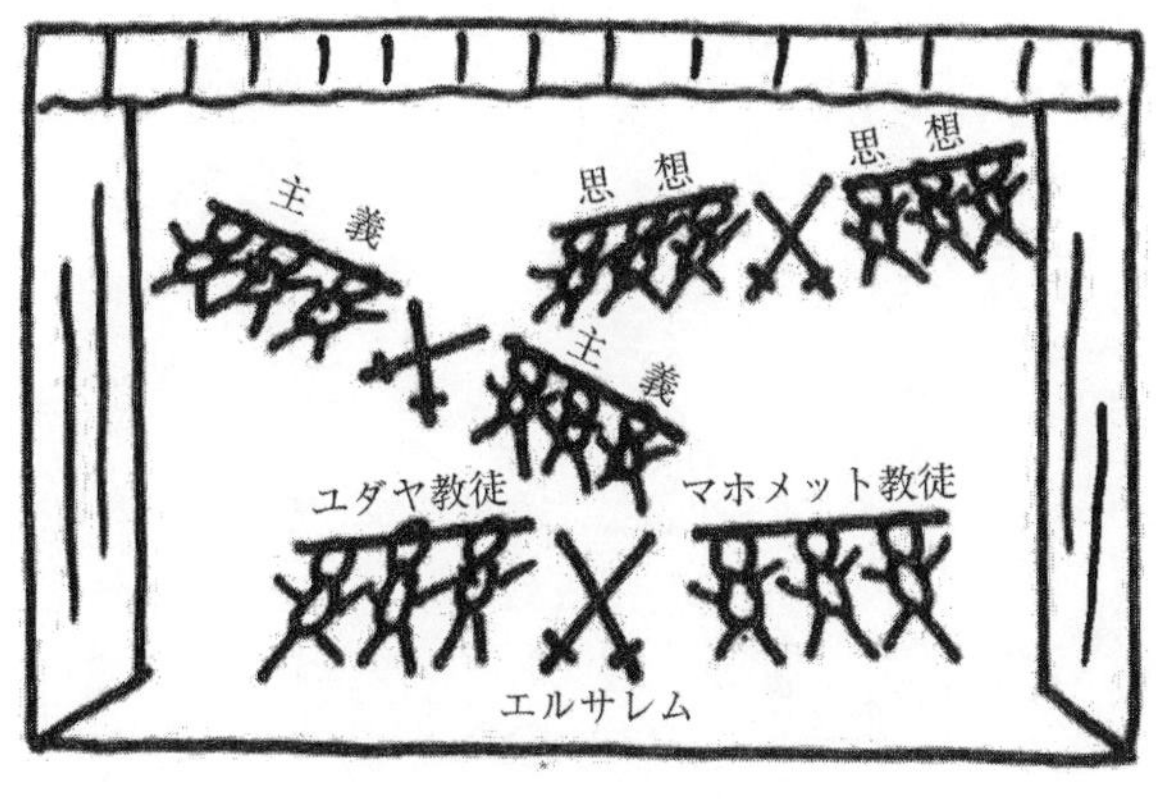

（内山興正『新装版　進みと安らい』サンガ、2018年、見開きの自己曼画、第四図）

創造論です。このような創造論からも、存在論的〈私〉というものを考える必要があるのではないかということです。

4　他者との関わり（第4図参照）

ここで永井さんの場合、〈私〉は私そのものとしてあるのですが、では他者の存在はどうなるのかという大きな問題があります。けれどもトマスの存在論からこの問題を解明していくことができるのではないかと思っています。〈私〉がこの私として在らしめられている。この私は神の在らしめる働きによるのですが、それ以外の他者であるAさんがいて、Bさんもいてという場合、このAさんやBさんは私の中の想像ではなくて――そのような考えもありますが――普通、私たちの方から見たら、私たちはAさんやBさんは確かに私と同じような人間としてあるという感覚を持ちます。ではこのようなAさんやBさんの存在をどのように位置づけることができるのかということです。Aさんの場合、その人そのものとしての〈A〉さんがあり、そしてまた〈B〉さんがあり、そのような存在を在らしめるのが存在そのものとしての神であるということになります。そこで他者との相互関係をどのように考えていくかということですが、一人ひとりの〈　〉（ヤマ括弧）の存在性は神のエッセによって支えられていて、そのような〈　〉のそれぞれの存在は独在性に閉じたものではないと理解します。

永井さんは〈私〉の独在性までしか考えていないのかなと私は感じるのですが、しかしそれぞれ

第４図　他者との関わり

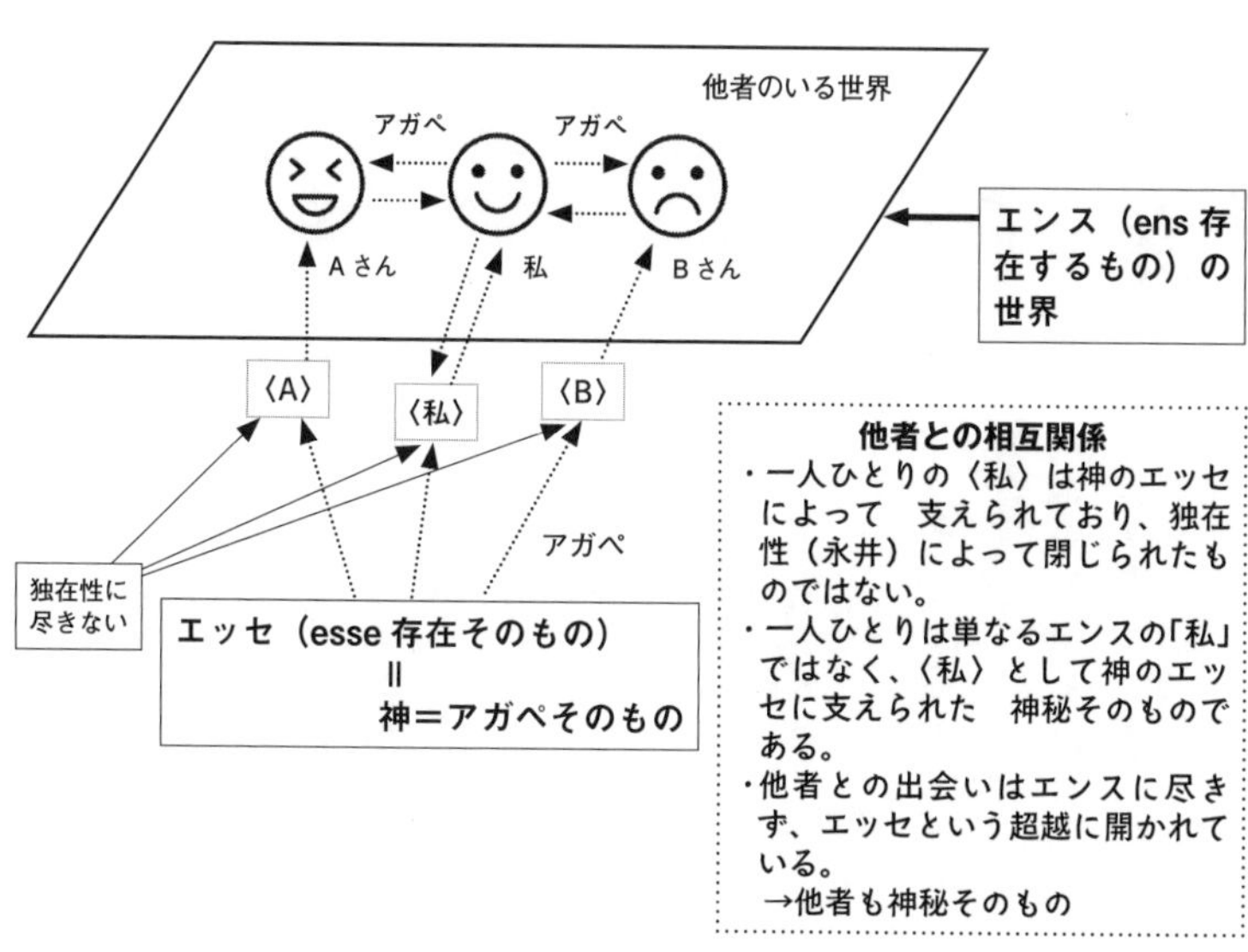

の人の独在性はそれだけに閉じるものではないということ、それぞれの人は単なるエンスの「A」さん、「B」さん、「私」ではなくて、それぞれの人は〈A〉さん、〈B〉さん、そして〈私〉が神のエッセによって支えられた神秘そのものということです。ですから他者との出会いはエンスに尽きず、エッセという超越に開かれていて他者も神秘そのものだということです。ということは、私たちは他者理解をしようとする時にはどうしてもペルソナの関係性の中で、あの人は格好がいいねとか、あの人は性格がいいな、などによってその人を理解しようとするのですが、最終的にたとえば、Aさんがどんな外的な関係性や資格や性格や身体特徴を持っていたとしても、Aさんそのものは〈A〉さんとして何者でもない、しかしAさんの由来は存在そのもの

であるエッセであることから、一人ひとりはまったく神秘そのものであり、一人ひとりを理解し尽くすことができず、また私が私であることも理解し尽くすことができません。同時に一人ひとりの人格は神秘そのものであり、その神秘そのものを根拠づけるのが無限の神秘そのものである神のエッセ、という関係を見ることができるということです。

このようにトマスの存在論から見ていくと、他者性をより深い神秘に開かれた存在そのものにおいて、決してこの世的なものによって理解し尽くすことができない豊かさを持つものとして理解することができるようになります。つまり私は、私が思う以上に驚くべき豊かさを持っているということです。このような豊かさをエッセの開けの中で持っているという理解が、私だけではなくて周りの一人ひとりにあり、世界中の一人ひとりについても同じように理解していくことができるのではないかということです。

そこで大切なのは存在そのものであるエッセなる神は、またあらゆるものを無条件に在らしめるアガペそのものであるということです。このエッセの世界はアガペに満ち満ちていて、そこから他者との関係をアガペにおいてみていくことができます。そうして、他者理解をより豊かにすることができるということです。アガペというのは無償・無条件の愛のことです。このエンスの世界はどうしても条件付きで、利益を求めたり、見返りを求めたりしてしまいます。けれども私たちがそれぞれ、何者でもない真の我というところに目覚めていく時、私たちは現実世界でアガペを生きる道を開くことができるようになります。ここに社会性や非常に大切な人間の交わりや関わりが基礎づけられるのではないかと思っています。

5　イエス・キリストの二重性と人間（第5図参照）

キリスト教の場合、イエス・キリストを救い主として信じるということですから、イエス・キリストの存在はとても大きくて、このイエス・キリストの二重性というのは「イエス・キリストは真の神であり真の人である」ということですが、たとえば『哲学する仏教――内山興正老師の思索をめぐって』（サンガ、二〇一九年）の中で永井均さんの担当したところを読んで、驚くと同時にありがたいと思ったのが、次です。「山下良道さんのポッドキャストで聴いただけですが、柳田神父さんはイエス・キリストは神と人との二重性を持っているように、人間も二重性を持っている、というふうにおっしゃっておられるようです。その解釈をここに当てはめると、これはいわば神的な自分に戻るということになりますから大変なことです。でも神的というのは必ずしもこれは他人事ではなく本当です」（同書、二七八頁）。この箇所を見た時に私も驚き、永井さんもこのような神理解について、それを射程に収めておられるのかなと思いました。イエス・キリストが真の神であり真の人であるということを、古代教会の非常に長い数百年の歴史の中で、キリスト教神学者が討議しその教義を確立し、それがキリスト教の中心になっているのですが、ここに非常に大切な点があります。つまり「イエス・キリストは真の神であり真の人である」ということは、まったく同じ人間ということではないのですが、神の似姿として創られたということを、このような観点つまり人間の独自性という観点から、人間も神性に開かれていると理解することができるということです。エッセなる神によって創られたという観点からさらに人間を理解することができます。

そこで、このエンスの世界には生き死にがあるのですが、エンスとしてのイエス・キリストは今から二千年前に生まれたことになっています。ではこのイエス・キリストとはどのような存在であるかと言うと、トマスの存在論に基づくと、イエス・キリストのエッセは神そのもののエッセであるということです。イエス・キリストの神なるエッセが人間となった、これが受肉ということです。そこで、イエス・キリストは生身の人間としてエンスになったということですが、生身の人間として現にエンスの世界にあるという現れの根源は、人間のエッセではなく神のエッセにあるということです。ここに非常に大切な点があります。また注意すべき点として、イエス・キリストは三位一体の神の「子なる神」であり、「父なる神」、「聖霊なる神」と区別される独自性すなわちキリストとしての〈自己〉を持ち、これをヒュポスタシス（位格）と呼びますが、この「子なる神」のヒュポスタシスが人間性を受け入れたのがイエス・キリストだということです（『神学大全』第Ⅲ部第二問第三項主文、第五項異論答二、第六項主文、第四問第三項主文）。そして「子なる神」のヒュポスタシスにはエッセが伴いますから、人間イエス・キリストのエッセは神のエッセということです。

「イエス・キリストは真の神であり真の人である」ということですが、真の人というのは一〇〇%人間ということです。では真の神、一〇〇%の神というのはどういうことでしょうか。たとえば、イエス・キリストの身体から皮膚をちょっとはがしてDNAを分析しても、そこにあるのは人間の遺伝子であり、そのDNAのどこを調べても神のDNAはありません。つまり一〇〇%人間のDNAです。では人間の一〇〇%のDNAであるイエス・キリストがなぜ神であるのか、という大きな問題があります。ここにトマス・アクィナスの非常に深い洞察があります。この一〇〇%の人間が在らしめられている〈この私〉、〈イエス・キリスト〉は神のエッセであるということです。

私たち、たとえば、私・柳田が現にここに存在しているのは、神から私・柳田敏洋というエッセが与えられて現にあるのですが、それは人間のエッセが神からの分有というあり方で与えられて、今ここに現にあるということです。これが私たちについての理解ということですが、キリストは違うのです。つまりキリストが現に生身のイエス・キリストなる人間としてあるということは、このイエス・キリストを在らしめているのは神のエッセだということです。人間のエッセではありません。ここに真の神、真の人ということのまったく次元の違う神がおられるということです。つまり、イエス・キリストは五〇％神であり五〇％人であるということではありません。そうではなく一〇〇％神でありかつ一〇〇％人である、これがキリスト教が最終的にイエス・キリストとは何者かということについて、教義として到達した点です。この一〇〇％神であるというのは、イエスのエッセは一〇〇％神のエッセであるということです。ここはなかなか難しいところですが、そのようにすると非常に整合性を持って理解をすることができます。こういうようなところをトマスは存在論で解き明かしたのです。

そこで次に、イエス・キリストが十字架にかけられて死ぬということについてです。エンスである生き死にの世界ではイエスは生身の人間として十字架にかけられて死にます。けれどもキリスト教ではイエスの復活ということを言います。これは聖書の中に記されています。けれどもそれはいったい何ですか、ということです。エッセの世界は生死を超えているのです。生き死にを超えているのです。生き死ににがあるのはエンスの世界だけです。しかしエンスの世界を在らしめているエッセの世界は生も死も超えているのです。生も死もありません。

そこで、イエス・キリストは目覚めた、つまり復活したということについて、物語として墓の中が空であったとか、イエスが現れて弟子に出会ったなどの話がありますが、ゾンビの蘇生のように死体がムクムクと起き上がったというようなものとはまったく異なります。つまりイエス・キリストはエッセ、「いのちの充満である」エッセそのものとして現れたということです。このような理解がふさわしいと思います。ですから、私たちにはエンスの世界がすべてであり、死んだらおしまいというような世界に住んでいて、そこでも極楽とか天国というものも言われるのですが、極楽や天国をエンスにおいて想定しているならばおかしなことになります。ほんとうの極楽やほんとうの天国はエッセです。

そこで人間の場合です。エンスとしての私ですが、この苦しんでいる私がどうやって自分を乗り越えていくことができるのかということです。その時に、イエスを見て、イエスに自己の本来性を見出すという方向で、イエスを救い主として信じていくというところに乗り越える道がありま す。それは、私は何者かという探求の中で、〈私〉を見出す、「この私」つまりエンスの世界にはない、エンスの世界を超えた次元の中に「真の我」を見出すということです。この〈私〉が真の私であると理解するというのは、イエスを救い主として信じるという中で、あるいはイエスの歩んだ道を自分も修行として歩んでいくという中で深まっていきます。そこで先ほどとの違いですが、人間のエッセなる私には決して神のエッセがあるというわけではなく、人間のエッセが与えられて私が現にあるということです。ここに大きな違いがあります。けれども生身の人間として生きたイエ

第５図　イエス・キリストの二重性と人間

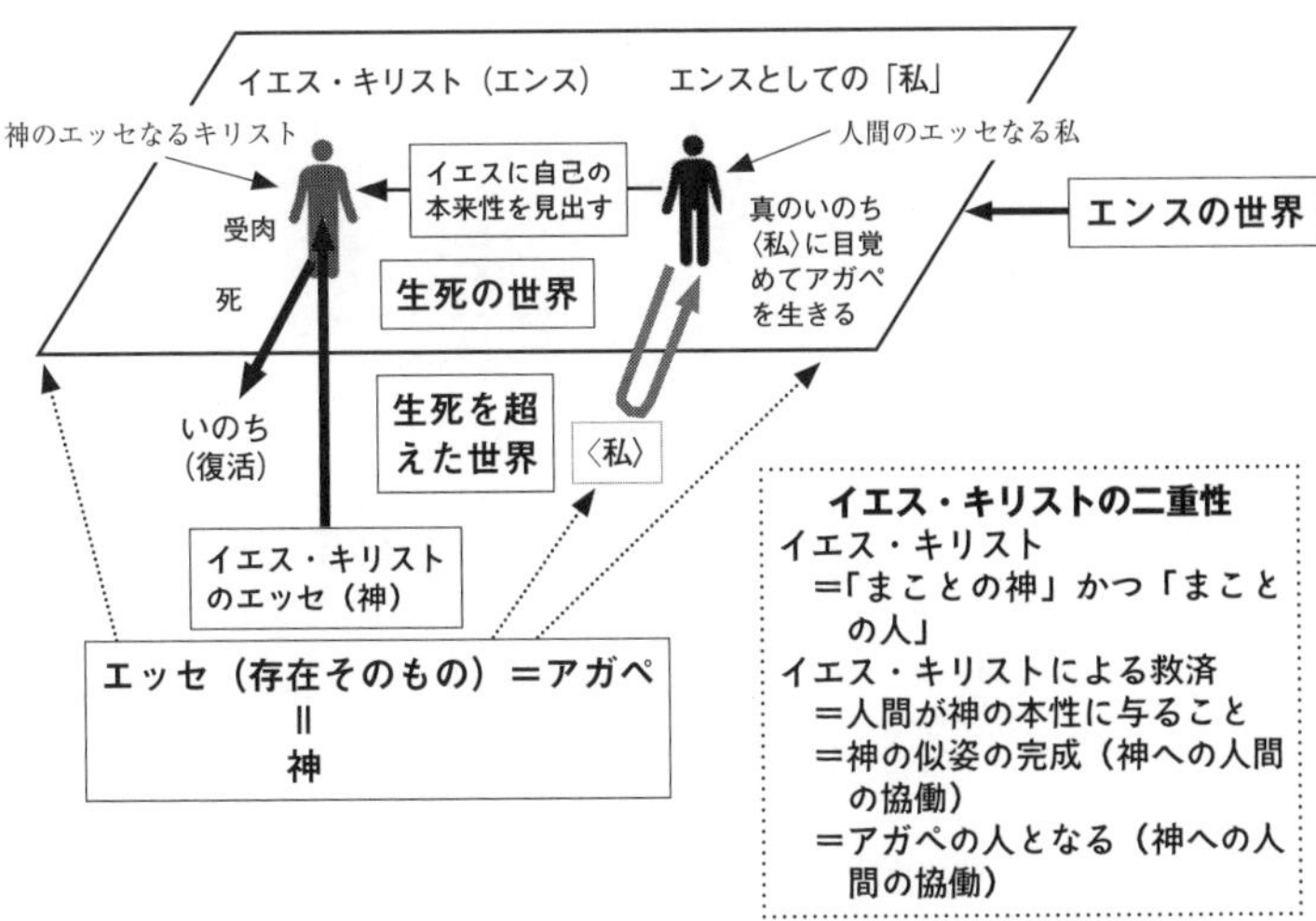

ス・キリストに自己の本来性、つまりもともと私たちは神の似姿として創られたことに目覚めていくということが人間の道だと、イエスをとおして分かって、そしてこのような本来の自己である〈私〉に立ち戻り、そこから現実世界を生きていく、つまり真のいのちである〈私〉に目覚めてアガペを生きることができるようになるということです。

そこで最終的にイエス・キリストの死をとおして、キリスト教の場合はどのように生きるのかということが問われていて、何を人間の完成と考えるべきかというと、それは「アガペの人」として生きるということです。自己実現を図るとか、幸せになるとか、そういうところに人間の完成はなく「アガペを生きる人になる」ということです。アガペを生きる人になるというのは、イエスは「友のために自分の命を捨てること、これ以上に大きな愛はない」（ヨハネ一五・一三）とこのように言っていて、究極のアガペというのは他者のために一切条件をつけずに他者に自分を惜しみなく差し出していく、それがたとえ死を招くことになったとしても一切条件をつけずにそれを差し出していくというところに究極の愛があるということです。

けれども、そこで命を落とすとしても、それは生き死にの世界、エンスの世界での出来事であって、ほんとうは生死を超えてイエスがいのちの充満であるエッセに目覚めていくという出来事です。これが復活と呼ばれる出来事です。たとえば、これについては聖書の言葉でヨハネ福音書の一一章二五節から二六節ですが、自分の友であったラザロが亡くなり、ベタニアに赴いてそのラザロを蘇らせるという大きな出来事の際に、ラザロの姉妹のマルタにイエスが言った言葉があります。「わたしは復活であり、命である。わたしを信じる者は、死んでも生きる。生きていてわたしを信じる者はだれも、決して死ぬことはない」。人間は全員、人生を生きて死にますが、そういうところに真の命はないというのがイエスの言葉です。つまり私たちはどうしても生き死に、生きる死ぬをエンスの世界で考えるのですが、ほんとうの命は違うということです。それを示すわざを成し遂げたのがイエスです。

このイエス・キリストを、私が実現していくべき「本来の私への道」という点からイエスに従っていく中で、このような生き死にを超えた世界の中に目覚めるということです。そこで私は真の命として生きるのです。ですから、このアガペというのは現実世界の生き死にを超える豊かさを持つということです。これがキリスト教の中でのイエス・キリストの位置ということになります。つまりイエス・キリストによる救済というのは、もともと人間というのは神の本性に与る存在として創られていて、そこから救済とは神の似姿の完成ということを意味し、それはアガペの人になっていくということになります。

ですが、この救済は自動的に神の恵みによってなされるということではなく、必ず神の恵みに対する人間の協力ということが必要になってきます。たとえば、イエス・キリストの誕生に至る物語の中で、マリアに天使ガブリエルが現れ、「あなたは身ごもって男の子を産む」とのお告げがなされます。すでにヨセフとの婚約関係にあったマリアは驚き恐れるのですが、「聖霊の力によってあなたは救い主を産む」というお告げの中で、最終的にマリアは「お言葉どおり、この身に成りますように」と返答します（ルカ一・二六—三八）。このような受諾ということ、恐れながらも最終的に自分の自由な決断から天使ガブリエルの言葉を受け入れた時に、聖霊が働いて神の子イエスがマリアの胎内に宿ることになります。ですから人間の協力があって神の働きが成就するという物語になっています。

これは、エッセとしてのアガペの働きがあるということです。まったく無力のように思え、ここには力が一切ないということですが、そこにこそ真の無条件の愛の世界があります。そこに私たちが開かれていくかどうかということです。しかし、私たちが信仰を持って心を開いていく時に神の働きが生じるということであり、その神の働きに協力すること、在らしめるアガペの働きに目覚め協力していくことが人間の本来の道です。

6 〈私〉の独在性と三位一体の神（第6図参照）

キリスト教は三位一体の神を信じているのですが、そこにあるのは交わりの神秘です。エンスである私を支えるのは本来のあるがままの何ものでもない〈私〉ですが、それを支えているのは存在そのものであるエッセの神です。このエッセなる神についてトマスの定義に出てくるのが「自存する」（ペル・セ・スブシステンス per se subsistens）という言い方です。今まではずっとエッセ、「存在そのもの」であるところを中心にしてきたのですが、トマスの定義のもうひとつの部分は「ペル・セ・スブシステンス」つまり「自存する」ということ、独在するということです。神は独在する、つまり神はそれ以外の何ものにも依存することなく、一切の根拠なしに存在するということです。これがペル・セ・スブシステンスということです。

しかし、神の本質は「存在そのもの」なのですが、一方キリスト教は父なる神、子なる神、聖霊なる神という不思議な三者の神を信じています。ここに深い神秘がありますが、実は、ここに他者との交わりの神秘もあります。独在的に自分の存在と他者の存在を考えるということではなく、理屈では理解しがたくても、他者は一人ひとり深い神秘を持つ存在であるということであり、それが三位一体の神という信仰をとおして私たちに開かれているのではないかということです。

三位一体の神とは三者の交わりということです。父なる神は根源であり、子なる神は父よりの誕生であり、聖霊なる神は父よりの発出ということになっています。父と子との間に無条件の愛があり、父と聖霊の間にも無条件の愛があり、また子と聖霊の間にも愛の交わりがあると理解していま

第６図　〈私〉の独在性と三位一体の神

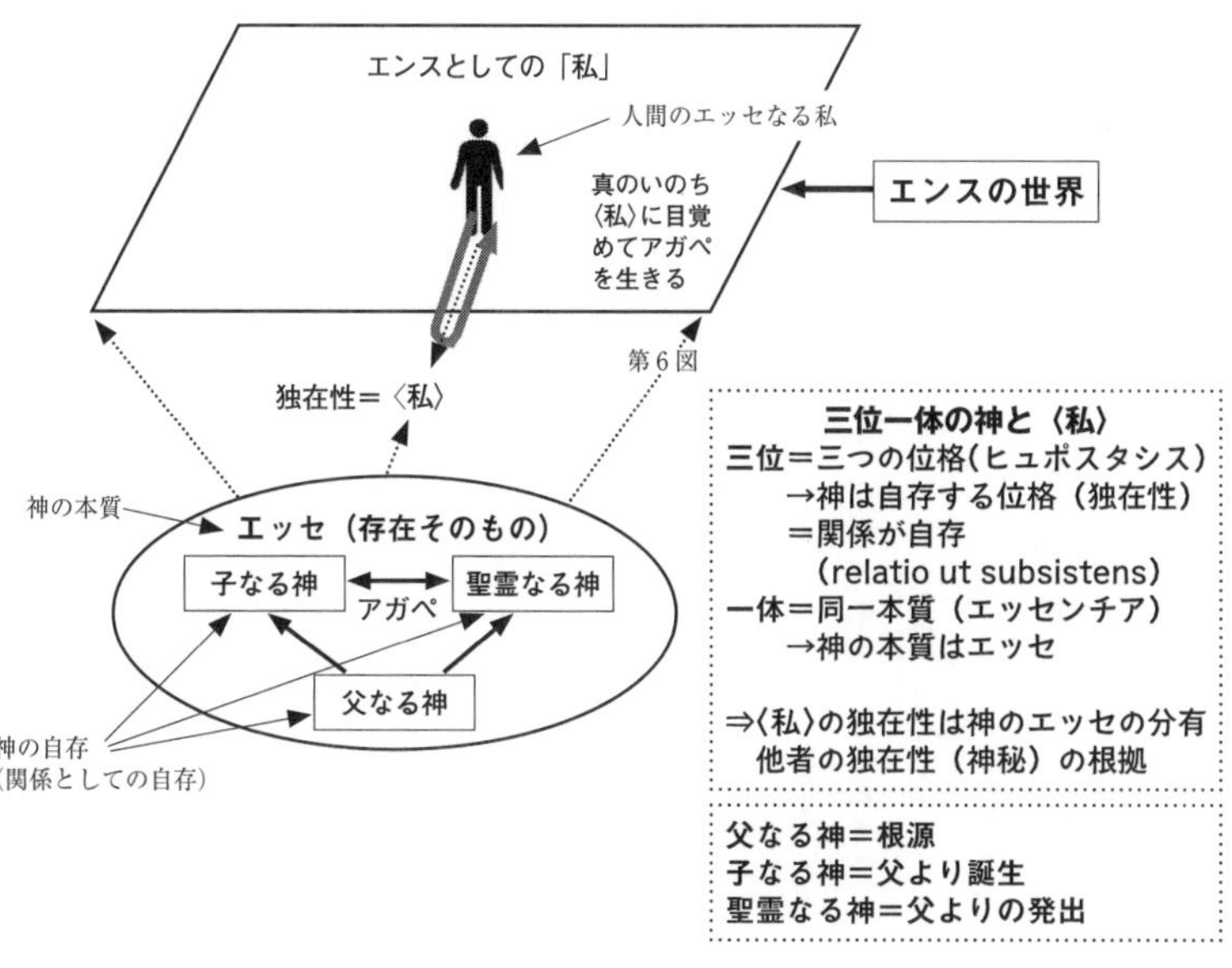

す。このような関係性にもかかわらず神の独在性、自存があるということです。つまり、それぞれの神は「存在そのもの」、エッセとしてまったく同じ本質を持つのですが、一つひとつは自存しているというような不思議な三位一体の神理解をキリスト教は持ちます。それを三位一体の神、時に三一神と言ったりもします。

　しかし三位一体と言われてもなかなかよく分からないところがあります。「三位」というのは三つの位格ということです。私そのものとしてのこの私を表しギリシア語でヒュポスタシス、ラテン語でペルソナと言います。このような自存する位格、それが三つあるということです。これは非常に不思議そのものです。そして「一体」は誤解を招きやすい日本語ですが、同じ本質を持つということです。同じ本質、つまり神の本質であるエッセです。神の本質は「存在そのもの」であり、その同じ本質を持つものがそれぞれ自存しているという関係です。しかし「存在そのもの」は唯一なので自存すると言っても「存在そのもの」がそれぞれ分かれてあるということではありません。私たちは「存在するもの」エンスの世界からしかイメージすることができないので、三位一体の理解は非常に難しいのです。

これについてトマスは三位一体のペルソナ（位格）を説明するのに、『神学大全』で「神のペルソナは〝自存するものとしての関係〟（relatio ut subsistens）を表示している」（第Ⅰ部第二九問第四項）と言っています。ラテン語〝relatio ut subsistens〟の英訳は〝relation as subsisting〟で「自存するものとしての関係」という日本語の理解を助けてくれると思いますが、これは非常に興味深い表現で、「関係そのもの」が自存する実体であるというニュアンスです。普通、西方教会ではペルソナを説明するのにボエティウス（四七七―五二四）の「理性的本性を持つ個別的実体」という定義を用いてきました。ある特定の人間存在を前提として、そこから次にそれぞれの個別実体であるペルソナ間の関係を見ていくという説明です。「父がいて、子がいて、父と子の関係は親子の関係である」というような見方です。「父という存在」と「子という存在」が「父と子という関係」に先立つということです。しかし、神のペルソナについては、トマスは「関係そのものが実体」というニュアンスを持ち込むのですが、これは非常に示唆的です。つまり、神の似姿として創られた私たち自身が「関係性を本質とする存在」であることを意味するということです＊。

＊　ティク・ナット・ハンは私たちを含めたすべては「インタービーイング」（interbeing）であると言っています。これは仏教の縁起思想に由来しますが彼独自の造語で「相互存在」と訳されたりします。この世界のあらゆるものは「すべてつながった存在」（inter-being）だということであり、私たち自身も本来的に相互存在ということです。禅僧の藤田一照さんも西洋の自己は最初から独立した自己を立てるが東洋の自己は川の中の渦であると言っていて、関係と自己との本質的な関係を指摘しています。両者ともとても示唆的で、トマスの三位一体のペルソナ論とのつながりを私は感じるのですが、これを適切に論じるにはさらなる探求が必要でしょう。

トマスの表現からくみ取れるのは、神の似姿として創られたものとして私たちそれぞれの独在性である〈私〉は本来的に関係性に開かれた交わりの存在であるということです。それは、神がアガペであり、アガペの愛は交わりを本質として持つという、アガペの神秘からも理解することができます。ですから、三位一体の神についてトマスを手掛かりに深めることによって、私たち自身についてより深く理解することができるようになります。

三位一体の神は神秘そのものとして信じることが前提となりますが、信じることから出発しトマスを手掛かりとして探求する中で、人間についての豊かな存在理解が開かれてきます。〈私〉の独在性は神エッセの分有であり、神秘そのものとして〈私〉は本来的に交わりに開かれており、その開けは独在性を持つ他者の存在を認め、神秘そのものとしての他者理解に開かれるのです。

第２部

実践編

8日間のキリスト教的ヴィパッサナー瞑想の時間割と日程

1日の基本的時間割

	起床
6:15	瞑想①
7:15	歩行瞑想
7:45	朝食（食べる瞑想）
9:00	講話
10:30	瞑想②
11:30	グループ面接
12:00	昼食（食べる瞑想）
14:00	瞑想③
15:00	グループ面接
16:00	瞑想④
17:00	グループ面接
17:45	ミサ
18:30	夕食（食べる瞑想）
	瞑想⑤（夕食後各自で）
	就寝

日程

前晩
導入講話、瞑想の基本

第1日目
瞑想①「呼吸瞑想（腹部）、体感覚瞑想」
歩行瞑想
瞑想②「聖書による神の愛についての黙想」
瞑想③「呼吸瞑想（腹部、鼻孔）」
瞑想④「呼吸瞑想（鼻孔）」
瞑想⑤ 各自で組み合わせ（呼吸瞑想、体感覚瞑想、歩行瞑想）

第2日目
瞑想①「呼吸瞑想（鼻孔）」
歩行瞑想
瞑想②「呼吸瞑想（鼻孔）」
瞑想③「呼吸瞑想（鼻孔）」
瞑想④「呼吸瞑想（鼻孔）」
瞑想⑤ 各自で組み合わせ（呼吸瞑想、体感覚瞑想、歩行瞑想）

第3日目

瞑想①「呼吸瞑想（鼻孔）」

歩行瞑想

瞑想②「呼吸瞑想（鼻孔）」

瞑想③「手動瞑想、指動瞑想、呼吸瞑想（鼻孔）」

瞑想④「手動瞑想、指動瞑想、呼吸瞑想（鼻孔）」

瞑想⑤　各自（これまでの瞑想の組み合わせ）

第4日目

瞑想①「呼吸瞑想（鼻孔）」

歩行瞑想

瞑想②「体感覚瞑想（表面感覚の気づき）」

瞑想③「体感覚瞑想（表面感覚の気づき）」

瞑想④「体感覚瞑想（表面感覚の気づき）」

瞑想⑤　各自（これまでの瞑想の組み合わせ）

第5日目

瞑想①「体感覚瞑想（表面感覚の気づき）」

歩行瞑想

瞑想②「体感覚瞑想（内部感覚の気づき）」

瞑想③「体感覚瞑想（表面と内部感覚の気づき）」
瞑想④「体感覚瞑想（表面と内部感覚の気づき）」
瞑想⑤　各自（これまでの瞑想の組み合わせ）

第６日目

瞑想①「体感覚瞑想（表面と内部感覚の気づき）」
歩行瞑想
瞑想②「音を聞く瞑想」
瞑想③「見る瞑想」
瞑想④「見る瞑想」
瞑想⑤　各自（これまでの瞑想の組み合わせ）

第７日目

瞑想①「体感覚瞑想（表面と内部感覚の気づき）」
歩行瞑想（音を聞く瞑想と見る瞑想を組み入れる）
瞑想②「感情と気分に気づく瞑想、思考に気づく瞑想」
瞑想③「過去の困難を解放する瞑想」
瞑想④「過去の困難を解放する瞑想、イエスと共に困難を見つめる瞑想」
瞑想⑤　各自（これまでの瞑想の組み合わせ）

第8日目

瞑想①「気分に気づく瞑想、思考に気づく瞑想、呼吸瞑想」
歩行瞑想（音を聞く瞑想と見る瞑想を組み入れる）
瞑想②「全方位的気づきの瞑想、アガペの瞑想」
瞑想③「全方位的気づきの瞑想ないしあるがままに気づく瞑想、アガペの瞑想」
瞑想④「全方位的気づきの瞑想ないしあるがままに気づく瞑想、アガペの瞑想」
瞑想⑤　瞑想体験の分かち合い

明けの日

瞑想「呼吸瞑想、アガペの瞑想」
締めくくりのミサ

1　キリスト教的ヴィパッサナー瞑想の実践Ｉ

朝早くまだ暗いうちに、イエスは起きて、人里離れた所へ出て行き、そこで祈っておられた。

（マルコ一・三五）

修行者は森に行き、樹の根元に行き、あるいは空き家に行って足を組んで坐る。身体をまっすぐに保ち、自分自身に向けて気づきを確立する。彼は気をつけて息を吸い、気をつけて息を吐く。

（『サティ・パッターナ・スッタ（気づきの確立についての教え）』第二節。

アリンナ・ワイスマン、ジーン・スミス『やさしいヴィパッサナー瞑想入門』

井上ウィマラ訳、春秋社、二〇〇三年より）

実践Ｉの導きとして聖書から、またヴィパッサナーの経典のひとつである『サティ・パッターナ・スッタ』から引用しています。『サティ・パッターナ・スッタ』はパーリ語で「気づきの確立についての教え」という意味です（サティが「気づき」、パッターナが「確立」、スッタが「教え」）。サンスクリット語でスートラと言われるものをパーリ語でスッタと言います。

マルコ一章三五節の「朝早くまだ暗いうちに、イエスは起きて、人里離れた所へ出て行き、そこで祈っておられた」というところですが、ほかにもイエスの祈る姿を見ることができます（マタイ一四・二三、ルカ六・一二、九・一八など）。イエスは日中は教え、癒しのわざを忙しく行いながら、夜あるいは朝まだきに起きて、ひとり静かに自分で父なる神に祈っていたということ、あるいは一晩中の時もあったということです。

日本の新約聖書学を代表する研究者で、立教大学で教えていた佐藤研さんは若いころから熱心に禅をやっていた方でもあります。そうした観点から佐藤研さんは、イエスが「人里離れた所へ出て行き、そこで祈っておられた」について、そこで「何時間も『祈る』とは、言葉で神に祈るだけのことではないと思います」と述べ、禅に打ち込んでいた立場から、禅那（ディヤーナ）すなわち非対象的瞑想を示唆しています（佐藤研『禅キリスト教の誕生』岩波書店、二〇〇七年、一三一―一三三頁）。沈黙のうちに瞑想のようなかたちで御父と向き合う、コンテンプラティブ（contemplative 観想的）な祈りをイエスもしていたのではないかというのは非常に興味深いところです。

「気づきの確立についての教え」（『サティ・パッターナ・スッタ』）からは、本文の最初のところですが「修行者は森に行き、樹の根元に行き、あるいは空き家に行って足を組んで坐る。身体をまっすぐに保ち、自分自身に向けて気づきを確立する。彼は気をつけて息を吸い、気をつけて息を吐く」という言葉です。ヴィパッサナー瞑想はこれをそのまま現代まで続けています。ですから森に行くとか空き家に行くというのは、自分の生活の場から離れて静かになれるところに行って、ということです。これはとても大事です。私たちも瞑想や黙想をふさわしくするために、普段の生活場所から離れることはとても助けになります。そこで足を組んで坐り、身体をまっすぐに保ち、自分自身に向けて気づきを確立する。自分を見つめる修行だということです。そして最初に何をするかというと「気をつけて息を吸い、気をつけて息を吐く」ということで、これは呼吸瞑想の、意識を集中させて、気づきながら息を吸って、気づきながら息を吐くということと同じです。

1　姿勢

(1)　床に腰を下ろして坐る形を基本としますが、椅子に腰かけても、場合によっては床に身体を横たえる形でもかまいません。

(2)　〔床に腰を下ろす場合〕足の組み方は坐禅のように結跏趺坐や半跏趺坐、あるいはヨーガの安楽坐、あるいは胡坐（あぐら）でもかまいません。さらに正座でも大丈夫です。また坐布と呼ばれるクッションを使うか、使わないかも自由です。

〔椅子に腰かける場合〕背もたれから背中を離し両足をしっかりと床に着け、両足と腰の三点で上半身を支えるようにします。

(3)　大切なのは意識を明瞭に保つことであり、そのために腰骨を立てる姿勢が助けとなります。その際、背筋を伸ばして上半身をまっすぐにしながら、身体はリラックスさせ、肩に力が入らないようにします。天井から頭を引っ張られるようなイメージで、と言われたりもします。顔は穏やかな表情を心がけるようにします。

(4) 手は、右手の四本指を左手で軽く握り、そのままお腹の前の膝の上に置くようにします。落ち着く形であれば手のひらをそれぞれの膝の上に置いたり、手のひらを上に向けて膝の上に置くなど他の形でもかまいません（坐禅の印に慣れているならそれでもかまいません）。

(5) 目は原則閉じて瞑想を行います（眠気に襲われた時や身体のバランスが不安定な時には斜め四五度下に目を向け半眼にするか、目を開けてもかまいません）。

2　呼吸瞑想Ⅰ

(1) 自然な呼吸で、意識をお腹に集中させます（呼吸はコントロールしません）。

(2) 吸う時に少し膨らむお腹の感覚に気づきます。

(3) 吐く時にへこんでゆく（元に戻ってゆく）お腹の感覚に気づきます。

(4) 感じ取りにくい時、手をお腹に当てて感じやすくしてもかまいません。

(5) お腹が膨らむ時に心で「膨らむ」と唱え、お腹がへこむ時に「へこむ」（もどる）と唱えることで気づきを助けるようにしてもかまいません。

＊注意　唱えることを「ラベリング」とも言います。その際、意識のおよそ一〇％くらいを使って唱え、残りの約九〇％は実際のお腹の膨らみ、へこみの感覚に気づき続けるようにします。

(6) 意識の集中が弱くなってくるのを感じたら、腰骨をゆっくりと立てるようにします。

(7) 上記を、三分一回を基本に行い、五分、一〇分、一五分と延ばし、慣れに応じて時間を延ばしていきます（最大一時間くらいまでです）。

「注意」で述べている「ラベリング」ですが、内語（ないご）と言ったりもします。言葉はとても便利で助けになるのですが、ほんの少ししか言葉を使わないように意識します。これが大事です。つねにほんとうの感覚の現実に気づくというのがこの瞑想の目指すところですから、それを助けるための集中の工夫としての言葉です。そうしないと、瞑想していても、すぐ気が散ったり、考えごとに入ったり、想像の世界に入ったり、音に気を取られたりしてしまいます。そこで、お腹の動きに合わせて、「膨らむ」、「へこむ」と唱えると意識の集中を助け、気が散る度合を少なくできます。

けれども、だんだんと唱え続けているうち最初は一〇％くらいだった意識が、「膨らむー、へこむー、膨らむー、へこむー」と暗唱のようになって九〇％くらいの意識で唱えることになったりします。膨らむと言っているのにお腹がへこむ、のようにまったくずれることが起こったりします。これがリスクです。唱えているのは考えです。頭で唱えています。エゴの観点からいうと、エゴは現実世界に留まることにエネルギーを使い疲れます。そこでエゴは頭に戻ってしまいます。頭の世界で「膨らむー、へこむー、膨らむー、へこむー」と言っていると心は平和そのもの、まったくの涅槃そのものです。だからそれで自分が深い瞑想や祈りの世界に入っていると思い込んでしまいます。しかしそれは現実世界から離れてエゴの支配する頭の中で唱えているだけです。いくら唱えても変わらない自分がいるだけです。ここから分かってくるのは、真の祈りの方向、真の瞑想の方向はつねに現実において真理を見抜いていく方向です。現実に向かっていく方向にほんとうの祈りがあります。これはとても大切な点です。そういう意味で約一〇％しか言葉を使わないようにして、残りの大部分の意識を実際の膨らむ感覚、へこむ感覚に置きます。鼻孔の感覚でも同じです。実際に入る息の流れに伴う皮膚感覚、出る息の流れに伴う皮膚感覚にしっかり気づくことです。そして最終的には言葉なしで気づくという方向にもっていきます。これは非常に大事なポイントです。

3　雑念（心のさまよい、マインド・ワンダリング）について

(1) 瞑想を行っている時に、心が集中すべき対象から離れている状態を雑念と言います。

(2) 雑念に気づいたら、直ちに集中すべき対象に意識を戻します。

(3) 音に気を取られているのに気づいたら、心の中で素早く「音」と唱え、意識を本来の対象に戻します。

(4) 同様に、考えにとらわれていたら「考え」と短く心で唱え、想像やイメージに意識が入り込んでいたら「想像、イメージ」など適切な短い言葉で唱え、直ちに意識を取り組むべき対象に戻します。

(5) 身体のどこかに痛みや不快を感じ、そちらに意識がとらわれているのに気づいたら、「痛み」、「不快」と心で唱え意識を対象に戻します。

(6) その際に、「集中できない私はダメだ」、「またやってしまった」などの考えを持ち込まない

ようにします。価値判断を一切しないで、直ちに意識を対象に戻します。あるがままの感覚や心の現実にただ気づくだけにとどめます。そのような自分を責める心が出ても「今、『またやってしまった』と思った」のように気づきを入れます。

雑念（心のさまよい、マインド・ワンダリング）ですが、音に気を取られているのに気づいたら、心の中で素早く「音」と唱え、意識を本来の対象に戻します。お腹や鼻の出入口に戻します。考えにとらわれていたら「考え」と短く心で唱えて、想像やイメージに意識が入り込んでいたら「想像、イメージ」など適切な短い言葉で唱えて取り組むべきところに戻していくようにします。あるいは、痛みとか、しびれ、疲れなどでもまったく同じです。身体のどこかに痛みや不快を感じ、そちらに意識がとらわれているのに気づいたら、「痛み」、「不快」と心で唱え意識を対象に戻します。

そして非常に大事なのが(6)です。雑念に気づいた時に、「集中できない私はダメだ」、「またやってしまった」などの考えを持ち込まないことです。一切、価値判断をしないで、直ちに意識を対象に戻します。そして、あるがままの感覚や心の現実にただ気づくだけにとどめます。私たちはそれまでの習性がありますから、「あっ、またやってしまった」と無意識のうちに自分を責める心が出たりします。自分を責める心が出ても「今、『またやってしまった』と思った」というふうに気づくようにします。これは一段深い意識の次元からの気づきということになります。これを練習していきます。「またやってしまった」と無意識に思いが出てしまい、無意識に流されてしまう場合が多いのですが、そうではなくて「今、『またやってしまった』と思った」と気づくことで、「またやってしまった」という中にある自分を責める心から直ちに離れることができます。つまりつねにこの気づきは無条件の、価値判断なしの気づきということです。これを徹底していきます。

この瞑想の目指すべきところはアガペの人になるということです。そのアガペの人になるという目的に向かうための手段も同じだというところにこの瞑想のすばらしさがあります。手段と目的が同じなのです。アガペの心で「今またやってしまった」と思った、と気づくことで「またやってしまった」という自分を責める心を裁かない、責めない、取り除こうとせず、やっつけようとしません。ただ私の心に現れた考えのひとつとして事実を認め、そこでピリオドです。これがアガペの心です。これを徹底して行っていく時に私たちはもっとも深い気づきの場をアガペの場にすることができます。これに意識的に取り組みます。そうすると私は少しずつ、行きつ戻りつがあるかもしれませんがアガペの人になる道を進んでいくことができます。

多くの場合、私たちは目的に合わない手段を使ってしまいます。こんなにも人を決めつける私はダメだ、なんとかしなければいけないと、自分を裁いた上で力づくでなんとか捻じ曲げたりしてしまいますが、これはまったく堂々巡りです。エゴがエゴを力づくでやっつけようとしても、また新たなエゴが出てくるだけです。そうではなくて、どんな条件に対しても、どんなことが出てきても、ただ気づくだけです。これを修行として徹底します。

4　呼吸瞑想 II

(1) 自然な呼吸をしながら、意識を鼻孔の出入り口に持ってきます。

(2) 意識を上唇の上の皮膚表面と鼻孔を入った一センチくらい奥までのところに集中させます（鼻孔の三角地帯への集中）。

(3) 吸う息と吐く息に集中しながら、鼻孔の三角地帯でのさまざまな皮膚感覚に気づき、あるがままに観察します。

(4) 想像ではなく、実際の皮膚感覚として気づくことが大切です。そのために最初少し強めに息を何回か吸い、鼻の奥のツーンとする感覚を感じ取り、それを手掛かりにして、通常の自然な呼吸に戻しながら実際の感覚をとらえるようにします。

(5) 左右の鼻孔での息の違い、温かさ冷たさ、湿り気や渇き具合、皮膚に触れる感覚、柔らかさや硬さ、ムズムズやチクチク、ふくらみやへこみの感覚など、かすかなものであってもできるだけ丁寧に観察します。

(6) 集中の助けとなるならば息を吸う時「吸う」と心で唱え、息を吐く時に「吐く」と唱えます。「入る」、「出る」でもかまいません。その際、意識の一〇％程度を唱えることに使い、残りのおよそ九〇％はしっかりと意識を実際の感覚に向けるよう注意します。

(7) 上記を、一回三分を基本に行い、五分、一〇分、一五分と延ばしていきます（慣れに従って延ばし、最大一時間程度まで）。

呼吸瞑想Ⅱでは、意識をスポットのようなかたちで、鼻の出入り口周辺に意識を集中させます。⑸のところで、「左右の鼻孔での息の違い、温かさ冷たさ、湿り気や渇き具合、皮膚に触れる感覚、柔らかさや硬さ、ムズムズやチクチク、ふくらみやへこみの感覚など」を観察すると言っていますが、かすかなものであっても実際の感覚として丁寧に気づくということです。「息の流れや量」などというものもありますが、これは思考です。息がたくさん入っているというのは鼻の内側の粘膜で感じる温度変化の速さ遅さというようなものから私たちが頭で推測して、息がたくさん入っているとかわずかしか入っていないというふうに分析してしまっているだけです。そのような分析を頭がしていることを普段は意識せずに、息がたくさん入っているとか言いますが、これは考えで実際の感覚体験ではありません。こういうところを区別していきます。ですから、私たちが身体の感覚の現実にふれているようであっても、それは思考での判断や認識であって、それを感覚の現実にしてしまっていることにも丁寧に気づき区別できるようになることが大切です。そうすることで頭が思考で作り上げるフィルターをはがしていくことができます。このような取り組みです。ですから鼻孔での呼吸の気づきはとても奥が深いのです。

私は、ティク・ナット・ハンが一九九五年に日本に来て各地で行った講演集を人から勧められて読んだ時に、全然ピンと来ませんでした。彼が呼吸の大事さや呼吸の気づきがすべてであると言っていることにピンと来ませんでした。けれどもそれから二〇年以上経ってから、このすばらしさと深さを自分の瞑想修行の中で感じるようになりました。

こういったところに気づくには、いろいろな機会や場所、時が必要と思います。ですから、ぜひ自分自身でしっかり取り組み、気づきを深めてください。そうすると、これまで気づかなかった世界が開かれてきます。私たちは神とどこで出会っていくのでしょうか。私たち自身のエッセ以外で神に出会うことはできません。このエッセに目覚めていくのがこの瞑想だと言ってよいと思います。気づきの奥深くでのみ、私たちは神に目覚めていくことができます。そのための修行です。

5　ラベリングについて

⑴　お腹の膨らみ、へこみに合わせて「膨らむ」、「へこむ」と心で唱えるラベリング（内語とも言う）は意識の集中の助けとなりますが、気をつけないと感覚の気づきから離れて頭の中での観念的な言葉の反復となってしまいます。そこで意識の一〇％程度をラベリングに使うようにします。

⑵　ラベリングは意識の集中や意識の切り替えに助けとなりますが、最終的にはラベリング、すなわち言葉から離れてただ気づくようにすることが適切です。ラベリングを重視するヴィパッサナー瞑想の流派もありますが、現実の世界は言葉を越えた広がりを持つので、最終的に離れていくのがよいと思われます。ただ、内語やラベリングは明確な気づきや、意識の切り替えに役立つので、助けとなるなら用いてよいでしょう。

ラベリングについてですが、私が与った一〇日間のヴィパッサナー瞑想の中で指導者のサティア・ナラヤン・ゴエンカさんは、内語は暗示のリスクを持つので、手放すのがよいと言っていました。何か言葉を使うと分かったつもりになる、ということです。一方、言葉を使うと意識が飛んでしまう状態を今ここにとどめる助けになるということは確かです。ヴィパッサナー瞑想にもいろいろな流派があり、少し極端になるのですが、中には実況中継派のようなのもあります。たとえば、立ち上がろうとする時に、「左手を机にかけた、指に圧力がかかっている、両足に圧力がかかって膝がもちあがる、もちあがる、もちあがる、もちあがった、右足が一歩横に出た、左足がそれについて出た、右足が一歩前に行った、左足……」こういうふうに自分のあらゆる動作を心の中で実況中継するというやり方で意識がどこかに飛んだりするということを防ぐことができます。しかし気をつけないと、そういうふうに言葉を使うことで今の自分の行動、現象をすべてあますところなく理解しているかというと、決してそうでなく、一面的なものにすぎません。ですからここは気をつけた方がよいのです。言葉はとても便利なのですが、最終的に言葉を手放していくようにします。そうする時に神秘を神秘として理解し、その神秘の奥に入っていくことが少しずつできるようになっていきます。

こういう点で、西方教会は言葉をすべてにおいて優先するという方向で進んできました。東方教会は言葉の限界を知っています。神秘は神秘として決して言葉にすることはできないのです。言葉を使っても、まったくそれは神秘そのもののごく一部を示しているにすぎないのです。そういうことについてもトマスはほんとうに分かっていた人ですが、その後の人たちは言葉ですべて分かるという方向、つまり神をエンスの世界にしてしまいました。エンスでは、すべてを言葉で言い尽くそうとします。現代科学もそうです。しかし神秘はそれを超えるものです。そのような理解を持ちながら、究極に目覚めつつ「今ここ」に目覚めることを瞑想をとおして行っていきます。

6　生活の場でのエクササイズ

(1)　「呼吸瞑想Ⅰ」を毎日少なくとも一回行います。時間は三分くらいでもかまいません。可能なら少しずつ延ばしていきます。エクササイズは、できるだけ落ち着いた静かな時、朝や夜など、周りから乱されない時や場所を選んで行うようにします。

(2)　「呼吸瞑想Ⅰ」に慣れてきたら、「呼吸瞑想Ⅱ」にも取り組みます。これもⅠと同様に三分くらいから始め少しずつ時間を延ばしていきます。

(3)　応用編として、日中の生活、買い物や家事、仕事や勉学の最中でも、少しの時間、一〇秒でもよいから呼吸に気づきを入れるようにします。

(4)　雑念についてもその都度きちんと対応します。

2 キリスト教的ヴィパッサナー瞑想の実践 II

心を入れ替えて子供のようにならなければ、決して天の国に入ることはできない。自分を低くして、この子供のようになる人が、天の国でいちばん偉いのだ。
（マタイ一八・三b―四）

修行者は歩いているときには「歩いている」と知り、立っているときには「立っている」と知り、坐っているときには「坐っている」と知り、横になっているときには「横になっている」と知る。身体がどのように配置されていたとしても、身体がそのようになっているということを知る。
（『サティ・パッターナ・スッタ』第二節）

イエスは福音書の中でこの箇所以外でも子供をよく取り上げています（マタイ一九・一四―一五、マルコ九・三六―三七、一〇・一三―一六、ルカ九・四七―四八、一八・一六―一七）。幼い子供はまさに「今ここ」を生きています。大人のような価値判断を持ちません。幼いほど世界をあるがままに体験して受け入れていると言えるでしょう。ですからイエスからするならば神の国を無意識のうちに生きているのが子供だということです。

経典ではヴィパッサナーの「今ここ」の動作や姿勢に気づくことが明確に述べられています。子供は今ここを生きていますが、それを自覚することはありません。瞑想ではこれをはっきり自覚することが大切で、これが子供（特に幼い子供）と大人の違いとなるでしょう。

7　聖書による神の愛についての黙想

(1) ふさわしい姿勢をとり、しばらく呼吸に気づきを入れます。

(2) 以下の神の愛についての聖書箇所に目を通し、今ここでふさわしいと感じるものをひとつ選びます。

　知恵の書　一一章二三―二六節
　マタイ福音書　五章四三―四五節
　ヨハネ福音書　一五章九―一四節

(3) 選んだ聖書の一句一句を丁寧に読み、心で味わいます。特に響く言葉を感じたらその言葉に留まり、言葉をゆっくりと繰り返し、心に沁みとおらせるようにします。

(4) 心を沈黙させ、その沈黙に留まり、沈黙を味わいます。

このエクササイズは講話編で話してきた神のアガペの愛について黙想するもので、神の無償・無条件の愛を頭の理解から心のレベルに降り立たせていきます。聖書の言葉を通して瞑想の根底にある神の愛に触れ、味わう黙想です。時間としては三〇分から一時間をかけるのがよいでしょう。

8　体感覚瞑想Ⅰ——身体の存在と接触感覚の気づき

(1)　ふさわしい姿勢をとり、呼吸に気づきを入れます。目を閉じて集中します。

(2)　頭部に意識を持っていき、頭部がそこにあることに意識を向け、頭部の重さ（頭部にかかる重力）を感じるようにし、次に頭部（顔と頭）の接触感覚（皮膚感覚）に気づくようにします。頬に当たる空気の温かさや冷たさなど、また皮膚表面のムズムズやチクチクなどかすかな感覚が多いですが、あるがままに気づくようにします。呼吸を数回数える間意識を集中させます。

(3)　同様に、右腕全体、左腕全体、胴体、右足全体、左足全体に対して順に気づきを入れていきます。

(4)　最後に身体全体に意識を広げ、身体がそこに存在する感覚と接触感覚に気づくようにします。

9　歩行瞑想——歩く時に歩くことに気づく

〔スローモーションでの歩行瞑想〕

(1)　自然な姿勢で立ちます。目は開けます。通常の歩行瞑想と区別するために両手を後ろに組みます。

(2) 意識を両足の裏に集中させ、足の裏が床と触れている感覚に気づきを入れます。

(3) 右足の裏に意識を集中させ、ゆっくりと一足分だけ右足を前へ運びます。その時に右足が床から離れ、前に運ばれ、かかとが床に着き、足全体が床に着く（踏み込む）感覚に気づきを入れます。丁寧に足の裏の感覚の変化に気づけるよう歩くスピードを調整します。

(4) 右足の全体が床に着いたところで、意識を左足の裏に集中させ、右足の場合と同様に一足運ぶ際の動きに気づきを入れます。

(5) 一定の距離（たとえば三－四メートル）を歩いたところで、ゆっくりとユーターンし、元に戻ってきて、これを繰り返します。

(6) 右足と左足への意識の集中を助けるために、右足を踏み込んだ時に意識の一〇％程度を使って「右」と内語し、左足を踏み込んだ時同様に「左」と内語を試みます。慣れてきたら言葉なしで行います。

(7) 応用としての呼吸に合わせた歩行瞑想。

〔一足呼吸〕右足のかかとを上げ始めた時から息を吸い始め、一歩進んでかかとが着いた時から息を吐くリズムで歩行瞑想します。

〈通常の歩行での歩行瞑想〉

(1) スローモーションの歩行瞑想に慣れたら、通常の歩行での歩行瞑想に取り組みます。自然な姿勢で立ち、手も普通に下ろします。

(2) 通常の歩行では、たとえば右足を踏み出すと、それに合わせて左足のかかとが上がるので、気づきの工夫が必要です。そこで、足の裏の変化にすべて気づくのではなく、右足の裏全体が床に着いた時に右足の裏に気づき、同様に左足の裏全体が床に着いた時に左足の裏に気づくようにします。

(3) この左右の足への意識の切り替えを助けるために、右足の裏全体が床に着いた時「右」と内語し、左足の裏全体が床に着いた時「左」と内語します。内語は意識の一〇％程度にとどめます。慣れてくると内語なしで意識を切り替えて歩行瞑想します。

(4) 応用としての呼吸に合わせた歩行瞑想

〔多足呼吸〕二歩で吸って、三歩で吐きます（心で一、二と数えて吸い、三、四、五と数えて吐きながら歩く）。

10　手動瞑想――手を動かしている時の手の感覚に気づく

ふさわしい姿勢で坐り、呼吸に気づきを入れます。目を閉じて集中します。

図解（二六八―二六九頁）を参照に、右手に意識を集中させ、動きに伴う感覚に気づきを入れるようにします。

左手に対しても同様に、手の動きに伴う感覚に気づきを入れます。

この手動瞑想は日本人で、タイで出家したプラユキ・ナラテボーさんの『「気づきの瞑想」を生きる』（一一四－一一五頁）に掲載されているものです。プラユキさんの場合は目を開けて素早く動かす手の瞬間瞬間の動きや位置に気づくようにしますが、キリスト教的ヴィパッサナー瞑想では、手の動きに伴う手の感覚に気づくよう意識の集中を図るエクササイズとして行います。そのために目を閉じ、スローモーションで手を動かします。

11　食べる瞑想――食べる時に口の中の食べ物にあるがままに気づく

(1)　食事の時、口の中に入れた食べ物の接触感覚に気づいて食べます。食べ物が舌に乗った感触や温かさ冷たさ、硬さ柔らかさなど、また噛んでいく時の接触感覚の変化に丁寧に気づきながら食べます。その際、美味しいとか美味しくないなどの価値判断を脇に置きます。

(2)　噛んでいった食べ物がやがて舌によって運ばれて喉の奥に入り込む感覚にも気づくようにします。

(3)　次に、口の中に入れた食べ物を食べる際の音をあるがままに聞きます。歯で噛む時にさまざまな音が生じているのを聞き、心地よさや不快さという心の反応を脇に置いてあるがままの音として聞き、噛み進める中でその音がどのように変化していくかに気づきます。

(4)　さらに、口の中に入れた食べ物の味をあるがままに注意深く感じて食べます。たとえば、ご飯を食べる時、舌にのせた際の味はどのようなものか、ひと噛みした時の味はどうであるか、

1　姿勢を正して坐し、両手を
両膝の上に伏せる

5　左手のひらを膝の
上で立てる

2　右手のひらを膝の上で立てる

6　左手を肩まで垂直に立てる

3　右手を肩まで垂直に上げる

7　左手をお腹にもっていき
右手の上に重ねる

4　お腹に右手をもっていく

（プラユキ・ナラテボー『気づきの瞑想を生きる』佼成出版社、2009年、114-115頁）

8　右手を胸元に移動する

9　右手を 90度開き肩の高さにもってくる

10　右手を膝の上に降ろす

11　右手のひらを伏せる

12　左手を胸元に移動する

13　左手を90度開き肩の高さにもってくる

14　左手を膝の上に降ろす

15　左手のひらを伏せる

噛んでいく際にご飯の味はどのように変化していくか、喉の奥に運ばれるまで味とその変化に気づき続けます。

(5) 食べる瞑想の拡張として、口に入れる前にそのもののあるがまま（色と形だけ）を見るようにします。また、鼻に近づけてその食べ物の匂いや香りをあるがままにかぐようにします。

12　生活の場でのエクササイズ
――以下のエクササイズのどれかを毎日少なくとも一回行う

(1) 「体感覚瞑想Ⅰ」を行います。「呼吸瞑想Ⅰ、Ⅱ」と組み合わせてもかまいません。
　［例］三分間「呼吸瞑想Ⅰ or Ⅱ」＋三分間「体感覚瞑想Ⅰ」

(2) 「手動瞑想」を行います。「呼吸瞑想Ⅰ、Ⅱ」と組み合わせてもかまいません。
　［例］三分間「呼吸瞑想Ⅰ or Ⅱ」＋五分間「手動瞑想」

(3) 「歩行瞑想」を適当な場所で五分間行います。

(4) 応用編として、歯磨きや洗顔の時の手の動きなど何かの動作をしている時、手の動きに伴う感覚に気づきを入れたり、歩いている時に三〇秒程度（あるいは一定距離で）歩行瞑想をします。階段の上り下りでも同じように歩行瞑想として行うことができます。

(5) 一人で食べる時に「食べる瞑想」を行います。

3　キリスト教的ヴィパッサナー瞑想の実践Ⅲ

あなたがたに言うことは、すべての人に言うのだ。目を覚ましていなさい。

（マルコ一三・三七）

修行者は快い感覚を感じているときには「快い感覚を感じている」と知り、痛い感覚を感じているときには「痛い感覚を感じている」と知り、快くもなく痛くもない感覚を感じているときには「快くもなく痛くもない感覚を感じている」と知る。

（『サティ・パッターナ・スッタ』第三節）

イエスの言葉でヴィパッサナー瞑想にはっきりつながるのが「目を覚ましていなさい」です。この言葉はマルコ福音書で受難物語が始まる一四章の直前に置かれているもので、「終末預言」と呼ばれる一三章の説教の最後の言葉です。ですから弟子たちへの遺言といってもよく、それはすべての人にも向けられています。そして、受難物語を読むと分かるのですが、弟子たちはイエスの言葉とは裏腹にますます目覚めなくなっていきます。特にゲッセマネのイエスが必死で祈る場面で明らかです。「ここを離れず目を覚ましていなさい」と言われたにもかかわらず弟子たちは眠ってしまうのです。人間が困難や闇に直面した時にとる態度が示されています。いざという時に人間は目を閉じて、その現実を見ようとしないのです。けれども目覚めていてこそ困難な現実に取り組む道が開けてきます。そのような目覚めを持つための修行がヴィパッサナー瞑想です。

経典では感覚にあるがままに気づくことが述べられ、大切なのは快い刺激や不快な刺激がない状態でも気づけるようにすることとしています。

13　体感覚瞑想Ⅱ――身体の表面四五箇所の感覚の気づき

(1) ふさわしい姿勢をとり、呼吸に気づきを入れます。目を閉じて集中します。

(2) 次に順に身体の表面感覚を観察していきますが、時間が長くなる場合、途中で区切ってもかまいません。

(3) 頭頂部に意識を持ってゆき、頭頂部のさまざまな皮膚感覚を一定時間観察します。髪の毛と触れ合っている感覚、むずむずやちくちくの感覚、硬さ・やわらかさ、温かさ・冷たさ、膨張感・圧迫感、乾いた感覚・湿った感覚、血流や血圧変化から来る感覚など、かすかなものであってもできるだけ観察します。快・不快の思いを脇に置き、あるがままに観察します。

(4) 次に意識を後頭部に移し同様に行います。続いて、額、右眉、左眉、右目とまぶた、左目とまぶた、鼻全体、鼻孔の出入り口、両唇、あご、右頰、左頰、右耳、左耳と順に観察していきます（頭部一五箇所）。

(5) 続けて、右肩、右上腕、右ひじ、右前腕、右手首、右手（手のひら、手の甲、指）、左側に移り、左肩、左上腕、左ひじ、左前腕、左手首、左手（手のひら、手の甲、指）まで観察します（両手部二二箇所）。次に、喉、胸、お腹と下腹部、首筋、背中の上半分、背中の下半分、腰、お尻と観察を進めます（胴体部八箇所）。次に右足に移り、右太もも、右ひざ、右すねとふくらはぎ、右足首、右足先まで、左足に移り、左太もも、左ひざ、左すねとふくらはぎ、左足首、左足先まで観察します（両足部一〇箇所）。

(6) 順序を逆にし、左足先から頭頂部へと戻るルートも行うようにします。

(7) 丁寧に行うと、頭頂部から足先まで四五分くらいかかります（一箇所一分間）。応用として、慣れてくると全体を一〇分くらいで観察し（一箇所一〇秒程度）、いちばん気がかりに思えるところ（不快、痛み、しびれ、疲労、圧迫部など）に戻ってそこを丁寧に観察します。

(8) 順番に行っている時、他の箇所に強い刺激を感じてもそちらに意識を向けず、順番を守るようにします。意識が感覚に振り回されないための訓練です。

(9) 雑念に対しては、これまでと同様に行います。

14　指動瞑想——指を動かす時、また指同士が触れ合う時の指の感覚に気づく

(1) ふさわしい姿勢で坐り、呼吸に気づきを入れます。目を閉じて集中します。

(2) 両手の手のひらを上に向けてそれぞれ膝の上に置きます。

〔指を曲げる瞑想〕

(1) 右手の親指に意識を集中させ、ゆっくりと親指を内側に曲げながらその動きに伴う感覚に気づくようにします。

(2) 同様に右手の人差し指、中指、薬指、小指と進めていきます。そして、すべての指を曲げた状態で握っている右手全体の感覚に気づくようにします。

(3) 次に握っている右手の小指からゆっくりと開いていき、開く時の動きに伴う感覚に気づくようにします。

(4) 同様に薬指、中指、人差し指、親指と開いていき、すべての指を開いた状態で右手全体の感覚に気づくようにします。

(5) 左手の指についても同様に行います。

〔指同士を触れ合わせる瞑想〕

(1) 右手の親指の腹（指紋の部分）と右手の人差し指の腹（指紋の部分）を近づけ触れ合った瞬間の感覚、触れ合っている間の感覚、離れる瞬間の感覚に気づきます。

(2) 同じように、右手の親指の先端と中指の先端、薬指の先端、小指の先端をそれぞれ近づけ、同様にします。

(3) 左手の指についても同様に行います。

15 音を聞く瞑想――音をあるがままの音として聞く

(1) ふさわしい姿勢をとり、呼吸に気づきを入れます。目を閉じて集中します。
(2) 聞こえてくる音をひとつ選んでその音に注意を向けます。
(3) その音をただあるがままの音そのものとして聞くようにします。何の音であるか、イメージなどは脇に置きます。それが心地よいとか心地よくないなどの心の反応も脇に置きます。
(4) 音そのものとして聞く際、より丁寧に強弱や高低、うねりや振幅、音の重なりや振動なども可能ならば聞き分けるようにして、気づきを深めます。

16 生活の場でのエクササイズ――以下のエクササイズのどれかを毎日少なくとも一回行います

(1) 「体感覚瞑想Ⅱ」を行います。「呼吸瞑想Ⅰ、Ⅱ」と組み合わせてもかまいません。
［例］三分間「呼吸瞑想Ⅰ or Ⅱ」＋三分間「体感覚瞑想Ⅱ」（部分に分けて行う）
(2) 「指動瞑想」をさまざまな機会に行います。
［例］人を待っている時、ふとした合間に、電車やバスなどに乗って座っている時など。

(3) 「音を聞く瞑想」を行います。「呼吸瞑想Ⅰ、Ⅱ」と組み合わせてもかまいません。
〔例〕三分間「呼吸瞑想Ⅰ or Ⅱ」＋五分間「音を聞く瞑想」

(4) 自分にとって不快と思える音に対して「音を聞く瞑想」を試みます。

4 キリスト教的ヴィパッサナー瞑想の実践Ⅳ

どんな貪欲にも注意を払い、用心しなさい。有り余るほど物を持っていても、人の命は財産によってどうすることもできないからである。

（ルカ一二・一五）

修行者は貪欲な心を「貪欲な心」と知り、貪欲から離れた心を「貪欲から離れた心」と知る。憎しむ心を「憎しむ心」と知り、憎しみから離れた心を「憎しみから離れた心」と知る。幻惑された心を「幻惑された心」と知り、幻惑されていない心を「幻惑されていない心」と知る。

（『サティ・パッターナ・スッタ』第四節）

ここではイエスが貪欲への注意を促します。エゴはついつい欲にとらわれてしまいます。その心の動きにも気づくようにします。経典も同様です。その時、貪欲な心があると気づくだけでなく、そこから離れた時の心にも気づくように促します。

そこで、瞑想は気づきやすい姿勢や動作、感覚から次第に内面にも気づきを向けていきます。実は内面の方がより重要なのですが、外面から丁寧に取り組んでいきます。

17　体感覚瞑想Ⅲ――身体の内部感覚の気づき

(1) ふさわしい姿勢をとり、呼吸に気づきを入れます。目を閉じて集中します。
(2) 身体の表面感覚の気づきの延長として、身体の内部感覚を観察していきます。
(3) 意識を鼻孔の内部から奥に進め、そこで感じられる接触感覚を観察します。内部を想像するのではなく実際に感じられる感覚として気づきを入れ観察します。最初、少し息を強く吸って鼻の奥の感覚を感じ取るようにしてもよいでしょう。かすかで何も感じ取れなくても一定時間過ごした後、次へ移っていきます。これまでと同じように快・不快の心の反応を脇に置きます。
(4) 次に意識を目の奥に移し眼球とその周辺の内部感覚を観察します。続けて口の中に移し、舌と接触する口の内部感覚を観察します。続いて、喉（唾を飲みこみ手がかりとする）、心臓とその周辺、胃とその周辺（下腹内部）と順に観察していきます。
(5) 順序を逆にし、下腹内部から鼻孔内部へと戻るルートも行うようにします。

18　強い感情を鎮める瞑想

ヴィパッサナー瞑想では心の反応は感覚とつながっていると考えます。そこで、怒りや不安や恐れなど強い感情が生じた場合、その感情とつながった感覚に気づきを入れ静かに観察することで、感情を鎮めるようにします。

(1) 強い感情（怒り）が生じた時、できるだけ素早くその感情に気づき、その感情を内語します（怒りなら「怒り」と心で言うなど、ラベリングします）。

(2) その強い感情に対応した感覚に意識を移し、対応した感覚をあるがままに観察します。たとえば、怒りの場合、顔のほてり、呼吸の荒さ、心臓の鼓動の速さをあるがままに観察します。

(3) 感覚が平常近くに戻るまで観察し、その後、強い感情がどのようになっているかを確かめます。多くの場合、感情は弱くなっています。意識を感情とひとつにせず、観察する意識にとどめているため、感情それ自体が過ぎ去っていきます。

(4) 感情がまだ大きくならないうちに素早く気づくようにするとより効果的です。

(5) 感情を鎮めるのは、強い感情を引き起こした対象に何もしないためではなく、心を鎮めることでより客観的に適切な対応を見分け、行動することを可能にするためです。

19　過去の困難な思い（出来事）を解放する瞑想

何かのきっかけで思い出すと苦しくなったり、恐れや嫌悪感が生じるような過去の出来事から心を解放するための瞑想です。過去の嫌な思い出は思い出したくないものですが、何かのきっかけで思い出してしまうことがあります。それで苦しい思いをすると、また何かで思い出してしまうのではとの不安が生じ、予期不安という苦しみを抱えることになります。この瞑想は、そのようにふと生じてくる苦しみに対処できるようにする瞑想です。これが身につくと、いつ何時(なんどき)それが生じても対応できるようになるので、予期不安を軽減することができます。

(1) 呼吸の気づきをアンカー（錨）とします。何かあればすぐに呼吸の気づきに戻ります。

(2) 自分にとって嫌な思いや困難な出来事を思い浮かべます。最初はやりやすいもの、それほど深刻ではないものから始めるようにします。

(3) その「嫌な思い」や「困難な出来事」を思い浮かべる中で生じる考えや感情にただ気づくようにします。またそれらに伴う感覚にも気づくようにします。

(4) 生じてきたものを回避、分析、評価、修正、解決したりしようとせずに、ただそこに留まります。

(5) 必要な時、たとえば感情や考えに引きずりこまれそうになった時などは、つねに呼吸の気づきに戻ります。

(6) この瞑想は自分にとってその嫌な思いや困難な出来事を思い出しても心を穏やかにして向き合えるようになることを目指します。

（この瞑想は、ティム・ステッド『マインドフルネスとキリスト教の霊性』柳田敏洋、伊藤由里訳、教文館、二〇一九年、一〇章「平和を見いだす」を参考にした）

20　見る瞑想――対象をあるがままに見る

(1) ふさわしい姿勢をとり、呼吸に気づきを入れます。

(2) 適当な対象を選び、目を向けます。

(3) その対象を、「何であるか」、「どのような意味を持つか」などの考えを脇に置き、また快・不快の心の動きも脇に置き、ただの色や形、変化するパターンなどとして見、観察するようにします。

(4) 何であるかについて考えていたり、意味の理解に入り込んでいたり、想像をめぐらせたりしているのに気づいたら、ただあるがままに見るところに静かに戻っていきます。

21　気分への気づき

(1) ふさわしい姿勢をとり、呼吸に気づきを入れます。目を閉じて集中します。

(2) 自分にとって今いちばん強く感じられる、あるいは支配的なネガティブな気分（疲れ、重い気分、不安、やるせなさ、恐れ、不快、けだるさ、物憂さ、憔悴感など）に気づきを向けます。

(3) 意識を頭に持ってゆき、その気分（疲れなど）が感じられるかどうかを確かめます。そこから順に身体の各部分（首、右肩、左肩、右腕、左腕、胴体、胴体内部、腰、右足、左足）に意識を移していき、今もっともその気分（疲れ）が感じられる部分に意識を留めます。

(4) 意識を留めながらその部分を丁寧に観察します。その気分に関連した感覚の状態（硬さ、緊張、凝り、痛み、だるさ、圧迫、締めつけ感など）、その範囲、その強さ、またそれらの時間的な変化を観察します。

(5) このように観察する中で、自分の心の中の気分についての思い（「疲れた」、「不安だな」、「やるせないな」など）と観察して感じているものを分けるようにします。

(6) さらに、以上のように観察している意識そのものを味わうようにします。

22　生活の場でのエクササイズ
――以下のエクササイズのどれかを毎日少なくとも一回行う

(1) 「体感覚瞑想Ⅱ」と「体感覚瞑想Ⅲ」を組み合わせて行います（部分に分けてよい）。

(2) 「強い感情を鎮める瞑想」は、実際の生活や仕事の場でそのような感情を体験した時に試してみます。日常生じる小さな感情に素早く気づき内語することも行ってください。

(3) 「過去の困難な思い（出来事）を解放する瞑想」は時に応じて行います。

(4) 日常の中でちょっとした区切りや何か違和感を感じる時に「気分への気づき」を行います。

(5) さまざまな対象に対して「見る瞑想」を試みます。

5　キリスト教的ヴィパッサナー瞑想の実践Ⅴ

自分の命を救いたいと思う者は、それを失うが、わたしのため、福音のために命を失う者は、それを救うのである。

（マルコ八・三五）

天地は過ぎ去るが、わたしの言葉は過ぎ去らない。

（マルコ一三・三一）

わたしがあなたがたを愛したように、互いに愛し合いなさい。

（ヨハネ一五・一二）

修行者は心において現われてくる現象を考察しながら過ごし、心において消え去ってゆく現象を考察しながら過ごし、心において現われて来ては消え去ってゆく現象を考察しながら過ごす。修行者すると「心がある」という気づきが、知識と自覚のために必要な分だけ現われてくる。修行者は世界のなにものにも固執せず、とらわれなく過ごす。

（『サティ・パッターナ・スッタ』第四節）

ヴィパッサナー瞑想はさまざまなとらわれから自由になる瞑想ですが、それは最終的に本来生きるべき価値に基づいて生きることができるようになるためです。キリスト者にとってはイエスが示した神のアガペの愛に応えてアガペの人となることが目指す究極の価値です。それを阻むのが私たちのエゴです。イエスはこのエゴを「自分の命を救いたいと思う者」という言葉で表します。エゴをやっつけず静かに見つめることによって手放す道がヴィパッサナー瞑想です。アガペの愛から見つめます。そしてこのアガペこそ神に由来するもので、天地が過ぎ去ろうと変わることなくあり続けるものです。このアガペに目覚めて互いに愛し合うあり方がアガペの人の中身です。

そのためには、経典にあるように、自分の心にいっそう丁寧に気づき続けることが欠かせません。これこそ真の離脱の道であり、真の自由を生きる道です。

23　思考への気づき

(1)　ふさわしい姿勢をとり、呼吸に気づきを入れます。目を閉じて集中します。

(2)　準備として音を聞く瞑想を行ってもよいでしょう。

(3)　あるいは呼吸瞑想を続けながら、心を「心の大空」とイメージしそこに思考の雲が湧いてくるのに気づくという具合にイメージすることも瞑想の助けとなるかもしれません。そのようにして心に意識を向けます。

(4)　心に湧いてくる思考について、それを考察したり価値判断をせずに、あるがままに心に生じてくる思考に気づき、その思考が変化し過ぎ去っていくのを観察します。思考を作り出そうとしたり、わざと消そうとしたりせず、あるがまま起こってくるままにします。

(5) 思考とは別に想像が湧いてくることもあり、それにも気づくようにします。

(6) 気づき方の工夫として両手の指を使い、思考に気づいた時右手の親指を少し動かす、想像に気づいた時左手の親指を少し動かすなどすると意識の乱れなく対応しやすくなります。

24　全方位的気づき――気づきそのものとなる

(1) ふさわしい姿勢をとり、呼吸に気づきを入れます。目を閉じて集中します。

(2) 呼吸の周辺に気づきを拡大し、さらに順に頭、両手、胴体、両足と意識を拡張し全身に気づきを広げます。

(3) 気づきの範囲を身体の内部、表面、周りの環境にも広げ、見る、聞く、嗅ぐ、味わう、触れる感覚の働きを全身にみなぎらせます。その際、これまでと同様に認識の働き以前のあるがままの感覚として気づくようにします。

(4) 内部の感情や思考にもあるがままに気づくようにします。

(5) その際、特定の対象に意識を集中させるのではなく、あらゆる感覚や感情、思考に全方位的に気づくようにし、こうしてあらゆる対象に対し、自らを純粋な気づきそのものとします。

この瞑想は、気づきそのものとなる、というものです。私たちはひとつのポイントに絞って、たとえば鼻の出入り口での呼吸だったら呼吸、あるいは順番に、額なら額、音なら音、見るなら色と形だけで、というようにひとつに対象を絞って取り組んできました。それを同時にあらゆる次元に意識を広げるというものです。あらゆるものに同時に気づいて、巻き込まれない私となっていくという瞑想です。すなわち統合的な離脱と自由を育むための瞑想です。

25　あるがままに気づく瞑想――神とひびく瞑想

(1) ふさわしい姿勢をとります。
(2) 呼吸に気づくなど対象を一切限定せずに意識を広げ、ただ自分の心を根源意識から見つめ、自然体で静かに気づくようにします。
(3) 心にあるがままに現れてくる思い、想像、イメージ、感情、気分、音などにただ気づき静かに離れるようにします。
(4) こうして、何らの制約も持ち込むことなく力まず自然体で目覚めそのものに留まります。

この瞑想は、気づく意識を、すべての存在を無条件に肯定するアガペそのものとして気づいていくもので、「神とひびく瞑想」と名づけてもよいものです。全方位的気づきからさらに自然体であるがままに気づいていくことで、あらゆる心の反応から静かに離脱していく瞑想です。「存在そのもの」であるエッセへの開けからの気づきと言ってもよいでしょう。

26　アガペの瞑想——自分自身と他者のためにアガペを祈る（慈しみの瞑想の応用編）

(1) ふさわしい姿勢をとり、呼吸に気づきを入れます。目を閉じて集中します。

(2) 胸に意識を向け、どのような感覚やフィーリングがあるかを感じます。胸にこわばりがないこと、また心が穏やかであることを確認します。

(3) 自分自身に向けて「私があらゆるとらわれから解放されますように」、次に「私がアガペの人になりますように」と祈ります。胸にどのような感覚やフィーリングがあるかに気づきます。

(4) アガペを祈りたい他者を思い浮かべて、同じように「〇〇さんがあらゆるとらわれから解放されますように」、「〇〇さんがアガペの人になりますように」と祈ります。形式的になっていると感じるなら、間を置き、気づきを入れながら呼吸を数回丁寧に行い、胸の周りの感覚とフィーリングに穏やかさを感じたら、祈りを再開します。自分にとって祈りやすい人から始め、難しく感じている人にも広げ、さらに世界の人々にも、生きとし生けるすべてのものにも広げていきます。

これはヴィパッサナー瞑想の伝統的な「慈しみの瞑想」の応用と言えます。慈しみの瞑想では、たとえば誰かを思い浮かべながら「誰々さんが幸せでありますように」、「誰々さんが安全でありますように」、「誰々さんが健康でありますように」、「誰々さんの心が安らかでありますように」と四つの祈りをしていくのですが、一番の中心は「誰々さんが幸せでありますように」と祈ります。

では幸せとは何ですか。丁寧に見ていったら、キリスト教的な枠組みではアガペを生きるという中に真の幸せがあります。その点から表現を変えて「アガペの瞑想」として行い始めました。自分自身と他者のためにアガペを祈る、つまり慈しみの瞑想の応用編だということです。そこで単に言葉だけで祈るのではなくて、心の奥底から丁寧に祈っていくことが大切です。そのために、心と身体は連動しているということから、それが一番現れやすいのが胸なので、胸にどんな感覚やフィーリングがあるかを確認して、胸にこわばりがなく、心も穏やかであることを確認したら、そこからまず自分自身に向けて「私があらゆるとらわれから解放されますように」と祈り、次に「私がアガペの人になりますように」と祈っていきます。

真にアガペの人になるために阻んでいるものがあるとするならば、それらのあらゆるものから私が解放されますように、とまず祈り、次に「アガペの人」となることを祈ります。私自身へ祈った後、アガペを祈りたい人を目の前に思い浮かべて、同じように「○○さんがあらゆるとらわれから解放されますように」、「○○さんがアガペの人になりますように」と祈っていきます。

そして順番に祈って行く中で、形式的になっていると感じるなら、間を置き、気づきを入れながら呼吸を数回丁寧に行い、胸の周りの感覚と心に穏やかさを確かめたら、祈りを再開します。形式的に祈らないようにします。必ず身体と心の状態を確認し、そして心の底から他者のためにとらわれからの解放とアガペを祈っていきます。これがアガペの瞑想です。

27　生活の場でのエクササイズ
――これまでのエクササイズを踏まえて、適宜日常の中で行っていく

(1)「思考への気づき」を瞑想時間に行うことで慣れるようにし、日常の生活や仕事の中で思考に気づくようにします。自分に生じやすい思考のパターンにも気づくようにします。

(2)「全方位的気づき」は習熟するのが簡単ではないので、瞑想の時間の中で取り組むところから始め、徐々に生活や仕事の中で目覚めの次元を広げるようにしていきます。そこから力を抜いて「あるがままに気づく瞑想」に取り組みます。むしろ「あるがままに気づく瞑想」の方がやりやすい方はこちらから始めてください。

(3)「アガペの瞑想」は慣れると短い時間でもできるので、日常の中で誰かに対して祈りたい時に行うとともに、特に嫌なことがあった時にその相手のためにアガペの瞑想を意識的にするようにします。

実践のために

キリスト教的ヴィパッサナー瞑想は、実践してこそ理解が深まり、身につけることで生活や信仰を活き活きしたものとすることができます。その実践の場所として左記を紹介します。

無原罪聖母修道院（黙想）、イエズス会霊性センター「せせらぎ」
〒一七七―〇〇四四　東京都練馬区上石神井四―三二―一一
電話　〇三―三三九二―〇一一五八　ファックス　〇三―五九二七―三〇八一
URL　https://tokyo-mokusou.info/

この施設では、日帰りから、一泊二日、二泊三日、三泊四日、八日間（九泊一〇日）の瞑想を行っています。日程はホームページに掲載しています。

参考図書・文献

本文中にも掲載していますが、さらに深めたいと思われる方や基本を学びたいと思われる方のために紹介します。

〔ヴィパッサナー瞑想（マインドフルネス瞑想）関係〕

ウィリアム・ハート『ゴエンカ氏のヴィパッサナー瞑想入門——豊かな人生の技法』（日本ヴィパッサナー協会監修、太田陽太郎訳、春秋社、一九九九年）

バンテ・H・グナラタナ『マインドフルネス　気づきの瞑想』（出村佳子訳、サンガ、二〇一二年）

アリンナ・ワイスマン、ジーン・スミス『やさしいヴィパッサナー瞑想入門』（井上ウィマラ訳、春秋社、二〇〇三年）

プラユキ・ナラテボー『「気づきの瞑想」を生きる——タイで出家した日本人僧の物語』（佼成出版社、二〇〇九年）

ティク・ナット・ハン『ブッダの〈気づき〉の瞑想』（山端法玄・島田啓介訳、新泉社、二〇一一年）

ティク・ナット・ハン『ブッダの幸せの瞑想（第二版）』（島田啓介・馬籠久美子訳、サンガ、二〇一五年）

ティク・ナット・ハン『生けるブッダ、生けるキリスト』（新版）（池田久代訳、春秋社、二〇一七年）

クリストフ・アンドレ『はじめてのマインドフルネス——26枚の名画に学ぶ幸せに生きる方法』（坂田雪子・繁松緑訳、紀伊國屋書店、二〇一五年）

地橋秀雄『ブッダの瞑想法――ヴィパッサナー瞑想の理論と実践』（春秋社、二〇〇六年）
蓑輪顕量『仏教瞑想論』（春秋社、二〇〇六年）
大谷彰『マインドフルネス入門講義』（金剛出版、二〇一四年）
藤田一照、永井均、山下良道『〈仏教3・0〉を哲学する』（春秋社、二〇一六年）
藤田一照、山下良道、ネルケ無方、永井均『哲学する仏教――内山興正老師の思索をめぐって』（サンガ、二〇一九年）
山下良道『青空としての私』（幻冬舎、二〇一四年）
山下良道『本当の自分とつながる瞑想入門』（河出書房新社、二〇一五年）
山下良道『光の中のマインドフルネス――悲しみの存在しない場所へ』（サンガ、二〇一七年）
山下良道『「マインドフルネス×禅」であなたの雑念はすっきり消える』（集英社、二〇一八年）
ティム・ステッド『マインドフルネスとキリスト教の霊性――神のためにスペースをつくる』（柳田敏洋・伊藤由里訳、教文館、二〇一九年）
柳田敏洋『日常で神とひびく2』（ドン・ボスコ社、二〇〇八年）
柳田敏洋「キリスト教的ヴィパッサナー瞑想の試み」『祈り』（越前喜六編、教友社、二〇一四年）
柳田敏洋「エゴを越えてアガペを生きる霊性を目指して」『霊性』（越前喜六編、教友社、二〇一七年）
柳田敏洋「アガペーの人となる　キリスト教的ヴィパッサナー瞑想とは何か」『サンガジャパン Vol.30』「慈悲が世界を変える」（サンガ、二〇一八年）
柳田敏洋「キリスト教的ヴィパッサナー瞑想でアガペの心を育む」『福音宣教』一一月号（オリエンス宗教研究所、二〇二〇年）

〔キリスト教の神理解やギリシア教父に関して〕

ウラジミール・ロースキィ『キリスト教東方の神秘思想』（宮本久雄訳、勁草書房、一九八六年）
ジョン・メイエンドルフ『ビザンティン神学――歴史的傾向と教理的主題』（鈴木浩訳、新教出版社、二〇〇九年）
久松英二『ギリシア正教　東方の智』（講談社選書メチエ、二〇一二年）
大森正樹『東方憧憬――キリスト教東方の精神を求めて』（新世社、二〇〇五年）
坂口ふみ『〈個〉の誕生――キリスト教教理をつくった人びと』（岩波書店、一九九六年）
トマス・アクィナス『神学大全　第Ⅲ部一―六問』（山田晶訳、創文社、一九九七年）
山田晶『世界の名著　トマス・アクィナス』（中央公論社、一九八〇年）
山田晶『トマス・アクィナスの《エッセ》研究』（創文社、一九七八年）
山田晶『トマス・アクィナスのキリスト論』（創文社、一九九九年）
山本芳久『トマス・アクィナス――理性と神秘』（岩波新書、二〇一七年）
ジャック・デュプイ『キリスト教と諸宗教――対決から対話へ』（越知健・越知倫子訳、教友社、二〇一八年）

あとがき

本書収録の講話編は、もともと二〇一八年年末から一九年年始にかけて行った八日間のキリスト教的ヴィパッサナー瞑想での講話に基づき、それにかなり手を加えて書き上げたものです。続く実践編は実際の八日間の瞑想スケジュールにほぼ沿ってそれぞれどのような瞑想を行うのかを解説したものです。講話編と実践編を載せることで、キリスト教的ヴィパッサナー瞑想を理論と実践の両面から理解できるようにしています。

◇

「まえがき」で書いたように、カトリック修道会イエズス会の司祭としてロヨラの聖イグナチオの霊操指導に取り組む中で出会ったエゴの問題に悩んでいた私は、インドで一〇日間のヴィパッサナー瞑想を体験し、突破の糸口をつかみました。それをキリスト教の視点からキリスト教的ヴィパッサナー瞑想として少しずつ紹介しはじめました。その後、瞑想体験をよりキリスト教の中に位置づけようと探求を進めギリシア教父の豊かな神学思想や霊性に触れ、またその後トマス・アクィナスの存在論におけるエッセとエンスについて山田晶氏の著作を通じてその深みを知り、瞑想体験と合わせて私のキリスト教理解はより本質的なものになっていきました。

そのような私自身の霊的探究を少しでも皆さんに分かってもらえたらと願い本書を著しました。ですから皆さんには私の霊的歩みの跡を辿ることとしても読んでいただけたらと思います。ここで各章について簡単に紹介しておきます。

第1章ではキリスト教的ヴィパッサナー瞑想とは何かをヴィパッサナー瞑想の説明と合わせて解説しました。

第2章では私たちキリスト者が信じている神とはどのような存在かを聖書の出エジプト記中の「わたしはあるという者である」を手掛かりにトマス・アクィナスの神理解をもとに述べました。キリスト教的ヴィパッサナー瞑想は仏教由来の瞑想に基づくものですから、諸宗教対話の観点も踏まえ、対話を可能とするような視点からの神理解が欠かせないと思い書いたものです。

第3章はキリスト教の中心であるイエス・キリストの教えた神の国がどのようにヴィパッサナー瞑想と関わるものであるのかを述べました。神の国の内実である無償・無条件の愛アガペの理解をヴィパッサナー瞑想によって深めることができることを示しました。

第4章はヴィパッサナー瞑想とブッダの見出した真理とのつながりを述べ、特にエゴに関わってくる自己の問題を無我と非我の観点から話しました。

第5章は前章に続く話で結局のところ自己とは何かという問題に取り組み、真の自己とはエッセに開かれた次元にあるもので、エンスの世界では無我であるとの理解が可能で、これが神の受肉であるイエス・キリスト理解にもつながることを述べました。

第6章ではヴィパッサナー瞑想によって心の自由を得た具体例としてタイのカンポン・トーンブ

ンヌムさんを取り上げ、事故による身体の全身まひにもかかわらず瞑想修行がいかに心の解放をもたらすのかを紹介しました。カンポンさんの物語は困難や不自由を抱える私たちの励ましとなります。

第7章は諸宗教対話の観点からキリスト教的ヴィパッサナー瞑想のキーワードとなるアガペとギリシア教父の中心思想テオーシス（神化）の持つ重要性を私なりの理解から解説し、また諸宗教における救いの問題に取り組んだ神学者ジャック・デュプイの考えを紹介しました。

付論では再びトマス・アクィナスの存在論エッセとエンスに基づいて普段の生活世界でエゴ中心に生きる私と存在そのものである神に開かれた私という二重性の問題を取り上げ論じました。これはここ数年瞑想のコラボレーションを行っている一法庵の山下良道師との対談の中から深められたものです。山下良道師は曹洞禅と上座部瞑想の双方を修めた方で幅広い見識を持ち、師との出会いと対話に心から感謝しています。

◇

本書では十分に触れませんでしたが、キリスト教的ヴィパッサナー瞑想はロヨラのイグナチオの霊操をより効果的に深める助けになると思っています。そもそもの出発点が霊操であり、その指導を今も続けています。霊操は一六世紀以来キリスト教霊性の中で確固たる地位を占めてきた祈りの方法です。その目指すところは「無秩序な愛着から離れ、神のみ旨を知り、自己を整えること」であり、それによって「神への賛美と奉仕」を人生の究極目的とし、人と世界を偏りのないアガペの心で生きようとする愛の道です。ここにはキリスト者が現実を生きる際の素晴らしい方向性が示されています。ただ、それに取り組む祈りが記憶・知性・意志という心と頭中心の祈りであり、身体性が十分に考慮されていないところに制約があると気づくようになりましたが、構造や方向性は非常に優れているのです。ですから、キリスト教的ヴィパッサナー瞑想を用いて霊操を現代にいっそう有効なものにしていくことが私のテーマです。

今、世界がますますグローバル化する中で、地球環境を含めた人類世界はどこに向かうべきかが喫緊の課題となっています。そのような中、東西両世界で霊性（スピリチュアリティ）への関心が高まり、マインドフルネス瞑想への関心と広がりはこれを示しています。東西両世界の諸宗教はそれぞれの霊性の対話と実践を深めることでより本質的なものを取り出し世界に示すよう求められています。霊性が表層的ではなく内的変容をもたらす力となるよう宗教者は励まなければなりません。キリスト教的ヴィパッサナー瞑想の取り組みが東西霊性の交点の試みの一つとなることを切に願っています。

◇

最後になりますが、講話編のもととなる八日間の瞑想のテープ起こしを丹念にしてくださった関尚子さんに感謝申し上げます。また模索しながらもキリスト教的ヴィパッサナー瞑想を深めるにあたり、毎月の日帰り瞑想から八日間の瞑想まで、種々の瞑想プログラムに参加された皆さんと共に座ることが何よりも助けとなり、質疑応答や分かち合いが洞察を磨くために役立ちました。参加いただいた皆さんに感謝申し上げます。本書の編集に携わってくださった教文館の倉澤智子さんには内容の吟味や構成について貴重なアドバイスをいただきました。また森本直樹さんには出版に向けた編集と校正で丁寧に仕上げていただきました。お二人に感謝申し上げます。

本書を私を愛情深く育ててくれた両親、九八歳の父と九四歳の母に感謝を込めてささげます。

二〇二一年一一月五日　イエズス会諸聖人の祝日に

柳田　敏洋

著者紹介

柳田敏洋（やなぎだ・としひろ）

1952年生まれ。京都大学工学部大学院修士課程修了。協和発酵技術研究所勤務を経て、1983年イエズス会に入会。1991年司祭叙階。アメリカ、カナダで霊操コースを研修、帰国後イエズス会修練長職を11年間務め、各地で黙想指導に携わってきた。インドを定期的に訪れ、ヨーガとヴィパッサナー瞑想を学ぶ。その後、エリザベト音楽大学教授、理事長を務め、現在、イエズス会霊性センター「せせらぎ」所長。インド政府公認ヨーガ・インストラクター。キリスト教霊性と東洋の霊性の統合に取り組んでいる。

著書に『日常で神とひびく　1、2』（ともにドン・ボスコ社、2006／2008年）、訳書に『マインドフルネスとキリスト教の霊性 ―― 神のためにスペースをつくる』（伊藤由里との共訳、教文館、2019年）がある。

カバー画　小菅昌子
装　　幀　田宮俊和

神を追いこさない
―― キリスト教的ヴィパッサナー瞑想のすすめ

2021年11月30日　初版発行
2022年7月20日　2版発行

著　者　柳田敏洋
発行者　渡部　満
発行所　株式会社　教 文 館
〒104-0061　東京都中央区銀座4-5-1
電話 03(3561)5549　FAX 03(5250)5107
URL http://www.kyobunkwan.co.jp/publishing/
印刷所　モリモト印刷株式会社

配給元　日キ販　〒162-0814　東京都新宿区新小川町9-1
電話 03(3260)5670　FAX 03(3260)5637

ISBN 978-4-7642-6160-0　Printed in Japan